唐宋文化解读

汪潇晨　著

中国原子能出版社

图书在版编目（CIP）数据

唐宋文化解读 / 汪潇晨著. -- 北京 ：中国原子能
出版社, 2024．7. -- ISBN 978-7-5221-3540-3

Ⅰ．K240.3

中国国家版本馆 CIP 数据核字第 2024W5N891 号

唐宋文化解读

出版发行　中国原子能出版社（北京市海淀区阜成路 43 号　100048）

责任编辑　杨晓宇

责任印制　赵　明

印　　刷　北京金港印刷有限公司

经　　销　全国新华书店

开　　本　787 mm × 1092 mm　1/16

印　　张　15.25

字　　数　211 千字

版　　次　2024 年 7 月第 1 版　2024 年 7 月第 1 次印刷

书　　号　ISBN 978-7-5221-3540-3　　定　价　72.00 元

作者简介

　　汪潇晨，男，浙江大学古典文献学专业博士，现任浙大城市学院讲师，研究方向为中国古代历史文化，主持省部级课题多项，在《文史》《中华文史论丛》《浙江大学学报（人文社会科学版）》等期刊发表论文数篇，整理出版古籍数种。

前　言

　　唐代文化，博大精深、灿烂辉煌，在世界文化史上，也是独具特色的瑰宝。唐代文化不仅在当时受到各国，尤其是日本、新罗等亚洲诸国的热爱，而且在一千余载后的今天，仍然受到各国人民的青睐，遍及天涯海角的"唐人街"就是明证。唐文化从不同类型的文化中吸取精华，丰富和发展自身。唐文化由于特定的历史条件，较好地传承了南方文明、北方文明、国外文化和胡汉文化，促进了文化的大融合、大交流。唐朝时期，统治者在政治上采用三省六部制，文化上采取科举制等政策，使社会安定有序。在此时期，经济繁荣，出现了盛世景象，经济的发展给文化的发展提供了物质基础，很好地促进了文化的发展，使文化出现了新的繁荣现象。国内文化的发展使当时的文化与技术大量地向周边国家输出，在输出的同时也引入了外国文化。因为与周边国家的频繁交流，形成了兼容并蓄的社会风气，给各个民族提供了空前的交流与融合的条件。此时不但是文化技术的输出时期，也是对外族文明的吸取时期。这样就给当时唐朝的文化发展提供了一个相对宽松的环境。

　　宋代文化空前繁荣，各个领域都有很大的发展，可谓是收获颇丰，闻名于世。明人宋濂谓"自秦以下，文莫盛于宋"。宋代在继承前代文化的基础上形成了别具一格的宋文化。南宋朱熹说："国朝文明之盛，前世莫及。"宋文化在发展过程中不单单有着属于这一个时代的单一的形象特征，而且是一个具有全新的文化特性的文化典范。以寻求内在、思想上的充实为导向的宋学，组成了宋文化的基本中心思想的重要方面。除了中央集权制，逐步完善的科举制度、文官官僚系统也为宋代文化的发展提供了制度保证。文化的发展需要必要的物质基础做保障，宋代城市应运而生，宋朝城市空前发展，是我国历史上经济发展的高峰时期。

此外，唐宋诗词是中国古典文化的精髓，点亮了古代文学辉煌的灯塔。至今，唐宋诗词依旧是中国文学的经典，被人们世代传颂和发扬。它优美的情调、深远的意韵感染着无数文人和学者。

在内容上，本书共分为五个章节，第一章为唐宋文化的依托——制度，主要从唐宋政治制度、唐宋经济制度、唐宋的礼制三个方面展开论述；第二章为唐宋文化的传承——教育，主要围绕唐宋官学体系的构建与发展、唐宋官学教育与科举制度、唐宋时期私学的演进三个方面展开论述；第三章为唐宋文化的瑰宝——诗词文化，依次介绍了唐诗与唐民族文化、唐诗与商业文化、宋代宫廷词与宋代宫廷文化、宋代僧词与宋代佛教文化四个方面的内容；第四章为唐宋文化的细节——饮食、风俗文化，依次介绍了唐宋饮食观念与饮食心理、唐宋饮食习俗、唐宋饮食养生与治疗、唐宋风俗与服饰文化四个方面的内容；本书第五章为唐宋文化的窗口——对外传播，分为五部分内容，依次是唐宋文化对外传播所蕴含的文化精神、唐宋文化对外传播中的文化符号、唐宋文化对外传播中的文化产品、唐宋文化对外传播途径与管理、唐宋文化对外传播中的文化制度。

在撰写本书的过程中，作者得到了许多专家学者的帮助和指导，参考了大量的学术文献，在此表示真诚的感谢。本书内容系统全面，论述条理清晰、深入浅出，但由于作者水平有限，书中难免会有疏漏之处，希望广大同行批评指正。

目　录

第一章　唐宋文化的依托——制度

国家制度是一个国家的重要组成部分，正如身体需要骨骼支撑，没有一套健全的国家制度，国家就难以保持稳定、繁荣和发展。本章为唐宋文化的依托——制度，主要就唐宋政治制度、唐宋经济制度、唐宋的礼制三个方面展开论述。

第一节　唐宋政治制度

一、唐代政治制度

（一）唐代中央行政机构

1. 宰相与中枢决策

唐代中央官制进一步完善了隋代开始确立的三省六部制度，其中枢决策机关、行政事务机关与监察机关的分工与合作更加完备和制度化。

宰相是辅佐皇帝决定军国大政的人。唐初，宰相正官主要分为三类，分别是三省长官侍中、中书令、左右仆射。等到唐太宗时期，有文献记载，太宗又新设他官为宰相。这主要有两种情况，一种是资历较浅的年轻官员以"参议朝政""参知政事""参知机务"等头衔来处理宰相职务；另一种是给那些老臣授予"平章事"或"同三品"头衔，让他们参与决策。在高宗时代之后，"同中书门下平章事"和"同中书门下三品"成了宰相的常用称谓。一般说来，本官为尚书省六部侍郎、中书门下两省侍郎（均正四品）或寺监的长官（一般从三品）者，为相多称"同中书门下平章事"，而本官为六部尚书（均正三品）或左右仆射（从二品）者，为相多称"同中书门下三品"。安史之乱之后，"同平章事"几乎成为唯一的宰相名号。

在唐代，中书省与门下省被称为两省，又合称北省，当时由这两个部门共同掌管中枢决策权。两省设在宫廷内的办公机构叫中书内省和门下内省，设在宫廷外的办公机构叫中书外省和门下外省。

唐代的宰相通常情况下都是一个集体，并不是单纯由一个人担任，他们的主要职责就是在一起商议军国大政，所谓"天下事皆先平章，谓之平章事"[①]。宰相议政办公的地方就是政事堂。政事堂最初很可能是为了协调两省关系，所以设在门下省，免得为了一件事情，往复驳难，纷争不决。在高宗去世那一年，即弘道元年（683）十二月，裴炎由门下侍中迁中书令，政事堂也移到中书省，这表明决策中心已经由门下省转到了中书省。玄宗开元十一年（723），张说为中书令，奏改政事堂为中书门下，设置吏房、枢机房、兵房、户房、刑礼房五个办事机构于其后，"分曹以主众务焉"[②]。至此，政事堂（中书门下）成为名副其实的宰相机关。

宰相通常都会在政事堂议政，在这些议政的宰相中，首席宰相通常被称为"执政事笔"。其职务的权力很大，不仅能主持政事堂会议，承宣接旨，还能住在政事堂中，便于处理日常工作。李林甫、杨国忠就曾经长期执政事

---

① 柏桦. 中国官制史 上［M］. 沈阳：万卷出版公司，2020：188.
② 朱红霞. 代天子立言 唐代制诰的生成与传播［M］. 上海：上海人民出版社，2017：153.

笔。肃宗时，为了防止宰相专权，规定宰相轮流秉笔、承旨，十日一换。德宗时甚至规定每日轮流执政事笔。实际上这项制度并没有坚持下去，唐后期独秉国钧的宰相大有人在。

从根本上说，唐代皇帝是最高决策者，宰相的决策必须经过皇帝的批准，以皇帝的名义制敕颁行。唐代皇帝与臣下议政有常朝议政（每日或隔日举行的朝参制度）、入阁议政（每半月举行的朝参制度）和延英议政（定期或不定期的宰相与皇帝议政的制度）等形式。议决之后的政事，宰相制为"词头"（诏书要点）交给中书舍人拟诏。在议政之外，皇帝还把自己的意志通过宦官传宣给中书省，中书省的长官中书令"承宣"（接受旨意），然后交由中书舍人撰为诏书。

随着政事堂的逐步发展与其制度的逐渐完备，其影响力已经远超中书省与门下省，并且严重削弱了两省的中枢地位。由于政事堂（中书门下）"合中书门下之职"，两省作为"机要之司"的职权被集中到了政事堂。但是为了保证决策的正确，中书、门下最重要的官员中书舍人和给事中参与决策的职权仍然得到了保留。

中书舍人的级别通常是正五品以上，一般定额为6人，主要负责参议表文、撰拟诏敕等事务。并且他们还能根据政事堂内谈论的军国大政和各个部门报请的表状，来初步发表自己对该事项的处理意见。6位中书舍人分工负责尚书省六部的对口工作，佐宰相决策。其中有知敕诰1人，具体负责起草诏敕。中书舍人可以"封还词头"，对宰相不当的决策提出不同看法。

给事中（正五品上）一般定额4员，掌封驳违失，也就是对以皇帝名义颁发的诏书和各部门报批的文案（如吏部和兵部拟定的任官名单）提出修正意见。

在唐代，两省还会设立谏官，这是为了避免在决策过程中出现失误而设立的。这些谏官主要是左右散骑常侍、左右谏议大夫、左右补阙和拾遗，其中"左"属于中书省；"右"属于门下省。散骑常侍（从三品）地位较高，多安排闲臣出任，其侍奉之责多于谏诤之职。谏议大夫（正五品上）自唐初以来就是重要的谏臣，一般由郎官升迁，后与丞郎出入迭用。拾遗（从八品上）、补阙（从七品上）为武则天新创立的官职，"凡发令举事，有不便于时，不合于道者，小则上封，大则廷诤"①"朝廷得失无不察，天下利病无不言"②。谏官具有先他官言事的优越权。

2. 尚书省六部与卿监百司

在唐代，尚书省主要位于长安皇城内部，其具体位置在城中央纵横南北的承天门大街的东侧，而中书省与门下省则位于大街的南侧，因此被称为南省、南宫。尚书省的实际负责人左右仆射在武则天时代便退出了宰相行列，因为尚书省本来就不处在中枢决策位置。

唐代尚书省的组织机构与隋朝大致相同。有尚书令（正二品）1人、左右仆射（从二品）各1人。尚书令一般空缺不置，由仆射代行其职。其总办公厅叫作都省，有左右丞（分别为正四品上和正四品下）主持日常事务，左右司郎中（从五品上）、员外郎（从六品上）各1人为其助手，分判吏、户、礼、兵、刑、工六部事务。

六部长官为尚书（正三品）1人，次官侍郎（吏部侍郎正四品上，余皆正四品下）1至2人。吏部最重要的职掌是铨选，其次是官员的考课，再次为封爵和勋赏，下统吏部、司封、司勋、考功四司。户部是六部中职掌最繁剧的部门，下统户部、度支、金部、仓部四司，分别负责户口、田赋、婚姻等民政和金谷货藏出纳等财政方面的政令。礼部掌礼仪、祭祀、贡举之政，是负责文教、外事和礼仪工作的政务机关，下统礼部、祠部、主客、膳部四司。兵部作为唐代中央军事行政部门，统有兵部、职方、驾部、库部四司，分别负责军籍管理、武官的培训选拔以及传驿、舆马之政。刑部是中央法律

---

① 任继愈. 中华传世文选 唐文粹［M］. 长春：吉林人民出版社，1998：785.
② 袁湘生. 白居易诗词新释［M］. 北京：经济日报出版社，2014：98.

行政主管部门，统刑部、都官、比部、司门四司，掌司法行政、财务稽查、门禁与关塞出入等政务。工部掌工程营造、屯田水利之政，统工部、屯田、虞部、水部四司。每司以郎中（吏部正五品上，余从五品上）1至2人为长官，员外郎（从六品上）1至2人副之。

唐代的中央职官主要有两大类：一类是台省官，隶于中枢政务机关和监察机关；另一类是卿监官，隶属于具体的事务机关。台省官主要指的是三省六部和御史台的官员，而卿监官主要指的是九寺五监和秘书、殿中、内侍等省的官员。

3. 监察制度与勾检制度

唐承隋制，设御史台为监察机关。御史台置大夫1人（从三品）为长官，御史中丞（正五品下）为次官。御史台下设三个分部，即台院、殿院、察院，分别是侍御史（从六品下）、殿中侍御史（从七品上）、监察御史（正八品上）的办公机关，他们被称为"三院御史"。

御史不仅有一般的监察工作，还有特定的监察任务。例如，侍御史不仅要熟悉京城东区的各种情况，还要对西区的各种情况了如指掌；两名侍御史分别负责处理京城两个区中的各种案件。再如监察御史不仅要分别督查尚书省的六个部门，巡视州县，还需要担任监察使和馆驿使，而在开元时期之前还会兼任监军。又如殿中侍御史需要负责城内的巡查任务，不仅要巡查城内发生的不法之事，还要兼任监左藏库使和监太仓使，以便监察国库的各种开支明细。

三院御史构成了一个严密的监察体系，号称"人君耳目"[①]，为巩固皇权、维护基本行政秩序服务。武则天时期推行酷吏政治，于光宅元年（684）改御史台为左肃政台，同时还增设了右肃政台。左台监察在京百官，监察军

---

① （唐）刘肃；许德楠，李鼎霞点校. 大唐新语［M］. 北京：中华书局，1984.

队。右台监察州县，省风俗。这些职位的设立，不仅加强了三院御史的监察职能，同时还扩大了其编制。到了唐玄宗即位之后，他将肃政台废除，并重新恢复了御史台建制。

在唐代，地方上的观察使与采访使属于监察官，但是在安史之乱以后，观察使成为方镇的"本官"，成为一级地方行政长官，同时他们也不再监察州县官，而是变为了对这些州县官的统辖，刺史和县令已经成为方镇的属僚。在唐朝后期，方镇节度使、观察使同时也挂着御史大夫和中丞的头衔，方镇幕府和度支盐铁巡院的官员同样持有御史官衔，负责执行监察职责，在当时被称为"外台"。但是这并不表示御史台组织的发展，而恰恰是御史台权力被削弱的表现。

为了使监督行政机构有效地运转，从北朝以来出现的勾检制度，在唐代得到了充分发展，并且成为国家行政管理制度中比较有特色的部分。所谓勾检制度，是监督各级政府部门按照法令及时无误地处理公务的一种机制。除中书决策部门（中书省、门下省）之外，唐朝在各级各类官府都设置了勾检官（又叫勾官、勾司、勾曹），其基本职责是：（1）勾检稽失；（2）省署抄目；（3）受事发辰。"勾检稽失"是对当事人所主管的公务的稽缓和错失进行纠察，不得违反法定的办事规程和时限；"省署抄目"是对文案归类整理和署名；"受事发辰"是指登录受理公务和付诸施行的日辰。后面两条都是为勾检稽失服务的。

唐代中央的勾检机构分为行政勾检系统和财务勾检系统。其中尚书都省负责管理行政勾检系统。唐代尚书都省有一个非常重要的职责，即勾检全国各级各类行政管理部门的官文书及其主管官吏，主要包括两方面：一是要求所有部门提交文书供尚书都省勾检，一旦发现差错，将进行行政或刑事处罚；二是全国各级各类行政管理部门已处理完毕的官方文件必须呈送给尚书都省进行核对。

唐代财务勾检系统的中央机构是尚书刑部的比部司。比部是中央财务审计机关，通过对户部度支司所掌握的全国总经费收支计划分配和执行情况的审计，检查中央财务行政的情况。比部还要到地方进行各个方面的财务行政的审计。同时，比部还要制定有关财务审计（勾检）制度，在全国实行①。

（二）唐代地方行政制度

1. 州县和京府

唐高祖即位后改隋炀帝所设郡为州，地方上实行州县二级制。县是基层政权，按照户口的多寡分为上、中、中下、下四等。贞观十三年（639）全国有1551县，开元二十八年（740）增加到1573县。当时全国的人口统计数字是，户8412871，口48143609。为了表示官员的级别和县的地位的轻重，又有赤、畿、望、紧等县的名目。设在京城的县称为赤县（又称京县），如西京的长安、万年县，东都的河南，北京的太原、晋阳县等。在京郊的为畿县，如京兆府的咸阳、兴平县，河南府的偃师等。开元十八年制以六千户以上为上县，三千户以上为中县，不满三千为中下县。京城500里以内以及边疆地区，其标准降低为五千户以上为上县，二千户以上为中县，一千以上为下县。赤、畿、望、紧等县，不管户口多寡，并为上县。

县置令1人，赤县令正五品上，其余为六七品官。县令为一县之长，其职责是劝课农桑、催征赋役、编造户籍、受理词讼，是"亲民"之官。有县丞1人（赤县2人）为之贰。有主簿1人（赤县2人），勾检稽失，检察非违。县尉1至2人（赤县达6人），掌分判众曹，收取课调，追捕盗贼，是比较繁剧的职务。所谓"众曹"，指司功佐、司仓佐、司户佐、司兵佐、司法佐、司士佐等，皆为吏职，一般说来只有赤县才全置，畿县无司兵，上县不过司户、司法而已。

---

① 王永兴. 唐勾检制研究［M］. 上海：上海古籍出版社，1991.

州是县以上的行政区划。贞观十三年全国有州 358，开元二十八年有州 328，其间的增加并合，不能备述。唐代州按照人口多寡分为上、中、下三等，又按地位高低分京、辅、雄、紧、望等若干等，作为限定官员迁转次序的等级。

州的长官被称为刺史，在唐玄宗天宝年间，将州改为郡，并将长官刺史这一称谓改为太守。上州刺史从三品，其余为四品官。州的主要僚佐是上佐、判司和录事参军。

上佐指别驾、长史、司马（长史、司马一般不并置），均为五品官。他们名义上掌州事，实际上是比较清闲的职位，刺史缺或为亲王兼领时，上佐可以代主州政。判司指司功、司仓、司户、司兵、司法、司士参军事，一般置一至二人，为七八品官，下州或不全置。他们掌一州兵、刑、钱、谷等政，直接对应于中央尚书省六部。录事参军在州里有特殊的地位，一般置一人，其品秩略高于判司，掌纠举六曹，整肃州政，管束所领属县县令，相当于左右丞在尚书省中的地位。

唐代以雍、洛二州为京都。在开元元年（713 年），将雍州的名称改为京兆府，将洛州改为河南府。府所设置的官职基本上和州相似。只不过府的长官被称为"牧"，一般由亲王担任这一职务，但实际管理府务的是京兆尹和河南尹，少尹辅之。尹、少尹的前身是雍、洛二州的长史和司马。府设司录参军事，相当于州的录事参军事，府设功、仓、户、兵、法、士曹参军事，相当于州的判司，二者职掌完全相同，只是府官品秩略高罢了。此外，唐代自开元以来还陆续设立了太原府（曾称北都、北京）、成都府（曾称南京）、凤翔府（曾称西都）、河中府（曾称中都）、江陵府（曾称南都）以及兴元府、兴德府等，亦置尹、少尹等官。

2. 方镇与幕府

唐代自安史之乱以后出现了道、州、县三级行政体制。道，又称藩镇、方镇。道的长官是观察使，雄藩重镇的长官一般会兼任节度使的职务，而没有节度使头衔的通常会被任命为都团练使或都防御使。虽然他们担任着使职，但实际上已经掌握了军事、民政、财政、司法等各方面的大权。

方镇所隶属的诸州叫作支州，节度使与支州的关系超出了监察与被监察的范围。元和十三年（818），乌重胤为横海节度使，奏请还刺史、县令职权，刺史得以领本州军事，改变以前方镇"刺史失其职，反使镇将领兵事"①的状况。这个建议得到朝廷的批准。但是，晚唐时期仍然是"制敕不下支郡，刺史不专奏事"②，观察使治下的属州没有专达中央的权力。中央在方镇派驻监军使，其职责已经超出军事监督的范围，实际上是皇帝的代表。方镇在中央设立上都进奏院，代表方镇处理在京的事务。

在方镇，本官通常是治所州刺史或府尹、长史等高级官员，其下属除了原本的州府职官外，还有一支优秀的幕府团队。节度使府的幕职既包括文职人员，也包括武将。其中文职人员主要有节度副使、行军司马、判官、掌书记、巡官、推官、参谋等，而武将通常有都知兵马使、都押牙、都虞侯。另外，行军司马负责管理军籍印信，在节度使的部下中扮演着至关重要的军事行政角色，其实权在节度副使之上。判官是处理方镇兵马钱粮等实际事务的幕职。掌书记负责表奏书檄。推官掌推鞫狱讼。巡官掌巡察事务。参谋掌参划谋议。

观察使也有幕府。其幕职主要有副使、支使、判官、掌书记、推官、巡官、衙推、随军、要籍、进奏官等。支使掌巡视支郡。进奏官为方镇设在上都办事处进奏院的负责人。随军、要籍皆无具体职掌。如果观察使兼领都团练使或都防御使，也有副使、判官、推官、巡官等文职人员和兵马使、押牙、虞侯等武职，只是规模较小些。

方镇使府的各种职位，无论是节度使、观察使，还是一般幕职，都不设

① 胡平. 未完成的中兴 中唐前期的长安政局［M］. 北京：商务印书馆，2018：380.

② 方寄傲. 唐史 1 大唐初兴［M］. 杭州：浙江工商大学出版社，2022：117.

第一章 唐宋文化的依托——制度

阶品，幕职通常由府主自行选拔任命，也可由朝廷派遣。他们大多带中央机构的官衔，实际上与这些职官应管的事务完全无关。但是，方镇官员的升迁则以所带中央官衔的改转为依据。

二、宋代政治制度

（一）中央行政机构和官制

宋代的职官制度最初承袭唐代后期和五代的旧制，后随着中央集权统治的加强和官僚政治的发展，屡经改革，复杂而多变。

宋承唐制，在宫城内设置中书门下，作为中枢部门的首脑官署和正副宰相集体处理政事的最高权力机构，简称"中书"，或称"政事堂"，别称"都堂"。北宋前期，中书门下的长官为正宰相，称"同中书门下平章事"，简称"同平章事"。职权是"佐天子，总百官，平庶政，事无不统"①。为了分散宰相的事权，又设"参知政事"，作为副宰相，同宰相共同议政，形成对宰相的有力牵制。

枢密院源于唐末五代，宋沿其制，作为主管全国军事的最高中枢机构。枢密院与中书门下对掌文武大权，称为东、西"二府"。枢密院的长官称枢密使或知枢密院事。副长官称枢密副使或同知枢密院事，元丰后增置签书院事、同签书院事。枢密院职掌"军国机务，兵防边备戎马之政令，出纳密令以佐邦治。凡侍卫诸班直、内外禁兵招募、阅试、迁补屯戍、赏罚之事"②。

宋仁宗庆历以前，枢密院长官和宰相不能由同一个人兼任。在庆历年间，由于对抗夏朝的军事行动需要用到大量的士兵，于是仁宗接受了富弼、张方平的建议，任命他们为宰相兼枢密使。在西夏战争结束之后，又撤销了兼任

---

① 王绶耀. 大宋名臣王居正［M］. 天津：天津人民出版社，2020：245.
② 童一秋. 宋祖建隆王朝 下［M］. 北京：中国盲文书社，2002.

枢密使的职务。在南宋高宗统治时期，由于频繁发生战争，他也曾指示宰相兼任枢密使一职。到宋宁宗开禧时，宰相兼枢密使遂为定制。宰相位兼将相，权力乃大。

三司是北宋前期主管全国财政的最高机构，号称"计省"。盐铁掌全国山泽之货，关市河渠军器之事；度支掌全国财赋之数，每年均其有无，制其出入；户部掌全国户口赋税之籍，榷酒工作衣储之事。三司长官为三司使，地位仅次宰相，号称"计相"。副长官为三司副使。太宗时罢三司使，另设盐铁、度支、户部三使。三司下设都转运使、转运使，分别掌管地方财政。宋神宗元丰改制，撤销三司，三司的大部分职权分归尚书省的户部和工部。

在北宋初期，宰相主管民政，枢密院主管军政，三司负责财政，它们各自独立运作，互不干扰，所有权力都聚集在皇帝身上。在神宗改制之后，宰相实际上也负责管理财政。在南宋时期，宰相不仅担任枢密使一职，还在一定程度上负责军政事务。这样，宰相再次掌握了民政、财政和军政的重要权力。

御史台是专管监察的机构，长官称御史中丞。

宋仁宗时单独设置谏院，作为专管规谏讽谕的机构。谏院置谏官六员，常以他官兼领，称知谏院事。凡朝政缺失、百官任事非其人、各级官府办事违失，谏官都可谏正。宋朝以前，御史与谏官的职责不同，御史主要纠弹的是百官，谏官主要谏议的对象是朝廷（天子）。而宋朝的谏官因受朝廷的约束，也以批评执政为主，因而台、谏官都以言事弹劾为责，形成台谏不分的现象。这一状况导致后世台、谏合一。

宋初为了防范大臣专权，台、谏官须由皇帝选拔，并特许言官随时弹劾执政，不加罪责，致使宰相每有作为，则台、谏议论纷起，政事为之掣肘。其流弊引起有宋一代的党争，使谏官被权臣控制，成为他们专权和排除异己的工具。

学士院负责起草制诰、赦令、国书等文件，协助皇帝处理政务，并侍奉皇帝出巡和充当顾问。官员有翰林学士承旨（不常置）、翰林学士、知制诰、直学士院等。

在北宋前期，虽设有三省六部，但置于外廷，唯中书门下居禁中与枢密对掌大政。三省的名誉长官"中书令""门下侍中"和"尚书令"，也不授人，三省形同虚设。尚书省所辖六部也和三省一样，一些新设机构分割了各部的大部分职权，使得六部也形同虚设。

（二）地方行政区划和官制

宋代的地方行政机构，分为路、州（府、军、监）、县三级。

宋代的路是从唐代的道发展来的，又不同于唐代的道。唐代的道作为监察区，只设监察官吏，不管民事。到了宋代，原来的州、县二级政区制已不适应当时政治、经济发展的需要，于是在州之上设置了路，作为进行分级管理而划分的地方政区。路制是宋太宗确立的。太平兴国二年（977），宋太宗废除了节度使领州之制，令原来专管督征运送地方财赋的转运使兼理军民庶政，致使"转运使于一路之事无所不总"①。这样便形成路、州（府、州、军、监）、县三级制。至道三年（997），始分全国为十五路：京东、京西、河北、河东、陕西、淮南、江南、荆湖南、荆湖北、两浙、福建、西川、广南东、广南西等。以后又屡有增减。

路的主要机构是转运司。在宋真宗景德四年（1007）以前，转运使掌管一路的大权，是本路的最高长官。后来宋廷为了集权于中央，不愿把一路之权长期集中在转运使手中，因而又陆续设置安抚司、提点刑狱司和提举常平司诸机构，以分转运司的事权，并且使它们互相牵制和监督。这样，一路大权分属于转运、安抚、提点刑狱、提举常平四个机构。转运司（漕司）掌管财赋，以转运使为长官，又设副使、判官；安抚司（帅司）掌管军政，以安

---

① 王云五. 文献通考 第 1-2 册［M］. 北京：商务印书馆，1936.

抚为长官；提点刑狱司（宪司）掌管司法，以提点刑狱公事为长官；提举常平司（仓司）掌管赈灾和盐铁等官营专利企业。除本职事务外，各司都兼有在所掌的业务范围内监督举劾各级地方官员之责，故统称"监司"。四司之中，转运司在北宋尤为重要，诸路各设转运司，其他三司不普遍设置。但到南宋时，因战争频繁，安抚司变为重要机构，各路普遍设安抚司，帅、漕、宪、仓四司中，以帅司为首。

一路之中，帅、漕、宪、仓各司并立，分掌本职事务，监督地方，互不统属。且州的政务还有许多不在监司统领之下，州级的行政长官遇事乃直达朝廷，路还没有成为州以上一级的行政机构。但随着各司的设置和职掌的完善，路已逐渐具有半监察区、半行政区的性质。路的长官尤其是转运使和安抚使实际上已经行使部分一级政区的职权，所以路从唐到宋，逐渐由地方监察区向一级行政区转化。

府、州、军、监同为路以下州级行政区划，府分京府和非京府。京府是政治核心地区，地位重要，如北宋四京府：首都东京开封府、西京河南府、南京应天府、北京大名府。非京府大多由州升级而来，多为皇帝即位前居住或任过职的州。军、监与府、州同级，军设于军事要冲之地，监设于坑冶、铸钱、牧马、产盐等地区。府、州、军、监，其中实以州为主。

各府、州、军、监直属朝廷，由朝廷委派中央的京官、朝官管理地方州郡事，称"知某州军事"，表示全权管理所治地区的军、民之政，设知府事（知府）、知州事（知州）、知军事（知军）、知监事（知监）为主要行政长官。知州可直接向朝廷奏事，多用文臣，且经常调换。

知州以外，于诸府州设"通判某州军事"一官，简称"通判"，这是宋朝一项特殊的地方官制。通判为府州长官之副贰，多以京中高官出任，与知府、知州同领府州事，裁处兵民、钱谷、户口、赋役、狱讼听断等事。知府知州的公文命令必须通判的联署方能生效，通判可直接向朝廷奏事，无形中等于州官的监察。

在宋朝初期，设立"判县事"为县内的长官，后来被改称为"知县"或"县令"。知县或县令负责监管一个县的民政、司法和财政事务，如果有军队驻扎在这里的话，还要承担兵马都监或监押的责任。在宋仁宗即位之后，开始设立县丞职位，作为知县下的副长官。县丞之下有主簿，主管本县出纳钱物。宋朝恢复了县尉之制，置县尉之官在主簿之下，主管阅习弓手、维持治安、巡捕盗贼等。

县下有乡，设乡书手一人。乡下有坊（城厢）、里（乡村），设乡正或里正一人。里下是户。

第二节　唐宋经济制度

一、唐代的经济制度

（一）土地制度——均田制

在隋末唐初的十余年里，由于发生了多次大规模的战争，大片土地荒芜，人口严重减少。特别是在北方地区，随着战乱的结束，出现了千里无人烟的景象，并且城市也变得荒凉萧条，"田地极宽，百姓太少"[①]的情况相当普遍。唐初的统治者急于解决这一问题，为了使农业生产恢复，实施均田制。

武德七年（624）三月，唐朝镇压了辅公祏起义，平定江南，国内大规模的军事行动基本结束。四月，颁布田令，继续推行均田制。其后，田令屡经补充、重颁，日趋详备，直到肃代时期的诏敕中还可以见到有关的内容。

从现存资料看，唐代的均田制基本继承了前代的格式，尤其是继承了隋

---

① 尚钺. 尚氏中国古代通史　上［M］. 北京：高等教育出版社，1991：462.

代的格式，虽然大体上和前代的制度较为相似，但是在一些具体的规定上也有着明显的变化。例如，唐代百姓受田的数额与隋代相同，18 岁以上的中男和丁男，每人受口分田 80 亩、永业田 20 亩。不过，唐代进一步缩短了百姓成丁、入老的年龄，尤其是将与变田直接相关的入老年龄提前了。唐初定制，百姓 21 岁成丁，60 岁入老。中宗时，曾把入老年龄提前到 58 岁。至代宗时，又提前到 56 岁。与均田制推行初期的北魏相比，男子足额受田的年龄由 15 岁到 71 岁演变为 18 岁到 56 岁，缩短了 18 年，与隋代相比，亦缩短了 4 年，实际上等于把 1/3 的男子排除在足额受田的范围之外。隋朝取消了对妇女和奴婢的授田，唐朝大体上遵循了这一变动，但根据形势的变化，做了适当的调整。唐代的田令中，增加了对其他社会成员特别是某些非农业人口授田的内容。其制：老男、笃疾、废疾受口分田 40 亩；寡妻妾受口分田 30 亩，如为户主，则受口分田 30 亩、永业田 20 亩；道士、和尚受田 30 亩，女冠、尼姑受田 20 亩。杂户、太常音声人受田与百姓同。官户与工商业者减百姓之半。上述规定适应了唐代社会结构变化的现实，照顾到了更广泛的社会群体，应该说是一种进步。

与隋代相比，唐代田令中对贵族官僚的授田做了更为详细而优厚的规定。贵族依爵位等级受永业田，多者 100 顷，少者 5 顷。职事官依官品受永业田，多者 60 顷，少者 2 顷。散官五品以上可获得与职事官相同数量的永业田。勋官从上柱国到云骑尉、武骑尉，可获得永业田 30 顷到 60 亩。此外，官僚依品级领有职分田 12 顷至 50 亩，各级官府则领有公廨田 40 顷至 1 顷，这两种土地所有权归国家，以其地租收入作为官吏俸禄的补充和官署费用的资金。

唐代均田制最显著的变化是进一步放宽了对土地买卖的限制。自北魏时期到隋唐时期，历代政府颁布的田令中，都包含了土地必须在特定条件下才能买卖的条款。在唐代之前，相关规定相对更为严格，仅适用于永业田。在唐朝时期，田令规定，如果百姓没有足够资金用来安葬身亡的家人或者迁移居住，他们可以卖掉永业田来筹集资金。从狭小的地方搬迁到更为宽敞的地方，并出售或出租房产、土地、商铺等，可以考虑卖口分田；而富裕的贵族官僚可以自由买卖他们拥有的永业田和赐田。在唐代，土地买卖的条件和范围得到了大幅放宽，不仅可以买卖永业田，同时也可以买卖口分田。当然，唐代时期并不是所有土地都能完全自由买卖。这些限制主要包括：买主的土地占有总量不得超过制度规定的应受田数额，即买卖土地交易活动只能在制度所允许的土地占有量之内进行，而且必须向官府申牒立案。唐代法律中还明确规定了对违制买卖土地进行处罚的条款。从这些限制中，我们可以清楚地看出唐代均田制实施的本意是维持对土地占有情况的控制。

唐朝初期一般百姓受田不足的现象已经程度不同地存在。尤其是关辅一带，人口密集，耕地紧缺，"丁壮受田，罕能充足"[1]。贞观十八年（644），太宗幸灵口，问及民户受田情况，"丁三十亩"。即使按照狭乡受田口分减宽乡之半计算，每丁已受田的数额也只相当于应受田的 1/2。从现有文献的记载来看，这种情况绝非只在灵口一地存在。高宗以后，农民土地不足的现象更为严重。就大体形势而言，唐代均田制实施的程度，南方不如北方，狭乡不如宽乡。由于各地区之间经济发展水平极不平衡，土地占有状况亦非一致，均田制在实施过程中出现地区差异，是不可避免的。

（二）赋税制度

1. 租庸调制

在两税法实行之前，租庸调一直是唐代赋役征派的主要内容。其制：丁男每年纳租粟 2 石，或稻 3 斛；岭南诸州则税米，上户 1 石 2 斗，次户 8 斗，下户 6 斗；边远地区及少数族则半输，下户免输，亦可折纳少量现钱、羊。

---

① 任继愈；（宋）李昉，（清）宫梦仁. 中华传世文选 文苑英华选［M］. 长春：吉林人民出版社，1998：470.

调视乡土所产，纳绢 2 丈、绵 3 两或布 2 丈 5 尺、麻 3 斤，亦可折纳钱、米以及其他可以久贮之物。每丁每年服役 20 天，如不服役，每天输绢 3 尺或布 3 尺 7 寸 5 分，叫作"庸"，即"输庸代役"[①]。此外，正租有附加税，叫作草税；入官仓有营窖税；又有租脚，以供转输之费。

与隋代相比，唐代租庸调的数额只有租粟一项由 3 石变为 2 石。但唐代 1 石的实际容量与隋初相同，因此，租粟数额虽然低于隋初，却要比隋炀帝时高出一倍。不过，从唐初到两税法实行之前，百姓成丁、入老的年龄一再更改，承担赋役的期限一再缩短，妇女亦不再纳课。上述政策有利于赋役负担的减轻。尤其值得注意的是，唐代赋役的折纳办法更为灵活多样。特别是以庸代役，已不再有年龄与役事等限制。

唐代租庸调法制定于武德二年（619），均田令颁布于武德七年。政府在颁布均田令的同时也颁布了新的赋役令，而且主持修订律令者尽量把均田与赋役的有关规定结合起来。尽管唐初均田制的实施情况要好于隋代，百姓受田不足却仍然是一个普遍现象。在百姓受田不足却仍按法定受田额缴纳赋役的情况下，租庸调征收的根据显然主要是身丁。实际上，唐初颁布租庸调制与均田制在时间上的差距本身就说明均田制仍然只是赋役征收的一个表面上的依据。

唐代的赋役征派体制主要以身丁为基础，这一体制在唐代的初期就存在着问题。这是因为人们没有足够的田地，而赋役负担又超出了农民的承受能力。不过当时政府比较清明，没有出现严重的土地兼并现象，因此农民才能勉强维持生计。到了武后持政之后，制度宽松、官员管理开始失序混乱，使得土地兼并现象越发严重，进而农民由于承受不起赋役的负担，开始四处流散，同时人口也在逐渐减少，财政状况也在逐渐恶化。唐玄宗即位后，开始大力整顿政务，逐渐改善了国家的发展形势。然而开元天宝盛世的经济基础

[①] 张婷婷. 中华上下五千年 第 4 卷［M］. 北京：民主与建设出版社，2020.

实际上使以身丁为本的赋役征派体制达到了极限。"摊逃"一类措施的实行不仅表明财源的逐渐枯竭，而且表明政府的强制正在把新旧弊端积累起来。及安史之乱爆发，政府的强制力严重削弱，财政秩序也随之崩溃。

2. 两税法

在安史之乱之后，北方的经济受到了严重的破坏，并且人口也大量流失。随着时间的推移，军阀逐渐发展壮大，并且形成了军阀割据的局面，使得山东、河北、河南等地不再由朝廷所掌控。伴随着这一现象的产生，政府的经济实力逐渐削弱，财政状况也在逐渐恶化。在那个时代，政府实施了多项举措，包括整顿均田制、安置流民，以及招纳客户。然而，在国家的监管下，土地供应相对不足，只依赖均田制来解决财政危机，显然难以取得预期效果。之后，政府为了支付大量的财政支出，开始增加各种新的税目，所谓："科敛之名凡数百，废者不削，重者不去。新旧仍积，不知其涯。"[1]这种做法不仅无法改变财政的困境，反而使赋役制度更为混乱。

德宗建中元年（780），在宰臣杨炎的主持下，新的赋役制度终于出台，这就是两税法。

两税法的基本原则是"户无主客，以见居为簿；人无丁中，以贫富为差"[2]，即把赋役征收的对象由身丁改为以土地为主的资产。其主要内容包括：第一，统一税种，以地税和户税为主，将租庸调、杂徭和其他所有税赋都列入这两项税种。第二，根据财产和土地所有情况将人群划分为不同的户等，无论是主户、客户，还是丁男或中男，都要按照户等的高低来收税。没有固定居所而从事商业活动的人，则按照所在地的税收标准征税，税率为1/30。第三，地税和户税的征收时间主要在夏秋两季，夏季税收可以用金钱或者折算成绢帛进行纳税，而秋季税收则主要征收粮食。夏季要在六月完成

---

① 叶世昌. 古代中国经济思想史 修订版［M］. 上海：复旦大学出版社，2021：225.
② 吴松弟. 中国移民史 第3卷 隋唐五代时期［M］. 上海：复旦大学出版社，2022：356.

税的征收，而秋季要在十一月完成税的征收。第四，在唐代大历十四年（779年），根据全国的垦田数量和收入来确定两税征收的基准额，并分配给各州；而各州则根据当年收入钱谷最多的年份确定两税的总额，并分配给各地。

两税法的出现，一方面反映了中国古代赋役制度发展的基本趋势，即政府把控制土地占有转向对土地征税；另一方面，两税法的出现也是均田制破坏以后，唐政府对赋役征派制度逐步进行调整，重新把征敛的目标集中在土地这一最稳定的税源上的结果。

两税法的核心即户税与地税早已存在。户税又叫税钱，唐初即已开征，不分官民，一律按户等纳钱。至玄宗时，形成较为固定的税目与征收办法，以供军国、传驿、邮递以及外官月料、公廨之用。安史之乱以后，财政窘迫，国家控制的课丁锐减，租庸调入不敷出，户税的财政地位日益提升。大历四年（769），代宗下诏重新规定户税税额：上上户 4 000 文，每低一等减 500 文，至下中户 700 文，下下户 500 文。现任官一品准上上户，九品准下下户。若一户数处任官，则依官品每处纳税。数处有田庄者亦每处依户等纳税。其余寄庄户、寄住户、诸色浮客以及卸任官吏一概按七等至九等户纳税。百姓有邸店、行铺及炉冶者，则按本户加二等纳税。地税由义仓税转化而来。义仓原是民间储粮备荒的一种措施。至隋，改为由政府统一管理，并按户等交纳 1 石至 4 斗的义仓税，从而成为一项正式的税收。唐朝建立以后，亦设义仓，其税收或按田亩或按户等，时有变化。至武则天时期，恢复亩税 2 升的旧制。其后，随着财政形势的恶化，地税税额不断提高，一年一征亦改为一年两征。大历五年三月，代宗下诏，定夏秋两季地税税额：上田夏税亩 6 升，秋税亩 5 升；下田夏税亩 4 升，秋税亩 3 升。荒田开佃者亩 2 升。正额之外，又有附加税，称为青苗钱、地头钱，按亩征钱，多少不一，多者可达每亩八九十文。随着户税与地税税额的提高，其财政地位亦日益重要。

户税与地税从次要税收项目演变为主要的税目，关键在于这两项税收所具有的特点，当然，两税法并不是户税与地税的简单扩大，其特点自然也就包括了更为复杂的内容，但是，征收对象的相对广泛与稳定无疑是两税法最基本的特点。正因为有这两个特点，两税法才能改变租庸调制度下赋役征收对象范围狭窄并且极不稳定的状况，从而达到解决财政危机的目的。两税法实行之后，政府赋入达到 1 300 余万贯，盐利尚不计在内，比以前增加了一倍以上，明显地加强了中央的经济实力。

两税法是中国古代一项具有重要意义的赋役制度。它顺应了赋役制度发展的潮流，扩大了税收渠道，有助于唐代政府解决财政难题。同时，它也体现了公平立法原则，促进了赋役负担的公平化。随着均田制的废除，土地集中化现象愈演愈烈，贫富差距日益扩大，大量人口开始流离失所。依据身丁征收赋役，势必造成兼并之家与失地农民之间以及主户与客户之间赋役负担的不均。两税法实行之后，这种情况得到了明显改变。大历年间，政府控制的户口仅 120 万户。初行两税法时，政府派黜陟使至诸道按比户口，计得土、客户 310 余万，检出隐户近 200 万，应该说与两税法立法原则较为公平有一定关系。

两税定额以大历十四年的钱谷收入为基准。这一年是财政收入最多的一年，但却并不是赋役负担最平均的一年。以此为准，照例征收，势必造成"旧重之处，流亡益多；旧轻之乡，归附益众"①，即"重者益重，轻者益轻"的局面。而所谓的"量出以制入"，亦不过是尽量扩大税收而已。两税法以资产为依据，土地只是其中一部分，而资产并非都如土地那样容易估算。因此，两税法并没有从根本上改变赋役负担不平均的状况。两税有折纳之法，往往计钱征收。初定两税，钱轻物重，后来钱重物轻，百姓的负担便成倍增加。至于"丁额不废"，原因亦不仅仅在于力役、差役、杂徭的需要。实际上，初定两税时，诸税合并，朝廷严令"新旧征科色目一切罢之，二税外辄率一钱者，以枉法论"，其后，苛捐杂税不断增加，保留下来的丁额便成了

---

① 吴松弟. 中国移民史 第 3 卷 隋唐五代时期［M］. 上海：复旦大学出版社，2022：223.

配率的根据。

二、宋代的经济制度

（一）社会阶级结构

1. 分类制度与土地占有概况

北宋建立后，派使臣到各地"度田"，调查人均占有土地情况，以便按地征税，按户征发徭役。建隆元年（960），发布了一项命令，要求各州县重新编造"版籍"，详细记载并登记各县的人口和土地状况，并制作成册。之后又将这项工作进一步制度化，规定每到闰年进行一次数据统计，由各县提交给州，州再向朝廷报告，制成"闰年图"，用于确定各州、县的税额。

在宋朝，全国人口被分为两大部分，分别是坊郭户和乡村户。其中坊郭户指的是住在都城和各个州、府、县、城、市镇的居民，而乡村户，顾名思义就是居住在乡村的人户。无论是坊郭户还是乡村户，在户口版籍上都有主户和客户之分，这是宋代户籍制度的特点。坊郭户主要是基于人们有没有房产来进行主、客户的区分。主户就是有房产的人，而客户就是没有房产的人。乡村户主要是基于人们有没有土地和农具来进行主、客户的区分。主户就是有土地并向国家缴纳两税的民户，客户就是没有自己的土地，只能通过租赁土地来谋生，并且也没有农具等生产资料的佃客。由于主户一般要向政府交纳两税，故也称税户。

到了宋代，"客户"虽然仍具有"外来者"的含义，但已经转化为失去土地而佃耕地主土地的佃户的同义词。宋代客户含义的变化，说明充当佃客以谋生的农民更多了，这是宋代"不抑兼并"土地政策的结果。宋代客户另立户籍，成了封建国家的编户齐民，也反映出随着门阀士族地主的衰落，佃客对地主的人身依附关系相对削弱了，而封建国家对丧失土地的农民的控制加强了。

宋代户籍的另一特点，就是主户有户等的划分。坊郭主户，依据其财产多少，划分为十等；乡村主户，也依据占有财产多少，划分为五等。由于乡村的户籍版簿既记录主户的人丁，又登记五等人户的财产，所以称为"五等版簿"，或"五等丁产簿"。

农村五等户的划分依据，是各户的财产多少，主要是占有土地的数量。一般情况下，"上户"是指排在第一或第二等级的各户，他们通过兼并土地，利用佃农劳作来维持生计，因此被人们称为"兼并之家"。"中户"指的是第三等户，他们的土地虽然不多，但能够独立生活并相对富裕。这些农户主要是农村中较为富有的自耕农阶层。由于第三等户中也包括一些"兼并之家"，因此在宋代，有人将第三等户与第一、第二等户合并起来，统称为"上三等户"。而"下户"主要指的是第四和第五等户，他们拥有三五十亩或少量土地，通常是自耕农或半自耕农阶层。第五等户还包括已经完全丧失土地但因在官府那里应交的两税尚未勾销，也依然被列入主户的农民。甚至有的农户本无土地，但尚存一点墓地、房基地等非耕地，也被列入主户而为第五等户。第四、第五等户在主户中所占的比例，北宋中期张方平指出："中等以上户不及五分之一，第四、第五等户常及十分之九。"

根据北宋中期政府的估计，地主阶级不到总户数的 10%，其中大地主是极少数。但就是这不到 10% 的少数地主，却占有百分之七八十的土地。

2. 租佃制度

唐中期以来，随着社会经济的发展，开始出现了更有利于地主阶级利益的租佃契约的剥削形式。到了宋代，由于实行"不抑兼并"的土地政策，土地买卖盛行，土地私有制进一步发展，租佃制度逐渐得到广泛应用。不仅民田，官田的租佃一般也订立书面契约，客户的身份地位也随之发生变化。

宋代客户的身份地位，因社会经济发展水平不平衡，各地区的情况也有所差别。如在四川的川峡地区，生产力发展水平比较落后，这里的乡村，"民多大姓，每姓所有客户，动是三五百家"①，客户世世代代受地主的役使和剥削。地主视客户"如奴隶，凡租调庸敛，皆佃户承之"。客户本人死后，其妻改嫁及女儿出嫁还要经过地主的允许。这种地方客户的身份实际上就是农奴。

就绝大部分经济比较发达的地区而言，客户虽包括部分雇农，但佃农是主体。客户同地主的关系已经不是唐代以前那种人身隶属关系，而是一种经济性的租佃契约关系。这种契约关系还带有一定的强制性，客户在租佃契约规定的期间内不得随意迁移到别的地方，但在契约满期、耕地收成完毕以后，就有迁移的自由了。客户的这种有限人身自由还得到了政府的法律保护。客户在耕种地主土地之余，还可以用自己多余的劳动力为其他人佣耕，或者兼营商贩。

地主剥削客户的主要手段是收取地租。宋代地租的形态，除较落后的地区还有劳役地租外，主要是实物地租。实物地租有分成租和定额租两种。分成租出现得很早，比较普遍的是对分制，即各五成。北宋苏洵说："耕者之田资于富民，……而田之所入，已得其半，耕者得其半。"②对分制流行于南宋，洪迈说："今吾乡之俗，募人耕田，十取其五。"对分制不仅实行于民田，也实行于官田，在宋代地租中占支配地位。

定额地租出现于唐代，在宋代又进一步发展，在生产比较发达的江南地区更是特别流行。定额租制是从分成租制中的对分制演变而来的，但与分成租制有所不同：分成租制的主、客间分成是固定的，但每年分配随着产量的丰歉其租额有变动；定额租的特点是租额是固定的，每年在分配中不再因产量的多少而变动租额，因此，这种地租也叫固定地租。定额租的剥削率相当于 50%，可见定额租的剥削率和分成制基本一致。

① 童一秋. 宋祖建隆王朝 下［M］. 北京：中国盲文书社，2002.
② 贺耀敏. 中国古代农业文明［M］. 南京：江苏人民出版社，2018：77.

第一章 唐宋文化的依托——制度

3. 工匠和机户

在宋代，工匠的身份地位有所提高。并且宋代的官营手工业也不再无偿征用民间的工匠，而是采用"差雇"制，这是一种介于征调与雇募之间的制度。宋朝政府在平时将民匠登记于簿籍，每遇需要就按簿籍轮流"差雇"。所谓"差"，就是服役并非出自工匠的自愿，而是官府按籍征发的；所谓"雇"，就是官府对服役的工匠支付一定的雇值和食钱，并不是无偿服役。在差雇制下，民间工匠在服役期间的待遇要比唐代单纯的轮差制下的工匠要优厚一些，这是差雇制相较轮差制的进步之处。

在民营手工业中普遍采用和雇制。所谓和雇，就是雇主和工匠之间双方自愿基础上的雇用。民营手工业按照行业的不同而分成若干作或行，作有作头，行有行老或行首。凡需要"雇觅"工匠的雇主，可通过行老等人的引见和推荐雇到工匠。工匠的工值，因各地区需求的不同而有所差别。

在宋代，随着土地兼并盛行，在土地收入日益下降的情况下，当农户的家庭纺织手工业的收入，超过农业收入而占主要地位时，便与农业脱离而演变为机户。在经济比较发达的地区，从事蚕丝业的农户中，出现了众多的机户。

（二）赋役制度

1. 繁苛的赋税

宋朝沿袭了唐代的两税法，即户税和地税，但统一根据土地的亩数来决定所缴纳的税，征收的数量通常是按照每亩土地征收 1 斗的定额课取，这增加了农民的赋税压力。无论是官田还是民田，其缴纳时间主要分为夏秋两季，因此又被称为二税。同时，由于夏季主要缴纳钱帛，秋季主要缴纳谷物，因此又有夏税秋苗之称。然而，由于不同地区的土壤特性不同，历史背景和农业水平不同，所以征收制度不同，各地征收的金额不一致，进而导致了田赋不平等的情况。

尽管民田所缴纳的二税看起来很少，但农民实际支付的金额远远超过了原先规定的数额。这是因为农民在缴纳二税时，连同米谷在仓库内存放时，受到损耗的部分也要缴纳出来，还需要支付官府额外的"支移"和"折变"两项附加税费。所谓"支移"，是指政府用"以有余补不足"等理由，要求民户不得在本地区就近缴纳，而是他们自行承担费用，运至较远的地区缴纳。若民户不愿支移，则要交纳"道里脚钱"。后这种脚钱演变成一项固定附加税，随正税交纳。所谓"折变"，就是政府通过临时的需要这一借口，要求民众将本来应该缴纳的实物转换为钱缴纳，或将应交的钱转为特定商品缴纳。在进行折价时，政府又强制规定了不合理的比价，使农民每折一次，就要增加一次负担。这样反复纽折，"展转增加，民无所诉"[①]。

唐末五代以来，各个割据政权在田亩税外所增加的各种苛捐杂税名目繁多。宋朝统一后，把原割据政权的苛税名目都继承下来，统称"杂变之赋"，让农民照旧交纳，称为"沿征"。宋仁宗时，废除原来名目，以类合并，并入夏秋二税征收，统称为"沿纳"，成为正赋之一。

在唐代实行两税法时，身丁税早已并入两税。五代时南方各国既要民户交纳两税，又增设人丁税，实际上是对丁口重复征税。宋承五代旧制，把五代时南方各国的身丁钱、身米钱、丁盐钱等人头税继承了下来。宋朝规定，男子 20 岁成丁，60 岁入老，20 岁到 59 岁的男子都算作丁口，要交纳身丁税。身丁税的名称，随所征收的物品而异，统称"丁口之赋"。

除以上赋税外，宋朝还有"和买""和杂"两种变相征敛的税目。"和买"也称"和预买"，按田亩多少强制征购民户一定数量的绢帛。最初官府付给民户一定的价钱，后来用一部分食盐抵价。到北宋后期，官府在"和买"绢

---

① 漆侠. 宋代经济史 上［M］. 天津：南开大学出版社，2019：419.

帛时，不再支付钱与盐等抵价物，而绢帛却要民户照原数交纳，"和买"就变成一种新的赋税名目。

"和籴"又称"籴买""市籴"等，主要是征购粮草以供军需。籴买的方式有两种：一种是置场向商人籴买，先是官府用现钱支付，后又用现钱、茶盐、香药等钱物按比例搭配充当籴本；另一种是在民间按户等、家业钱、税粮的多少，摊派数额。"和籴"也成为农民一种新的赋税负担。

宋代不仅农民要负担种种赋税，作为城镇居民的坊郭户也要负担城郭之赋和沉重的"科配"之敛。城郭之赋，是指城镇的房宅税（或称屋税）和可供盖房的宅地的地税。"科配"包括科买和配卖两个方面。科买是官府随时所需的物品，要求坊郭中的商业和手工业者组织的各种"行"，负责供应，形式上给一定的报酬，实际上是低价强买。所谓配卖，是官府把征收各种实物税获得的物品，在长期积压变质变成难以销售的残次之物后，强行摊卖给坊郭户销售，实际上是把官府管理不善的损失和卖不出的物品，转嫁到坊郭户身上。

上述种种赋税和科配，在名义上大多是按户等高下和资产多少负担。好像上等户负担要比下等户多，但实际上无论是乡村豪强地主，还是坊郭的富户，都往往采取各种方式，把负担转嫁到贫民下户的身上。在北宋时期所出现的"豪富形势者田多而税少，贫弱地薄而税重"[①]，大地主"占田累百，赋无一二；贫者以苦瘠之亩，荷数倍之输"等赋税严重不均的现象，就是大地主把赋税转嫁给农民的结果。在城镇坊郭户中的品官之家大部分有豁免科配的特权，而一些富户也同官府勾结，用各种方法免去科配，因而科配就落在城郭下户的身上。所以在宋代，城乡的贫民下户也是各种赋税和征敛的主要负担者。

---

① 钟金雁. 宋代东南乡村经济的变迁与乡村治理研究［M］. 昆明：云南大学出版社，2017：207.

2. 商税和专卖

在宋代的赋税名目中，商税也是重要的一项。宋在全国建立了一个商税网，上至汴京、洛阳、大名、应天府四京，以及南宋的临安，都设有商税院，下在地方州县至墟市，都设有征收商税的机构，称为"场务"，大者为务，小者为场。大的州县税务，由朝廷派监税官管理税收；小的地方由县令、县佐兼理。在一些商税年额千贯以下的地区，由地方豪强承包，交纳年额，多余的归承包人所得。

商税的正税可分过税和住税两大类。过税是流通税，行商携带货物经过某一税务关卡，要交纳过税，税率为 2%。行商每经过一个场、务，就要交纳一次过税，场、务发给他的收据，称为"引"。如不在各个场、务——纳税，而在某处合并交纳，发给的凭据称"长引"。住税是交易税，税率为 3%。住税征收的货物范围很广，日用生活所需之物无不纳税。除过税和住税外，还有各种附加税，如舟船载货要征收"力胜钱"。在商税征收中，货币居于主导地位，但也征收一定数量的实物。

宋朝商税收入相当可观，宋太宗时每年的商税收入约 400 万贯。到宋仁宗时，增加到近 2 000 万贯。商税在宋朝财政收入中占有相当大的比重。宋朝还对人民生活中的必需品盐、茶、酒、矾，实行官府专卖，称专卖制度。专卖制度谓之"榷"，宋在京师和地方设有管理专卖事务的机构，叫作"榷货务"。

宋代的盐，因产地不同，分为海盐、池盐和井盐三种。榷盐的流通销售办法有官卖和通商两种：官卖是政府把全国分成若干盐区，由政府以低价从盐户中征购官盐，用高价直接配售给百姓；通商是由政府将官盐先卖给商人，再由商人转售给百姓。宋仁宗时始行盐钞法，通商法便为朝廷逐渐普遍采用。"盐钞"也称"盐交引"或简称"引"，即购盐证。此法先行于西北的井盐、池盐，其后，东南的海盐也行钞盐法，海盐钞全由京师的榷货务发行，必须现钱购买。商人购买了盐钞，便凭盐钞到指定的地方换盐。当时京师榷货务，在英宗治平至徽宗大观的 40 年间，发行盐钞达 1 000 万贯。宋政府所卖的盐钞，加上每年盐户所纳的盐课和盐商的盐税，就成为一项重大的收入。

宋承唐旧制，对茶也实行专卖，称"榷茶"。宋朝在产茶地区，开辟场所，由官府设吏管理，称为"山场"，采茶之民称为"园户"。园户不纳田赋，以所采茶叶的一部分作为租税交纳，其余的茶叶不得私有，全部由官府作价收买，再由官府作价贩卖。这样，茶就完全由官府专买专卖。宋对酒也实行专卖，称为"榷酤"。宋朝在州城都置酒务，为政府监管榷酒事务的机构，设监督官二人，一人监督酒的酿造，一人监督酒的税收。酿酒卖酒全为官营。县镇乡间许民私酿，由政府课税。宋太宗淳化年间，实行商民包税承销的办法，令承包者自认岁课之额，采用投标方式，认课多者则可承包，叫作"买扑"。于是酒税成为政府一项重要收入。

矾的专卖：矾是铸钱所必需，也是印染的必要材料。矾的官卖始于五代。宋的榷矾有两种办法：一种由官府设场置务，募民制矾，制矾之民，称为"镬户"，制成之矾，由官府统卖；另一种由镬户自行制矾，由官府收买，然后卖出。榷货务备有矾引，商人可出钱买引，凭矾引到矾场取矾贩卖，每 100斤为一大引，50 斤为中引，30 斤为小引。矾严禁越界私贩和私售，犯者处罪与茶同。

3. 杂税

田契钱，又称印契钱或契税。宋太祖开宝二年（969）规定，凡民间典当、买卖田宅，必须在两月内向官府购买契纸（证书），契纸写约之后，请求官府验印，输纳印契钱。其税赋，仁宗庆历四年（1044）规定，每贯收税钱 40 文；宣和四年（1122）增 20；南宋高宗绍兴五年（1135）又增 40，至100 文。宋朝法律规定，如果百姓在田契内，故意少写价格，逃避纳税，一经查出，财产没收。

经总制钱是一项为了支付军政费用而设立的款项，同时还是一种各地为了筹措这项费用而加征的苛捐杂税的总称。"经制钱"为北宋宣和年间，总揽东南地区财赋的发运兼经制使陈遘所创，因系经制使建议，故称"经制钱"。绍兴五年（1135），总制使又仿上法增税，又有总制钱的名目。这两个名目统称"经总制钱"，它包括的名目极为琐细，达十种以上。在南宋新创的三大赋敛名目中，"经总制钱"敛取的数额最为庞大。

月桩钱是一种为了筹集军饷而额外征收的税目。因为每个月都需要支付军饷，所以称为"月桩钱"。在绍兴二年（1132年），韩世忠驻扎在建康，每月从江东漕司处拨款10万缗，并规定可使用经制钱、上供钱和其他税款。但是漕司不愿意动用自身的税款，而且特定科目的预算也不足以支付，所以只能向地方政府收取款项。于是州县巧立名目，向人民榨取。榨取的名目多，数额也大。南宋初参知政事李光说"诸路月桩最为民间重害，而江东西为甚"①。

板帐钱也是南宋初以军兴为名所创立的名目繁多的税目的总称，由州县索取解送朝廷，以供版曹（户部）财计。

第三节　唐宋的礼制

一、唐代礼制

唐朝建立之初，武德时期礼乐诸制未及修定，"郊庙宴享，悉用隋代旧仪"，这一局面直到太宗贞观年间方得以改变。唐太宗诏令中书令房玄龄、秘书监魏徵等带领礼官学士全面整理朝廷礼仪，编制新礼，计一百三十八篇，

---

① （清）徐松加. 宋会要辑稿 1-7 [M]. 北京：新华书店，1957.

分为一百卷，是为《贞观礼》。《贞观礼》是唐代第一部国家层面的官方礼典，在唐代礼制的发展历程中具有开创性意义。《贞观礼》的鲜明特点就是传承隋代旧制，也可以说此礼就是在《开皇礼》基础上修成的，这很大程度上是因为李唐王朝建立时间尚短，还没有时间建构起明显异于前代的礼制体系。《贞观礼》虽然大体沿袭隋代旧制，但是事实上比之隋礼，仍有明显变化。根据《唐会要·五礼篇目》的记载可知，贞观修礼之际，删除了五天帝、五人帝、五地祇的蜡祭，不再通祭九州而唯祭皇地祇及神州，同时增加了周隋礼制中所缺之皇太子入学、太常行山陵、天子大射、合朔、讲武、纳后六礼、四孟读时令、天子上陵、朝庙、养老辟雍等二十九条礼仪内容。概而观之，删废者主要关涉祭祀天神之仪，而增益者则主要是皇帝、皇后、皇太子相关的礼仪。

贞观修礼是唐太宗即位后构建朝廷礼仪制度体系、开创统治新局面的重要举措。《贞观礼》的修撰颁行是在贞观时期统一、兴盛的国家格局下，在自信而全面开放的心态下完成的，是对官方礼制的一次全面讨论、整理和修订，对于李唐国家的建设具有极重要的意义。

唐高宗永徽二年，议者以《贞观礼》节文未尽，遂诏太尉长孙无忌、中书令杜正伦、中书侍郎李义府等人"重加缉定"，修成一百三十卷，是为《显庆礼》（又有称《永徽五礼》）。显庆制礼依旧遵循五礼体例，但贞观礼中"国恤"一部被删掉。"国恤"的删除，是显庆修礼相比贞观礼制在体例内容上最为突出的改动。自此以后，终唐一代，乃至于赵宋之时，官方礼典修定颁行，其内容中再无皇帝、皇太后、皇后、皇太子及太子妃等相关丧葬礼文仪制。《显庆礼》的撰制颁行，标志着唐代国家礼制的进一步发展。

然《显庆礼》行用后，"学者纷议，以为不及"[1]。上元三年，唐高宗颁敕重新恢复《贞观礼》。其后，仪凤二年八月，唐高宗又诏曰："显庆已来新

---

[1] 杜文玉. 唐史论丛 第 10 辑 [M]. 西安：三秦出版社，2008：42.

修礼，多不师古，其五礼并宜依《周礼》行事。"①至此，将朝廷礼仪遵循之范本直接上溯到了周代礼制。唐高宗诏下，遂出现了"礼司益无凭准，每有大事，皆参会古今礼文，临时撰定"②的局面。有司临事远引古义，近以贞观、显庆二礼为参酌增损之。由此言之，贞观、显庆二礼皆呈现行用不废的局面。

值得注意的是，每遇事之际或依古礼或参酌贞观、显庆仪制的撰修礼文之举，恰恰表明李唐王朝的礼仪体系正在不断地修正，而此也为之后官方礼典编制奠定了重要基础。唐玄宗开元二十年，撰制完成并颁行天下的《大唐开元礼》，正是在参古议今的基础上最终实现了对贞观、显庆礼典的的理顺、调积折中，建构起了适应时代需要的国家礼仪体系。《大唐开元礼》确立了唐代礼制的典范，详尽而完备地记录了国家方方面面的典礼仪制，从而为统一王朝的礼典修撰建立了模式，成为后世王朝颁行礼典的圭臬。

《显庆礼》《贞观礼》由于种种原因，未能保存至今，因此如今在研究唐代的礼制体系与其发展趋势时，《大唐开元礼》也就成为重要的研究资料。从这本资料中，可以看出唐代时期的礼仪规定就已经十分完善，并且在卤簿、冕服、礼器、车辇等相关制度方面也较为完备。下面就简列其中仪制篇目，以期对唐代官方礼制典章的真实内容及相关规定的全貌有清晰了解。

《大唐开元礼》共一百五十卷，分序例、吉礼、宾礼、军礼、嘉礼、凶礼六部分。序例部分，包括择日、神位、俎豆、大驾卤簿、皇后卤簿、皇太子卤簿、皇太子妃卤簿、亲王卤簿、内命妇卤簿、外命妇卤簿、衣服、斋戒、祈祷、杂制等诸项内容。

吉礼部分包括皇帝冬至祀圜丘、冬至圜丘有司摄事、皇帝正月上辛祈谷于圜丘、正月祈谷于圜丘有司摄事、皇帝季秋大享于明堂、季秋大享于明堂有司摄事、皇帝立春祀青帝于东郊、立春祀青帝于东郊有司摄事、皇帝立夏

---

① 吴震，郭晓冬. 视域交汇中的经学与家礼学 上［M］. 上海：上海古籍出版社，2022：403.
② 王文兵. 变革中转型［M］. 长春：吉林文史出版社，2019：95.

祀赤帝于南郊、祀风师、祀雨师、祀灵星、祀司中司命司人司禄、皇帝夏至祭于方丘、夏至祭于方丘有司摄事、皇帝孟冬祭神州于北郊、孟冬祭神州于北郊有司摄事、帝享于太庙有司摄事、肃明皇后庙时享有司摄事、孝敬皇帝庙时享有司摄事、皇帝拜五陵、皇后拜五陵、皇帝皇太子视学、皇太子释奠于孔宣父、国子释奠于孔宣父、国学生束修、皇帝巡狩告于太庙、巡狩告于太庙有司摄事、皇帝巡狩、皇帝禅于社首山等内容。

宾礼部分包括蕃国主来朝以束帛迎劳、遣使戒蕃主见日、皇帝燕蕃国主、皇帝燕蕃国使等仪制。

军礼部分包括皇帝亲征告于上帝、皇帝亲征宜于太社、皇帝亲征告于太庙、皇帝亲征祃于所征之地、亲征及巡狩登所过山川、平荡贼寇宣露布、遣使劳军将、皇帝讲武、皇帝田狩、皇帝射于射宫、皇帝观射于射宫、制遣大将出征有司宜于太社、制遣大将出征有司告于太庙、制遣大将出征有司告于齐太公庙、祀马祖、享先牧、祭马社、祭马步、合朔伐鼓、合朔诸州伐鼓、大傩、诸州县傩等礼仪。

嘉礼部分包括皇帝加元服、纳后、皇帝元正冬至受皇太子朝贺、皇后元正冬至受皇太子朝贺、皇帝元正冬至受皇太子妃朝贺、皇后元正冬至受皇太子妃朝贺、皇帝元正冬至受群臣朝贺、皇帝千秋节受群臣朝贺、皇后元正冬至受群臣朝贺、皇后元正冬至至受外命妇朝贺、皇帝于明堂读孟春令、皇帝于明堂读仲春令、皇帝于明堂及太极殿读五时令、皇帝养老于太学、临轩册命皇后、临轩册命皇太子、内册皇太子、临轩册命诸王大臣、朝堂册命诸臣、册内命妇二品以上、遣使册授官爵、朔日受朝、诸州上表等仪制。

凶礼部分包括凶年赈抚、劳问疾苦、五服制度、讣奏、临丧、除丧、敕使吊、会丧、册赠、会葬、致奠、中宫太皇太后皇太后皇后服、东宫服、东宫妃服、三品以上丧、四品五品丧、六品以下丧等礼仪。

检视开元礼典中的礼文仪制可见，吉礼条目最多，卷数最重，主要是祭祀天神、地祇、人鬼诸仪，从天子祭天地宗庙诸神到有司摄行其事，从中央朝廷定制所行祭祀之仪到地方州县层面的祭祀制度，从官方所行的公祭诸仪到王公百官行于自家的私祭之礼，事实上包括了从天子到百官、从中央到地方的各个级别、各个层面的祭祀礼仪，从而建立起了涵盖广泛的祭礼典制。宾礼主要是接待藩国主及其来使的仪节，在开元五礼中卷数最少。军礼主要是与军事活动相关的礼仪，包括天子亲征、遣将出征、天子讲武田狩及大射诸仪等，还包括有司祭祀与马相关的诸神（马祖、先牧、马社、马步）的仪式，日食之际伐鼓仪式和从京城到州县的傩仪。嘉礼的内容比较多，包括从朝贺朝仪、册命初上到诣阙上表、遣使宣劳等朝堂仪制，从养老于太学到乡饮正齿，从皇帝、皇太子加元服到王公百官嫡庶子的冠仪，从皇帝纳后、皇太子纳妃到百官婚礼，等等。嘉礼的规范层面也关涉从朝堂到私家、从中央到地方的各个层面，其中的朝贺朝仪等相关仪制更是皇帝专制权威、森严君臣尊卑秩序等级的集中体现。开元礼典之凶礼，沿袭了显庆制礼的传统，缺略帝后丧葬的"国恤"篇目；主要包括王公百官的丧葬诸仪、五服制度规定等，此外还涉及了凶年赈抚、劳问疾苦等相关仪制。需要指出的是，与吉礼、嘉礼相比，凶礼的条目虽然不是很多，且被置于五礼次第之最后，但是因丧葬诸仪、五服制度等与现实社会中的宗法伦理秩序、政治场域中的尊卑贵贱等级规定皆有直接而密切的关联，其实际作用和影响是十分关键的。

综上所述，《大唐开元礼》的五礼制度规定，涉及从天子到百官、从朝堂到地方、从公家到私家的各项礼仪制度，涵盖范围广泛，关联内容详细而周备。正是通过这些规定，唐代礼制明确了不同身份的人的不同社会地位，实际上是对方方面面的关系作出了细致而明确的界定。从天人关系、君臣关系到官吏之间的上下级关系，从统治者与被统治者之间的关系到国内民族关系、中国与周边国家之间的关系；从各色人等的政治地位、经济地位到社会地位乃至于衣食住行、婚嫁丧葬、岁时节庆、文体娱乐，纤毫必至，其涵盖范围不仅超过了秦汉时期的朝仪，而且远远超过了三代礼制。从这一角度来说，《大唐开元礼》是对三代以来官方礼制发展的总结和发展，是魏晋以来官方礼典的集大成者。《大唐开元礼》对五礼制度体系的确定和规范，不仅是魏晋以来官方礼典传统的延续和发展，其礼文内容更是在礼制传承的基础上充分适应"当代"社会现实需要而修订完成的。实际上，《大唐开元礼》所代表的正是唐代礼仪制度对三代以来礼制发展成果的全面总结与创新，充分说明唐代是中国古代礼制发展史上的又一个高峰。

二、宋代礼制

宋的礼制是在唐代礼制基础上的不断演进，与唐代相比，其礼制体系显然更趋完善和成熟。

唐末战乱不断，五代十国时期，南北政权在王朝体制上皆少有创新，多承袭唐制而已，于礼制方面亦大抵如此。各朝廷仪制往往粗具框架，不能形成完整而周备的体系。《宋史·礼志一》即云："五代之衰乱甚矣，其礼文仪注往往多草创，不能备一代之典。"这一时期值得注意的礼仪创制就是《大周通礼》的编纂计划了，后周世宗显德五年命翰林学士窦俨全面考论礼文，编次《大周通礼》。然此"通礼"却非与贞观礼、开元礼相同的规定国家五礼制度的官方礼典，计划中的《大周通礼》其实是一部关于礼乐沿革的会要体著作，其编撰之法明显是受到了开元后礼时代礼仪撰述的影响。

北宋建立之初，朝廷礼仪诸制未及创设，典礼沿革多用唐《开元礼》。至开宝中，四方渐平，国内统治秩序渐趋稳定，赵宋王朝礼仪制度的全面整修议定被提上日程。宋太祖令刘温叟、李昉等人撰定官方礼典《开宝通礼》二百卷，又定《通礼义纂》一百卷，颁行天下。《开宝通礼》作为北宋开国后撰制颁行的第一部礼典，以吉、宾、军、嘉、凶五礼为体例，对朝廷至地方、皇帝至官僚，方方面面的礼文仪制加以规范，是宋太祖时代国家制度建设的标志性成果之一。然因为赵宋建国时日尚短，尚无精力对五礼仪制进行全面的考论、议定，所以开宝制礼实乃以唐《开元礼》为本，并附以国朝沿革制度而已。正是由于这种编撰原则，以开元礼典的五礼体系为基础，《开宝通礼》撰成、颁行所用时间很短。

在唐开元礼仪制度的基础上,通以时事、附以新制而成的开宝礼仪制度,构建起了北宋建国后的官方礼制体系。今开宝礼典文本虽未能流传下来,然按照唐代开元礼典中规定的仪制条目,亦可对北宋前期五礼体系及其大致条目有所了解。但在关注开宝制礼沿袭开元礼典的五礼仪制的同时,不能忽视其"通以今事""附益以国朝新制"的特点,事实上在相关礼文讨论中可以发现,开宝制礼之际所谓"今事""新制"并非皆是宋初的新创,亦有明确沿用唐后期至于五代的礼仪故事与旧例的迹象。例如,《开宝通礼》中,裕享大祭时,别庙皇后神主入享太庙"祔于祖姑之下",即并非开元礼制的规定。由于《开宝通礼》文本未能流传下来,今人欲对此礼典有更多认知只能从《开元礼》的修撰原则以及宋人文献记载的礼仪讨论时涉及《开宝通礼》的语句,再结合北宋中期修撰的《太常因革礼》一书中的记述加以勾勒和分析。

开元后礼时代,礼仪著述皆是以开元礼典为基础,汇编记录仪制沿革变化而已,修撰者都是太常礼官,其目的也多是备有司检索、遵循。显然《开宝通礼》并未沿用这一惯例,而是直接承袭唐代前期编制礼典、修定"五礼"仪注规范的做法,全面考定、理顺赵宋王朝所循行用的五礼制度体系。或者可以认为,这是北宋政权稳定国内局势之后,国家制度体系建设和发展的重要步骤之一。尽管此时,北宋政权建立时间尚短,仍不能有十分充裕的时间来全面修撰更大程度上通以时事、符合本朝具体情况的礼仪典制规范,只能本唐《开元礼》而加以损益。但是这种全面修订"五礼"制度体系、规范国家统治秩序的礼典的颁行,对于草创之初国家的礼教推行和政治统治的加强具有深远意义。

《开宝通礼》颁行后,北宋朝廷遇事之际,礼官礼司以此为准,制订仪注,遵循行事;亦有根据具体情况,损益其礼者。至于其后太宗、真宗时期,礼仪变革日趋明显。宋太宗崇尚儒雅文治,注重修明典章;宋真宗"封泰山,

第一章 唐宋文化的依托——制度

祀汾阴，天书、圣祖崇奉迭兴"①，礼仪创制甚多，更专置详定所，命执政、翰林、礼官参领其事，后改为礼仪院，专职增修礼文。尽管太宗、真宗两朝礼仪，主要还是在开宝"五礼"框架下进行的改易和创制，但随着变革之处的不断增多，至于仁宗时期，朝廷礼文制度与开宝时代相比，已有了较为明显的变化，而此也反映在官方礼仪的撰述上。

仁宗天圣初，太常博士、同知礼院王晦等人论次朝廷已行之仪制礼文，编为《礼阁新编》。《礼阁新编》的编撰，其实就是将国初到天禧五年之间颁于礼院的礼文诏敕，"删去重复"，"类以五礼之目"，从而达到梳理、编次朝廷礼文仪制的沿革行用的目的。史称，《礼阁新编》"大率吏文，无著述体，而本末完具，有司便之"②。编成之后，"藏太常"之中，以便于检索。庆历四年，贾昌朝、孙祖德、张方平等人呈献《太常新礼》四十卷。《太常新礼》记述内容止于庆历三年，编纂原则"凡《通礼》所存，悉仍其旧，哀其异者，列之为一百二十篇"。显然也是太常礼官整理编集异于开宝礼制的礼文内容之作，以梳理《开宝通礼》之后的礼文改易为主。

《太常因革礼》由欧阳修等人编写，其完成时间是宋英宗治平二年，这本书关于礼仪的撰述最为全面。主要是为了整理礼院文字资料，方便后期能够查询建国以来的礼文变化。《太常因革礼》流传至今，遂可从其篇目设置中探究北宋中期的礼制发展趋势。

《太常因革礼》一百卷，书中内容始自北宋开国建隆时期终到仁宗嘉祐年间，分总例、吉礼、嘉礼、军礼、凶礼、废礼、新礼、庙议八部分。

"总例"部分，涉及择日、神位、行事官、坛壝、誓戒、斋宿、配帝、祝词、牲牢、五齐三酒、缩酒茅、望祭殿、牙盘食、香、烛笼、祭玉等近三十项内容。

"吉礼"部分，包括冬至祀昊天上帝于圜丘、正月上辛祈谷于圜丘、孟

---

① 李松石. 两宋题画诗词研究［M］. 北京：新华出版社，2022：26.

② 王文兵. 变革中转型［M］. 长春：吉林文史出版社，2019：106.

夏雩祀、大享明堂、祫礼于太庙、享先农耕籍、封禅、皇帝拜陵、有司正月上辛祀感生帝、有司迎气日祀五郊、有司春分朝日于东郊、有司春分祀九宫贵神、时旱祈报太庙社稷岳镇海渎等诸仪。

"嘉礼"部分，包括元日受群臣朝贺上寿、冬至受群臣朝贺上寿、圣节御殿受群臣朝贺、册命皇后、亲王纳妃、公主降嫁、乡饮酒、群臣上表、入阁（閤）、视朝、常参起居等诸仪。

"军礼"部分，包括皇帝亲征祭告、凯旋祭告、献俘藏御楼宣露布、皇帝讲武、皇帝射于射宫、诸马祭等诸仪。

"凶礼"部分，包括问大臣病及车驾临奠、辍朝、举哀、丧葬、举哀挂服、契丹国丧、夏国丧等诸仪。

"废礼"部分，包括守卫、祝版、搢大圭、明衣、祭司寒弧矢、皇帝拜陵内人谒见、中宫东宫劳问、告哀饮福等诸仪。

"新礼"部分，包括恭谢天地、上帝后谥号册宝、亲谢宗庙、荐献玉清昭应宫、荐献景灵宫、春分祀高谋、秋分享寿星、契丹国信使副元正圣节朝见宴、高丽国使副见辞、交州使副见辞、明肃皇后仪卫、上皇太后尊号册宝、皇太后御会庆殿受群臣朝贺、皇帝率百官诸军将校等上皇太后寿等三十多项仪制。

"庙议"部分，包括高曾祖祢庙议、四庙谥议、太祖谥议、太宗谥议、加上太祖太宗尊谥、加上太庙六室尊谥、真宗谥议、伯祖昭穆异同议、昭宪皇后杜氏等。

宋神宗即位之后，关注朝廷礼文仪制的检讨和修订，令太常寺置详定郊庙礼文所，检讨郊庙祭祀之仪。又命龙图直学士宋敏求同御史台、阁门、礼院详定朝会仪注。这一时期，"其损益之制，视前多矣"。此次所定仪制内容主要是针对朝仪、郊庙、祈禳、蕃国、丧葬等各方面的礼仪，涉及了朝仪（包括圈门仪、朝会仪、徽号册宝仪）、祭祀（具体涉及郊庙、明堂、天兴殿、景灵宫祀仪等）、蕃国（包括大辽令式、高丽入贡仪、女真排办仪、诸蕃进贡令式）以及丧葬诸令式等。需要留意的是，这些仪式与《开元礼》中的内容有明显不同之处，这种差异是由于时代变革引起的。例如，进一步细化了朝会礼仪，形成了景灵宫祭祀礼仪，尤其是对待蕃国宾客的接待礼仪突显了辽、高丽、女真等国的地位，这些内容正是变化最为明显的地方。正因朝仪、郊庙、蕃国等礼文多有变更，此时朝廷所行礼仪与《开宝通礼》相差明显，有臣僚提出了全面修订礼仪、撰制礼典之事。

宋徽宗政和二年，郑居中等奏编修五礼仪注即《政和五礼新仪》，政和三年正月，正式颁行五礼新仪。《政和五礼新仪》明确总结了开宝以后礼制发展的成果，是继《开宝通礼》之后，赵宋朝廷的第二部官方礼典。由于《开宝通礼》文本早佚，所以《政和五礼新仪》也就成为今人研究宋代官方礼典与礼制体系最为重要的典籍资料。《政和五礼新仪》二百二十卷，有序例、吉礼、宾礼、军礼、嘉礼、凶礼六个部分。

通过研究《政和五礼新仪》这一著作中的仪式规定，我们可以大致了解到自宋代初期以来礼仪制度的变迁和发展。这些变化清楚地展示了宋代礼仪制度在传承前人基础上，随着时代变迁不断进行改变和调整的显著特征。正因为这一"适时"的特色，宋代中国古代的礼制体系逐渐变得更加完备和稳固。

宋室南渡，政局渐趋稳定后，朝廷礼制陆续修订实行，其中郊祀、享庙、社稷、释奠、乡饮以及交聘、内禅等礼，更是备受关注。南宋孝宗淳熙十二年，礼部太常寺续编完成太常因革礼三百卷，赐名曰《中兴礼书》（亦称《太常中兴礼书》），其书编次南宋王朝建立以后的礼仪、乐舞、器服等，尽收南宋前期的礼仪沿革损益。今幸可见《中兴礼书》的文本，其中章目内容虽已有缺略，但仍是研究南宋前期礼仪沿革的重要典籍。《中兴礼书》共三百卷，有吉礼、嘉礼、宾礼、军礼、凶礼五部分。

宁宗嘉泰二年，太常寺进呈的《中兴礼书续编》，是对孝宗一朝礼仪典制的汇编记述，其礼仪名目变化并不明显。孝宗以后，南宋朝廷的礼仪制度基本沿袭高宗时期的礼制。

　　总的来看，审视南宋时期礼仪制度的建立和施行，虽然在最初多有权宜行事的色彩，但是以因循北宋礼制为主体原则的礼仪典章还是日益齐备，并在政治、社会生活中日趋发挥着深远影响。南宋时期，以沿袭北宋礼制为主的官方礼制不断发展，一方面，在北宋礼制的基本框架体系的基础上，因时宜而调整损益，按需求而权宜行礼；另一方面，新礼制亦屡有出现，如内禅、皇太后回銮、登宝位、金国使入贺等，皆为北宋所无之礼。

第二章　唐宋文化的传承——教育

在中国古代社会中，学校教育体系的最大特点就是为现实政治、集权体制服务，培养现实政治需要的合格人才。本章为唐宋文化的传承——教育，主要围绕唐宋官学体系的构建与发展、唐宋官学教育与科举制度、唐宋时期私学的演进三个方面展开论述。

第一节　唐宋官学体系的构建与发展

一、唐宋时期的中央官学

（一）国子监所属官学机构

唐代国子监下设官学有六，即国子学、太学、四门学、律学、书学、算学，唐玄宗天宝九年曾增置广文馆，但其后即废。北宋建国以后，中央官学体系大体沿袭唐制，但是其国子监下属的官学机构的情况却比唐代较为复杂。北宋前期，隶属于国子监的中央官学只有国子学而已，而且此时的国子学为教学教育机构与行政管理机构合一。宋神宗在位之际，增加国子监下属的中央官学的数量，此后隶属于国子监的官学，不仅包括了国子学、太学、律学等，还包括了武学、小学之类的学校。南宋建都临安，亦沿循北宋之制设置国子监，总掌国子、太学等学校事务。

1. 国子学

唐宋时期，国子学是中央官学中最高等级的学校，主要为高级官僚群体子弟提供教育。然由唐至宋，国子学的发展却呈现出了日趋衰落的趋势。

国子学，源于周礼，按《周礼·地官司徒》中云：师氏"以三德教国子""凡国之贵游子弟学焉"[①]。至西晋武帝时始正式出现"国子学"之名。晋武帝咸宁二年，"起国子学"；晋惠帝元康三年，"以人多猥杂，欲辨其泾渭，"于是"制立学官品"，乃定"第五品以上得入国学"[②]。显然，国子学在建立之初，就明确宣示着"殊其士庶，异其贵贱"[③]的特点，只有高级官僚子弟才能入国子学读书。南北朝时期，设国子学以教贵胄子弟的体制多有沿袭。例如，北魏孝文帝迁都洛阳，即立国子学；北齐时设置国子寺（学），"掌训教胄子"[④]。隋朝建立之初，重视官学教育体制的建立，国子学的体制亦被承袭并推进。隋文帝仁寿元年，以"天下学校生徒多而不精"为由，废止诸学，"唯简留国子学生七十人"[⑤]，可见当时对国子学的重视。

李唐王朝初建之际，即重视官学，在中央设置国子学，置生七十二员，取三品以上子孙。其后，随着国内统一，政局稳定，文教振兴，国子学的规模不断扩大。贞观中，唐太宗曾数幸国子学，令祭酒、博士讲论，并增筑学舍。国子学是唐代国子监下属诸学校中级别最高者，其生员定额为三百人，

---

① （西周）周公旦；张如芸. 周礼［M］. 桂林：漓江出版社，2022：151.

② （宋）马端临；上海师范大学古籍研究所，华东师范大学古籍研究所点校. 文献通考［M］. 北京：中华书局，2011：1201.

③ （梁）兰子显. 南齐书［M］. 北京：中华书局，1972：144.

④ 胡守为，杨廷福. 中国历史大辞典 魏晋南北朝史［M］. 上海：上海辞书出版社，2000：440.

⑤ （宋）朱熹，赵师渊. 资治通鉴纲目 第6册［M］. 北京：中国书店，2021：369.

"以文武三品以上子孙，若从二品以上曾孙，及勋官二品、县公、京官四品带三品勋封之子为之"①。贞观时期，国势强盛，四夷来朝，其时"高丽及百济、新罗、高昌、吐蕃等诸国酋长，亦遣子弟请入于国学之内"②。于是"国学之内八千余人"，史称"国学之盛，近古无比"③。此语有夸张溢美之嫌，其所列人数也包括了国子监下属诸学的生员数，但是当时国子学的兴盛却是无疑的。唐高宗龙朔二年，东都亦设国子学，但规模小于京师国子学。

李唐一朝，国子学始终是国子监诸学中重要的教育教学机构。虽然在贞观以后，高宗武后时期的国学渐衰，国子祭酒多非高才儒雅之人，但是整体而言，除了遭遇战事乱局之外，直至唐末国子学的建制和教育教学活动基本能维持延续，只是皆无法复现贞观国学的盛况。尤其值得注意的是，天宝以后，学校益废，生徒流散，国子学规模严重缩减。

五代十国时期，北方地区政权更迭频繁，南方地区各政权割据一方。然乱局之中，官学教育仍得到了各政权统治者的关注和重视，从文献史料的记载中可见国子学的设置。例如，后周显德二年，周世宗曾设国子监，置学舍。此国子监中学舍设置就是国子学，反映了后周时国子监与国子学合一的状态，亦即监学合一。此外，后蜀的官制体系中，明确存在国子助教、国子《毛诗》博士等职衔，亦说明后蜀是设有国子学的。

宋代前期延续唐、五代国子学的设置，以之为中央官学体系中最高等级的学校。赵宋王朝建立之初，沿用后周旧址创办国子监，广增学舍，"以应荫子孙隶学受业"。宋太宗端拱二年，一度改国子监名为国子学。其后，又以国子学复为国子监。因此，宋时应当仍是监学合一的规制。北宋国子学初无定员，"后以二百人为额"，其国子生专"以京朝七品以上子孙为之"④。

---

① 毕宝魁. 隋唐社会日常生活［M］. 北京：中国工人出版社，2021：100-101.

② 司马云杰. 中国精神通史 第3卷［M］. 郑州：河南人民出版社，2021：458.

③（宋）马端临；上海师范大学古籍研究所，华东师范大学古籍研究所点校. 文献通考［M］. 北京：中华书局，2011：1209.

④ 邓之诚. 宋辽金夏元史［M］. 北京：应急管理出版社，2022：66.

但是，自北宋前期开始，国子学已有颓废之象。国子学内生徒多"系籍"，或"久不至"者，"居常听讲者，一二十人尔"①，显然"国学之制日隳"。自宋太祖开宝年间开始，朝廷采取各种措施加以规范，依然无法挽回其颓势。北宋中期以后，太学发展迅速，国子学更趋衰落。及宋室南渡，建炎初设置国子监，立博士，以三十六人为生员，其后国子生定员为八十人。但是，南宋时期国子学一直附于太学之内，作为太学的一斋。孝宗、宁宗时期，虽然采取措施扩充国子生，但是教学效果依然不佳。

总的来看，宋代国子学是明显不如唐代的。就宋代而言，所谓国子之学，实则"未尝教养国子"。国子学作为中央官学的最高等级学校，其办学效果和影响力皆不如太学。宋仁宗时期建太学，此后太学不断发展和扩充，国子学的实际影响力和实际地位不断降低，而太学的地位一再提高，影响范围不断扩大。

2. 太学

根据史籍记载，周时已有太学之名，具体形制不详。西汉武帝时正式设立太学于长安，是国家重要的官学教育机构，养士之所在，如董仲舒曾云："养士莫大乎太学。太学者，贤士之所关也，教化之本原也。"②此后，太学发展迅速，汉元帝时太学生员已增至千人，汉成帝末年增至三千人，汉平帝时曾为学者筑舍万区。及至东汉时期，太学生更比此前倍增。汉代太学之制，为后世王朝所沿袭。例如，曹魏于黄初五年立太学；西晋武帝时太学生三千人，后增至七千人。北魏道武帝初定中原，始于平城立太学，置五经博士，生员千余人；及孝文帝迁都洛阳，亦在洛阳设立太学。隋初亦设有太学，为中央官学体系中的重要组成部分。然隋文帝仁寿元年，"以天下学校生徒多

---

① 邓之诚. 宋辽金夏元史［M］. 北京：应急管理出版社，2022：68.
② 周谷城. 中国社会史论 甲编403［M］. 长沙：湖南教育出版社，2009：175.

而不精"①，遂有废学之举，太学亦在废停之列。及隋炀帝即位后，重开庠序，太学等得以重振。

　　唐朝建立之初，高祖即令兴建官学教育体系，设立太学，置生一百四十员，取五品以上子孙。贞观以后国家统治稳定，诸制典章健全，中央官学体系日趋完善，太学为国子监下属诸学之一。太学生定员五百人，"以五品以上子孙、职事官五品期亲若三品曾孙及勋官三品以上有封之子为之"②。东都亦设太学，但人数较少。李唐一代，太学始终存在，是中央官学体系中的重要教育机构。但是，天宝以后，"学校益废，生徒流散"③，太学生徒规模亦不复以往。宪宗元和中，京城太学定额只七十人，而东都太学更是只有十五员。

　　宋代太学比之唐代有明显的变化，已经成为宋代中央官学的主体，亦是最重要的部分。北宋前期，虽置太学，"以八品以下子弟若庶人之俊异者为之"④，但是当时太学并未独立设学，而是附于国子监内。宋太宗时曾幸太学，命博士讲经。仁宗庆历四年四月，庆历新政推行，判国子监王拱辰等人奏请，扩充太学教育的规模，增加生徒数量，遂以"锡庆院"为太学，或可视此为太学迅速发展的开始。庆历兴学，取湖州胡瑗之"教法"以为太学法，延请名儒讲学授经等，可以说这一时期的举措，基本确立了宋代太学的规制。

　　庆历之后，北宋太学规模日趋扩展，庆历年间曾定太学生额为二百人，宋神宗熙宁元年"增太学生员"，又增置一百，"寻诏以九百人为额"⑤。至于神宗熙宁四年，变法兴起，关注兴学养士，大力推进官学教学体系的发展。其重点举措之一就是进一步扩筑太学学舍，推行"三舍法"。所谓"三舍法"，

①（宋）司马光. 资治通鉴 第 12 辑［M］. 北京：线装书局，2007：2382.

② 张希清，毛佩琦，李世愉. 中国科举制度通史 宋代卷 下［M］. 上海：上海人民出版社，2017：773.

③ 郑天挺，谭其骧. 中国历史大辞典 1［M］. 上海：上海辞书出版社，2010：183.

④ 郑天挺，谭其骧. 中国历史大辞典 1［M］. 上海：上海辞书出版社，2010：40.

⑤（元）马端临. 四库家藏 文献通考 6［M］. 济南：山东画报出版社，2004：50.

即把太学分为外舍、内舍、上舍，生员亦按此分成三个等级，初入学者为外舍生，外舍升内舍，内舍升上舍。施行之初，上舍生员定额一百，内舍生员定额二百，外舍不限额，后外舍定额七百，三舍总计一千人。熙宁年间还对太学学官的编制、择任以及授课教学等都作出了具体规定。至于元丰二年，又颁"学令"，进一步完善太学规制。其制规定：太学置八十斋，每斋容三十人；外舍生员扩大为二千人，内舍生员则定额三百人，上舍生员定额一百人，三舍生员一共二千四百人。此外还建立考试、递补等制。其后，又有诏"岁赐缗钱至二万五千"，"又取郡县田租、屋课、息钱之类"①，以增为太学之费用。熙宁、元丰期间，经过整顿扩充，宋代太学教育制度更趋完备，管理体制及相关规定更趋细致。

至宋徽宗即位，继承变法遗志，推行"兴学贡士"之政策举措，由此掀起了北宋时期官学体系发展进程中的第三次兴学高潮。崇宁元年，宋徽宗令"即城南门外相地营建外学，是为辟雍"②，也就是为了进一步扩大太学的教学规模，在开封城的南门外另外择址修建学舍，称作辟雍，实际为太学的外舍。所称"辟雍"之名，乃是仿照"古者国内外皆有学"的传统而来。辟雍即为太学外舍，在太学学舍里，只有上舍和内舍这两个部分。因此，上舍生额外增加至二百名，内舍生增加至六百名，外舍生的定额则为三千人。外舍分为四讲堂和百斋，每个斋房可以容纳三十人。各州府选拔的贡生，都要先进入外舍学习，通过考试后才能升入太学的内舍、上舍。此辟雍"外学"所用敕令格式"悉用太学见制"。此时，太学事实上已经成为北宋中央官学体系中的最高者，亦是北宋中央官学体系的绝对主体和中心。宋徽宗时期，太学教学规模空前，上舍、内舍、外舍三舍生员定额共计三千八百人，可谓是北宋时期太学发展的鼎盛时期。当时甚至有诏"取士皆由学校、三舍，废科举法"。

---

① 顾明远. 教育大辞典 8［M］. 上海：上海教育出版社，1991：10.

② 顾明远. 中国教育大系 历代教育制度考 1［M］. 武汉：湖北教育出版社，2015：789.

宋室南渡，少数太学生随之南迁。然南宋政权初建之际，局势不稳，朝廷亦无暇关注兴学养士之事。宋高宗建炎初，只是于驻跸之所置国子监，"以随驾之士三十六人为监生"，即以随驾生员附读于国子监而已。及绍兴十三年，兵事稍息，始建太学，以岳飞旧第为太学，"养士权以三百人为额"，并置学官。其后，生员定额又屡有增加。南宋重建太学，招收生员，"凡诸道住本贯学满一年，三试中选，不犯第三等已上罚，或虽不住学，而曾两预释奠及齿于乡饮酒者，听取应充弟子员"①。太学之内依旧施行三舍法，史称："三舍旧法凡四百十条，绍兴重修，视元丰尤密。"②时临安府"括民间冒占白地钱"，岁入十二万缗，为太学养士之资费。

南宋太学建立之后，影响甚大，参加入学考试者众多。绍兴十三年秋季始"开补"，就试者五千人；及嘉泰二年，就试者曾达到三万七千余人。南宋后期，太学三舍生增至千余人。

总的来看，南宋时期，太学的规模不如北宋后期，其所施行的三舍之法及相关递补、考核规制更趋严格、完善，但因学生多只关注应对科举考试，太学学风渐趋颓废。

3. 四门学

史载，四门学之设始于北魏。隋初沿袭其制，在国子学、太学之外，仍置四门学。及李唐开国之际，诏设中央官学体系，其在国子学、太学之外，又设四门学，置生一百三十员，"取七品以上子孙"。其后，随着国家统一，政治秩序稳定，官学教育体系不断发展，四门学作为国子监下属六学之一，亦随之扩大规模。四门学生员定额一千三百人，"其五百人以勋官三品以上无封、四品有封及文武七品以上子为之，八百人以庶人之俊异者为之"③。

---

① （元）马端临. 四库家藏 文献通考 6［M］. 济南：山东画报出版社，2004：56.

② 顾明远. 教育大辞典 8［M］. 上海：上海教育出版社，1991：134.

③ 周谷城. 中国社会史论 甲编 403［M］. 长沙：湖南教育出版社，2009：731.

显然，四门学与国子学、太学的差别，不仅在于生员人数，更在于它招收庶人。天宝以后，学校废弛，生徒流散。宪宗元和中，京城四门学定额三百人，而东都四门学定额则是五十人。

宋代建立四门学的时间较晚，及至仁宗庆历三年，方始立四门学。其学，"以士庶子弟为生员"，具体就是以八品以下至庶人子弟为学生，岁一试补。然四门学建立之后，"未几，学废"。显然，宋初建置中央官学之际，四门学并未受到重视，因此建立较晚，直至仁宗庆历中始得建，是以普通士庶子弟为生员的官学教育机构。与唐代的四门学相比，它在建置之初就呈现出身份性"标识"弱化的迹象；与同时期的太学机构相比，其生员范围亦并无特别明确的差别，同样是以低级官吏和平民子弟为招生对象。因此，随着太学规模的不断扩充，四门学就显得可有可无了。这也是宋代四门学建置未久即废的重要原因。

4. 律学

西晋时曾设律学博士，东晋之后大多因袭其制。隋时，律学隶属大理寺，设律博士八人。唐武德初，建立律学，设律学博士一人，隶属国子监，后即废。唐太宗贞观六年复置律学，于唐高宗显庆三年又废，以博士以下隶大理寺。龙朔二年复置。据《旧唐书·职官志三》记载：律学生五十人，"博士掌教文武官八品已下及庶人子为生者"[1]，亦即以八品以下子及庶人子弟为招生对象，律学生"以律令为专业，格式法例亦兼习之"[2]。宪宗元和初，东都置律学生五人。律学是唐代国子监下属六学中规模较小的法律专业学校。

宋初虽仍以国子监管理诸学，却未遵循唐制创办独立的律学学校，只于国子监中设律学博士，以教授律法。据《宋史·职官志五》记载，宋初国子

——

第二章 唐宋文化的传承——教育

---

① 许嘉璐. 二十四史全译 旧唐书 第 1 册［M］. 上海：汉语大词典出版社，2004：1481.
② 宋大川. 唐代教育体制研究［M］. 太原：山西教育出版社，1998：85.

监三馆，"律学馆教明律"。显然，在专门设置律学之前，在国子监内已有专门的"律学馆"，以教授律学。至于宋神宗熙宁六年，始设独立的律学学校，置律学教授四员。"凡命官、举人皆得入学，各处一斋。举人须得命官两人保任，先入学听读而后试补。"律学生员学习断案和律令。宋神宗元丰六年规定，入律学命官公试律义、断案，考中第一人，可由吏部试法授官。

南宋时期不再专设律学。这是由于北宋后期规定：进士、诸科等需试律令大义或断案后，才能授官。显然，当"明律"已成为选人必备的知识和任官的基本素质之后，独立的律学及其专门的明律教育活动，已经在很大程度上失去了存在的意义。

5. 书学

书学萌芽于汉代，至晋代始立书博士，置弟子。隋代正式在国子寺中设立书学，设置博士、助教。至于唐代，书学为国子监隶属的六学之一。贞观二年设置书学博士，置学生。唐高宗龙朔三年，曾以书学"隶兰台"，改变了书学的隶属。按《旧唐书·职官志三》记载，书学生三十人，"博士掌教文武八品以下及庶人之子为生者"[①]。

北宋前期，未设置书学。至于宋徽宗崇宁三年时，始设书学于京师。书学亦施行三舍法，遵循补试升降之制。后定书学生以三十员为额。大观四年，书学生并入翰林书艺局，学官等罢。可知，北宋书学存在时间甚短。至宣和六年八月，又有诏提举措置书艺所，招收生徒，研习书法。此时书学已罢，特设局而已。

6. 算学

隋时已设算学，并有博士二人。唐初无算学，高宗显庆元年置算学，三

---

① 许嘉璐. 二十四史全译 旧唐书 第 2 册 [M]. 上海：汉语大词典出版社，2004：1481.

年又废，"以博士以下隶属于太史局"。至龙朔二年，方又复置算学。按照《旧唐书·职官志三》的记载，算学，博士二人，从九品下，学生三十人，"博士掌教文武八品以下及庶人子为生者"。

宋朝建立之后，起初算学设置不明。《宋史·律历志一》虽记载"隋氏始置算学博士于国庠，唐增其员，宋因而不改"[①]，但是并无明确证据表示北宋前期就有独立的算学教育机构。又据《宋史·职官志四》记载，宋神宗元丰七年，曾"诏四选命官通算学者，许于吏部就试，其合格者，上等除博士，中次为学谕"[②]。按此记载，可以推知神宗时已经有诏选拔算学博士、学谕，表明其已筹建设置算学。但是，此次筹建似未能成行。及至宋徽宗崇宁三年，"遂将元丰算学条制修成敕令"，始建置算学。学生定额二百一十员，"许命官及庶人为之"，其学"公私试、三舍法略如太学"。此后，算学几度废置。崇宁五年四月，罢算学，令附于国子监。其年十一月，因臣僚奏请又复置算学。至大观四年，又"以算学生并入太史局"。政和三年复置。宣和二年再并算学生入太史局，"诏并罢官吏"。

南宋沿用北宋宣和之制，绍兴初置算学生于太史局中，其生员招收由太史局试补，"并募草泽人"入学。

7. 武学

从文献记载来看，唐代及唐代以前皆未有专门设置的武学学校，而宋代国子监直属诸学之中明确有武学，表明专门的武学学校正式创建于赵宋王朝。

宋仁宗庆历三年，诏建置武学于武成王庙，以阮逸为教授。但同年八月即罢学。至于罢废武学之原因，史载："以议者言'古名将如诸葛亮、

---

① 天津古籍出版社编辑部. 二十四史 第 8 卷 附《清史稿》 宋史 上 简体横排［M］. 天津：天津古籍出版社，2000：244.

② （宋）邵彦和；刘科乐校注. 大六壬断案疏正［M］. 北京：华龄出版社，2012：119.

羊祜、杜预等，岂专学孙、吴'故也。"①事实上，武学之废，还需考虑在宋廷重文轻武国策的影响下，武学之内"未有人习艺""久设此学，无人可教"的问题。宋神宗熙宁五年，枢密院奏请曰："古者出师受成于学，文武弛张，其道一也，乞复置武学。"②遂诏再建武学于武成王庙，以尚书兵部郎中韩缜判武学，内藏库副使郭固同判，赐食本钱万缗。武学生员以百人为额，"选文武官知兵者为教授"，习诸家兵法。及元丰官制实行，改武学教授为武学博士。武学亦仿太学，施行三舍法。崇宁中，诸州亦置武学，确立"考选升贡法"，仿儒学之制，以武艺绝伦、文又优特者，为上舍上等，岁贡释褐。政和三年，以武学人数过多，规定三岁校试不中者，免除学籍。宣和二年，尚书省奏请，"州县武学即罢，有愿隶京城武学者，请用元丰法补试"③。

南宋建国后，因战事所需，武学得到重视。高宗绍兴十六年，有诏于临安修建武学，"武博、武谕以兵书、弓马、武艺诱诲学者"④。兵部上《武士弓马及选试去留格》，规定试补入学等诸制，多以旧法。绍兴二十六年，高宗见武学"屋舍颓弊，亦全无士人"，遂诏礼部、兵部讨论典故，参立新制。此后，武学规制日趋详细明晰。

8. 小学

小学是唐宋时期官学体系中的初级教育机构。在唐宋两代的官学体系中，小学的建制有明显不同。唐代官学体制中，国子监附属诸学中并无小学。史载，武德元年唐高祖曾有诏皇族子孙及功臣子弟于秘书外省"别立小学"，此小学为皇族宗室子弟的教育机构。小学在有唐一代发展如何，因为史籍记

---

① （宋）欧阳修. 欧阳修集编年笺注 1［M］. 成都：巴蜀书社，2007：498.
② （宋）欧阳修. 欧阳修集编年笺注 1［M］. 成都：巴蜀书社，2007：498.
③ （元）脱脱等. 宋史［M］. 北京：中华书局，1997：3682.
④ （元）脱脱等. 宋史［M］. 北京：中华书局，1997：3915.

载缺略，而不能明确。

宋代中央及地方州县皆有小学。在京小学始于元丰年间，为国子监所设。元丰二年正式颁布《国子监敕令式并学令》，其中规定在国子监设立小学。按《宋史·职官志》记载，元丰改革官制后，国子监始置祭酒、司业、丞、主簿各一人，其祭酒掌"国子、太学、武学、律学、小学之政令"①。可知，元丰改制后，国子监附属学校中明确有小学这一教学机构的设置。但当时在京小学，"止有就傅、初筮两斋"，体制并不健全，差教谕一员，"即无立定官吏并直学等"②。宋徽宗崇宁年间，在京小学迅速发展。崇宁五年，立小学课试法。大观三年，颁布《重修小学敕令格式》，对国子监小学生员的考核与升舍相挂钩等作了具体规定。政和四年，小学的规模进一步扩大，生员近千人，"尚有继至者"，乃分十斋以处之，"增教谕俸，不许受束脩"。仿太学施行三舍法，生员自八岁至十二岁，"率以诵经书字多少差次补内舍、上舍""若能文，从博士试本经、小经义各一道，稍通补内舍，优补上舍"③。宣和二年诏令，国子监小学上舍上等生，"特许赴来年公试，如合格，与补太学外舍"④，即小学生员有机会升补为太学外舍生。

宋室南渡，国势稳定以后，关注兴学养士，宋高宗绍兴十四年，置国子监小学，其学诸法大多用北宋旧制。

（二）其他部门所属学校机构

1. 弘文馆

弘文馆是唐时隶属于门下省的官学教育机构。唐高祖武德初先置修文

---

① （元）脱脱等. 宋史［M］. 北京：中华书局，1997：3910.

② 苗书梅. 宋会要辑稿·崇儒［M］. 开封：河南大学出版社，2001：77.

③ （宋）马端临；上海师范大学古籍研究所，华东师范大学古籍研究所点校. 文献通考［M］. 北京：中华书局，2011：1020.

④ 苗书梅等点校. 宋会要辑稿·崇儒［M］. 开封：河南大学出版社，2001：77.

馆，后改为弘文馆。其后，名称屡变，神龙中曾因避讳而改曰昭文馆，至于唐玄宗开元七年又复定为弘文馆，隶属门下省。按《旧唐书·职官志二》所载，弘文馆属官有学士、直学士、校书郎、令史、楷书手、典书、拓书手、笔匠、熟纸装潢匠等。

弘文馆中学士无定员，自武德以来，皆以"妙简贤良"者为学士，馆中有四部书及图籍。弘文馆学士掌校正图籍，授教生徒，"凡朝廷有制度沿革，礼仪轻重，得参议焉"。校书郎二人，"掌校理典籍，刊正错谬"。弘文馆有学生三十人，其补选之制如下："皇宗缌麻以上亲，皇太后、皇后大功以上亲，散官一品、中书门下三品、同中书门下平章事、六尚书、功臣身食实封者，京官职事正三品、供奉官三品子、孙，京官职事从三品、中书、黄门侍郎子，并听预简，选性识聪敏者充。"[①]

弘文馆中学生教授考试，如国子学之制。宋代虽亦设弘文馆，但其中未置生员，因此并非官学教育机构。

2. 崇文馆

唐代崇文馆是隶属于东宫官属的教育机构。贞观中置于东宫，"太子学馆也"，时称崇贤馆。显庆元年置学生二十人。其后避太子讳，乃改曰崇文馆。馆中设学士、直学士以及校书郎、令史、典书、拓书手等。学士二人，掌东宫经籍图书，以教授诸生，"课试举送如弘文馆"；校书郎二人，"掌校理书籍"。其生员入学身份条件同于弘文馆。

宋时虽设置弘文馆，但已无生员，不再具有教学功能。

3. 宗学

宗学之名，唐代以前既已出现，是指专门教育皇室宗族子弟的教学机构。

---

① （唐）李林甫等；陈仲夫点校. 唐六典［M］. 北京：中华书局，1992：255.

然值得注意的是，检索两《唐书》可发现，唐时虽有针对皇族宗室子弟的教育举措，但似无专门的"宗学"设置。至于宋代，专门的独立的"宗学"学校机构出现，隶属于宗正寺。宋代宗学包括小学和大学两部分，教学机构较为完善。

唐武德元年，曾有诏令皇族子孙及功臣子弟，于秘书外省"别立小学"。然此小学中既有皇族子孙，亦有功臣子弟，并非完全意义上的宗学机构。从文献记载中亦可看到，唐时虽对宗室子弟的教育培养很重视，但是主要依赖于弘文、崇文二馆，以及国子监下属六学中的国子学、太学等。唐中宗神龙二年曾有诏："宗室三等以下、五等以上未出身，愿宿卫及任国子生，听之。"①又言："三卫番下日，愿入学者，听附国子学、太学及律馆习业。"②按此可知，成年皇族宗室子弟可以入读于国子学、太学以及律学，并没有成立专门的宗学机构。

与唐代相比，宋代对皇族宗室子孙的教育培养更为重视，不仅设置了专门的宗学教育机构，而且从入学到考核、从课业教授再到教师选任等方面皆有具体规制；甚至设立宗学管理机构，以加强对宗学教育活动的行政管理。

宋太宗即位后关注皇族子弟的教育，至道元年为皇侄等置师傅授学业，乃以教授为名。咸平初，又令诸王府官分兼南、北宅教授。显然北宋前期即已经在诸王府内设置了教授，进行教学活动。又按《宋史·选举志三》记载："凡诸王属尊者，立小学于其宫。其子孙，自八岁至十四岁皆入学，日诵二十字。"③这一记述说明，宋时在诸王宫中设立了教其子孙的小学，可谓是分置诸王宫中的小型宗学，只教育本王宫内的子孙。宋仁宗庆历五年三月颁诏：

① 中国中共文献研究会. 毛泽东读书集成 第 105 卷［M］. 北京：中央文献出版社，2013：75304.

② （宋）马端临；上海师范大学古籍研究所，华东师范大学古籍研究所点校. 文献通考［M］. 北京：中华书局，2011：1210.

③ （元）脱脱等. 宋史［M］. 北京：中华书局，1997：3676.

大宗正司"帅诸宗子勉励学业，睦亲宅北宅诸院教授官常具听习经典或文词书翰功课以闻"①。仁宗庆历中，距赵宋开国时日已久，宗室繁衍子弟愈多，此诏正是关注皇族宗室子弟的教育问题，督促主持宗室事务的大宗正司加强对宗室子弟学业的管理。然此时宗学还仍是建于宗室诸宅的附属之学，而非独立存在的"宗学"学校机构。其后随着宗室子弟数量的进一步增加，英宗治平元年六月，"以宗枝甚众，而诱导之方未至"，乃"增置宗室学官"：皇族年三十以上百三十人，置讲书四员；年十五以上三百九人，置教授五员；年十四以下别置小学教授十二员；"并旧六员，为二十七员，以分教之"②。同时还增设了讲书、课试以及规罚之法。由此，宗室子弟的教育分化，有针对十四岁以下者的小学，还有分别针对十五岁以上者、三十岁以上者的大学。至于哲宗时期，史称："宗室自英宗增置教官及讲课之法，神宗又广出官之制，人竞为学，今遂与寒俊群校进退。"③显然，英宗以后，宗室子弟竞学之风渐盛。

北宋时期，独立的专门的宗学建制始于宋神宗、哲宗时期。按《宋史·职官志五》载："元丰六年，宗室令铄乞建宗学，诏从之，既而中辍，建中靖国元年复置。"④此宗学显然是独立于诸宫学之外的教学机构。宋徽宗建中靖国元年时有诏"复置宗学"，其具体情况建制皆不能明悉。及宋徽宗崇宁元年，蔡京又奏请在诸宫各置大、小二学，添置教授二员，"应宗子年十岁以上入小学，二十以上入大学，年不及而愿入者听从便"⑤。同时对"无故应入学而不入，或应听读而不听读者"，以及本宫本位尊长，采取处罚措施。大观四年，颁布《宗子大小学敕令格式》。显然，此时仍是诸宫学而非独立的宗学。换言之，北宋时期皇族宗室子弟教育的主体仍是诸王宫大小学以及

---

① （宋）李焘. 续资治通鉴长编［M］. 北京：中华书局，2004：3757.

② （宋）李焘. 续资治通鉴长编［M］. 北京：中华书局，2004：4889.

③ （宋）李焘. 续资治通鉴长编［M］. 北京：中华书局，2004：10925.

④ （元）脱脱等. 宋史［M］. 北京：中华书局，1997：3916.

⑤ 苗书梅等点校. 宋会要辑稿·崇儒［M］. 开封：河南大学出版社，2001：2.

睦亲宅和广亲宅等宅附属宗子学。及靖康之乱，上述宗学遂废。

南宋建立后，皇族宗室子弟教育之事亦得重视。绍兴四年，始置诸王宫大、小学教授各二员，教导诸宫院宗子，这是对北宋时期诸王宫大小学的沿袭。其年，更有臣僚奏请，在宫外宗子聚居的睦亲宅附近，"增广学舍，令应干到行在宗子皆得入学，庶使内外宗子均被教养"①。即，除教育诸王子弟的宫内之学外，在睦亲宅附近修建招收宫外普通宗室子弟的宗学学舍。及至绍兴十四年，宋高宗始建宗学于临安，其生员定额百人：大学生五十人，小学生四十人，大小学职事各五人。并设学规、斋规等制。然绍兴十四年的宗学建置有可能并不理想，至绍兴二十七年时，宗学"止有敝屋数间"，"释菜无殿，讲说无堂"，"师儒斋几，卑隘浅陋"②。宁宗嘉定七年五月都省奏言中仍有"渡江以来……而行在宗学尚未修复"之语，其年八月"复建宗学，置博士、谕各一人，弟子员百人"。其后，诏"临安府踏逐空闲地建宗学"，其学置六斋，每斋长、谕各一员。诸王宫学并改为宗学。然嘉定十四年，又复置诸王宫大、小学教授一员。可见，南宋时期虽然建立了独立的宗学学校，但是仍然存在着诸王宫学。

此外，宋时除了在京城之内建置针对皇族宗室子弟的教育机构外，还于管理宗室之在外者的西、南两外宗司各建学，训导宗子，此学亦属于宗学范畴。

4. 医学

唐代中央无独立的医学学校，只在隶属于太常寺的太医署中设博士以教授诸生，"其考试登用，如国子之法"。其中，医生四十人，诸医药博士"掌以医术教授诸生"；针生二十人，针博士"掌教针生以经脉孔穴，使识浮沉涩滑之候，又以九针为补泻之法"；按摩生十五人，按摩博士"掌教按

① 苗书梅等点校. 宋会要辑稿·崇儒［M］. 开封：河南大学出版社，2001：10.
② 苗书梅等点校. 宋会要辑稿·崇儒［M］. 开封：河南大学出版社，2001：15.

摩生消息导引之法";咒禁生十人,咒禁博士"掌教咒禁生以咒禁,除邪魅之为厉者"①。

宋初曾建立太医局,隶属于国子监,属于医学教学机构。宋仁宗庆历四年三月,国子监奏言,以"儒者讲学之地,不宜令医官对列"为由,请按照唐制故事,移太医局为太常寺管勾。显然,国子监轻视太医局,认为医官不可与儒者讲学对列,乃奏请移至太常寺。太医局移至太常寺之后,权寄鼓吹局,诸科继续招生,后因房屋窄隘、鼓吹作乐噪音影响,不得不奏请转移到武成王庙中。至宋神宗时,太医局又脱离了太常寺,单独设置。熙宁九年有诏,太医局专置提举一人,判局一人,"其判局选知医事者为之"。分脉、针、疡三科,每科置教授一人,"选翰林医官以下及上等学生为之,亦许本局察举在外医人素有名实者以闻"②。医学生额为三百人,教学内容为《素问》《难经》《脉经》《巢氏病源》《千金翼方》《伤寒论》等。宋哲宗时因裁减浮费曾废罢,徽宗即位后复置太医局。

宋徽宗崇宁二年,始建独立的医学,隶属于国子监,设博士、学正、学录各四人,分科教学,实行选试考察制度,并依太学三舍法,上舍四十人,内舍六十人,外舍二百人。崇宁五年正月并入太医局;大观元年二月,又复置医学。大观四年又并入太医局,政和三年闰四月,诏复置医学。宣和二年七月,又诏再次废止在京医学。

南宋建立后,复置太医局及医学科。孝宗乾道三年时,罢太医局,后更不置局而唯存留医学科,权令"太常寺掌行其事"。至光宗绍熙二年,又复置太医局,医生以百员为额,"余并依未罢局前体例,仍隶太常寺"。

5. 画学

画学,唐无而宋有,是宋代教授绘画的教学机构。宋徽宗崇宁三年始置,

---

① (后晋) 刘昫. 旧唐书 [M]. 北京:中华书局,1975:1876.

② (宋) 李焘. 续资治通鉴长编 [M]. 北京:中华书局,2004:6724.

主要学习佛道、人物、山水、鸟兽、屋木、花竹等的绘画，兼习儒家经书及《说文》《尔雅》《方言》《释名》等字书。学生无定额，分为士流、杂流两类，别斋而居。实行三舍考选升补之法。其考以"不仿前人而物之情态形色俱若自然、笔韵高简"[①]为上等。大观四年，并入翰林图画局。

6. 道学

道学是唐宋两代创建的专门的宗教教育机构。唐代的道学称为"崇玄学"。唐代尊崇道教，屡次为老子加增封号，尊为玄元皇帝。唐玄宗设立崇玄学于玄元皇帝庙，并安排一位博士负责教授学生《道德经》《庄子》《文子》《列子》等内容，"待习业成后，每年随贡举人例送至省，准明经例考试"。在天宝年间，两座都城都设立了崇玄学堂，每座学堂各有一位博士和一位助教，共有百名学生。每次祭祀时，学生们代替官员进行祭祀仪式。在天宝二年，将崇玄学改为崇玄馆，将博士改为学士，将助教改为直学士，并设立大学士。此外，又将天下各个郡县的崇玄学改为通道学，博士变为道德博士。在宝应和永泰年间，几乎没有学生，但到了大历三年，学生数量增加到了百人。

宋代道学之设，始于宋徽宗。政和六年闰正月，正式置道学，以黄、老、庄、列之书为主要经典。宣和元年五月，诏"德士并许入道学，依道士法"。宣和二年正月，罢道学。

二、唐宋时期的地方官学

从汉至魏晋南北朝时期，地方官学教育虽然已有一定规模，但是由于养士教育与取士制度的不协调，始终未能真正发挥应有的作用。唐宋时期，采用州县学生升中央学校的补缺升级制和科举取士的方法，理顺了地方官学教

---

① （元）脱脱等. 宋史［M］. 北京：中华书局，1997：3688.

育与中央官学教育的关系，从而推动了地方官学教育的发展。在李唐一代，州一级的官学大体建立起来，县一级官学的普及还有一定的欠缺。至于宋代，在州级官学普及的前提下，全国范围内各地的县一级官学全面发展起来，基本达到普及的状态。

李唐建立政权之初，即着手建立官学教育体制，在建构中央官学体系的同时，也确定了地方官学教育体系的框架规范。据《旧唐书·儒学传序》记载："高祖建义太原……以义宁三年五月，初令……上郡学置生六十员，中郡五十员，下郡四十员。上县学四十员，中县三十员，下县二十员。"[①]这表明，李渊在建立国家之初就重视地方官学问题，除了设立国子学、太学和四门学外，还规定了地方州县官学的制度和学生人数。在武德七年，国家战事逐渐减少，国家开始朝着统一、稳定的方向发展。随后，朝廷再次发布诏命，要求州县及乡置学，通过这一诏命能够看出唐朝统治者对地方官学教育的重视程度。所谓"化民成俗，其必由学乎"，唐代时期，地方州县学的设立是为了推行礼仪教化，加强对地方社会的控制。贞观四年，唐太宗又颁诏令"州、县学皆作孔子庙"[②]。这是在州县置学的前提下，进一步要求州县学校皆需建孔子庙，在全国范围内推行学内建庙、庙学合一的模式，而此无疑是唐代地方官学发展的重要一步。唐高宗咸亨元年五月，又有诏关注地方州县学的设置，其诏曰："诸州县孔子庙堂及学馆有破坏并先来未造者……宜令所司速事营造。"[③]此诏表明唐初以来州县建立学校的政策一直被推行，而贞观诏令建构起来的庙学体制无疑亦得到了延续和推进，成为唐代州县官学的固定范式。

此后，唐代地方官学体制不断完善，唐玄宗时颁布的国家政典《唐六典》中，就根据地方行政区划等级的不同，对地方官学的学生员数给予了更为具

① （后晋）刘昫. 旧唐书［M］. 北京：中华书局，1975：4940.

② （宋）欧阳修. 新唐书［M］. 北京：中华书局，1975：373.

③ （唐）李林甫等；陈仲夫点校. 唐六典［M］. 北京：中华书局，1992：740-753.

体的规定：京兆、河南、太原三府生八十人，大中都督府六十人，下都督府五十人，上州六十人，中州五十人，下州四十人，京县五十人，三府县、上县四十人，中县二十五人，下县二十人。及杜佑撰著《通典》，其中给出当时地方州县官学学生的总体为六万七百一十员；而《新唐书·选举志下》亦有记云："诸馆及州县学六万三千七十人。"[①]根据这一史料的记载，可知当时州县的在籍学生数量已经达到了六万以上。但是，这些文献主要对州级官学的情况进行了说明，并没有对县级官学进行介绍，这可能表明当时县级官学并没有达到每个人都有学习机会的程度，因此这些数据可能只是根据朝廷学制规定的州县学学生人数进行统计得出的，并不能将当时的真实情况反映出来。

唐代的地方州县学与中央官学连接，州县学学生可以直接升入中央官学。根据唐玄宗开元二十一年五月敕："诸州县学生，年二十五已下，八品九品子若庶人，生年二十一已下，通一经已上，及未通经，精神通悟，有文词史学者，每年铨量举选，所司简试，听入四门学，充俊士。"[②]

由此可知，地方州县学生之优秀者经过考试后可以进入四门学学习，显然唐代朝廷已经关注并建立了由中央达于地方的连贯的教育体系。

值得注意的是，唐朝政府还曾一度诏令在县以下建立乡里之学。例如，唐玄宗开元二十六年正月，敕云："古者乡有序，党有塾，将以弘长儒教，诱进学徒。化民成俗，率由于是。其天下州县，每乡之内，各里置一学，仍择师资，令其教授。"[③]

但是，就唐代而言，这种诏令旨意尚未真正付诸实践层面，很大程度上还只是停留于条文而已。安史之乱后，地方官学多停废不振；及唐末五代之时，战乱不断，局势动荡，地方州县官学更是大多无存。

---

① （宋）欧阳修. 新唐书［M］. 北京：中华书局，1975：1180.

② （宋）王溥. 唐会要［M］. 北京：商务印书馆，2012.

③ （宋）王溥. 唐会要［M］. 北京：商务印书馆，2012.

北宋建立之后，便开始不断加强对地方各州县的控制，但最初，并没有强调地方州县官学的设置。至宋真宗咸平四年始有诏"诸路郡县有学校聚徒讲诵之所，赐九经书一部"。景德三年，始诏诸州咸修孔庙，可于庙中起讲堂，聚学徒。仁宗乾兴元年，依孙奭之请，于兖州建学，并赐田十顷。自明道、景祐间，"累诏州郡立学，赐田给书，学校相继而兴"。至庆历四年，因行新政，着意兴学，朝廷遂颁诏曰："诸路州、府、军、监，除旧有学外，余并各令立学。如学者二百人以上，许更置县学。若州县未能顿备，即且就文宣王庙或系官屋宇，仍委转运司及长吏于幕职州县官内荐教授……其学规宜令国子监详定其制颁行，如僻远小郡，举人不多，难为立学处，仰转运司相度闻奏。"①

庆历四年的兴学举措中，明确地方州县学置教授为学官，"以经术行义训导诸生，掌其课试之事，而纠正不如规者"②。此后，地方官学逐渐建立起来，史称："州郡不置学者鲜矣。"欧阳修甚至赞誉其事曰："然后海隅徼塞四方万里之外，莫不皆有学。呜呼，盛矣！"③此语虽然有夸张溢美之嫌，但是庆历四年的兴学举措的影响无疑是非常明显的，因为从文献记载中，我们确实可以看到诸多地方官在庆历四年诏令后兴学建校的实例。

至宋神宗熙宁中，变法兴起，兴学之事亦被重视起来，颁行一系列举措，督责州县官学。例如，熙宁四年三月，"诏诸路转运司，应朝廷选差学官州军，发田十顷充学粮，元有田不及者，益之，多者，听如故"④。其后，又诏诸路各置州学教授，以为学官。熙宁六年三月，诏诸路学官，"并委中书门下选差京朝官、选人或举充"⑤。同时，加强对学官的管理规范。总之，从赐田以为学资、选官以为教授等方面，进一步规范州县官学的体制。此后，

---

① 苗书梅等点校. 宋会要辑稿·崇儒［M］. 开封：河南大学出版社，2001：82-83.

② （元）脱脱等. 宋史［M］. 北京：中华书局，1997：3976.

③ （宋）欧阳修. 欧阳修全集［M］. 北京：中华书局，2001：572.

④ 苗书梅等点校. 宋会要辑稿·崇儒［M］. 开封：河南大学出版社，2001：84.

⑤ 苗书梅等点校. 宋会要辑稿·崇儒［M］. 开封：河南大学出版社，2001：84.

朝廷不断细致明确州县官学的相关规制。

宋徽宗崇宁时期，兴学之潮再度掀起。崇宁元年八月，根据宰臣蔡京等奏请，令"天下并置学养士"，州学置教授为学官，"以太学三舍校试法删立颁降"；同时诏令要求："天下诸县皆置学，令佐掌之，学置长、谕各一人，并支俸禄，并职事人相度随宜量置，除倚郭县不置外，有不置教授处，其州学听置，仍只依县学法，以知州、通判主之。及于本县，委令佐擘画地利及不系省杂收钱内桩充费用。"①

此外，还对县学生相关诸制加以规定。亦是在崇宁元年，朝廷还诏令地方州县学"并置小学，十岁已上皆听入学，小学教谕仍量给俸料"②。崇宁二年，为了加强对州县地方官学的督责和治理，特修立《诸路州县学敕令格式》并《一时指挥》，"诏镂板颁行"天下。至崇宁三年正月，又有诏令诸路"增养县学弟子员，大县五十人，中县四十人，小县三十人"③。以此规范诸县学的学生规模。

崇宁兴学，为了强化对地方州县官学的管理和掌控，明确将太学"三舍考选法遍行天下"，推行于州县学。其制："升补为上舍生者，听每三年贡入太学，随太学上舍试，仍别为号。若试中上等，补充太学上舍中等；试中中等者，补充上舍下等；试中下等者，补内舍，余为外舍生。虽不入等及科举遗逸，而学行为乡里所服，委知州、通判、监司依贡士法贡入，委祭酒、司业、博士询考得实，当议量材录用。"④

同时，诏令监司、长吏加强对州县学的巡视、督责。崇宁二年五月，诏发天下，"并罢州郡发解及省试法，其取士并由学校升贡"⑤。在地方州县官学与中央官学（太学）直接衔接之后，取士皆由学校升贡的政令，无疑大大

---

① 苗书梅等点校. 宋会要辑稿·崇儒［M］. 开封：河南大学出版社，2001：90-91.
② 苗书梅等点校. 宋会要辑稿·崇儒［M］. 开封：河南大学出版社，2001：91.
③ 苗书梅等点校. 宋会要辑稿·崇儒［M］. 开封：河南大学出版社，2001：93.
④ 苗书梅等点校. 宋会要辑稿·崇儒［M］. 开封：河南大学出版社，2001：90.
⑤ 苗书梅等点校. 宋会要辑稿·崇儒［M］. 开封：河南大学出版社，2001：93.

促进了地方州县官学的发展。也进一步表明，宋代地方学制又向前推进了一步，官学教育体制已经逐步延伸到了基层。

北宋中期兴学以来，虽然史称"学校相继而兴"，但其时"大郡始有学，而小郡犹未置也"。徽宗崇宁元年要求"天下并置学养士"时，着重强调"天下诸县皆置学，令佐掌之"①，将督责兴学的关注点从府州军监一级全面扩展到了县一级。崇宁中，史称全国生徒达二十一万余员。由此而言，北宋时期的兴学之举，无疑开创了中国古代历史上地方学校教育的新局面，具有极为重要的历史意义。

南宋偏安江南一隅，国势稳定之后，沿袭北宋旧制，对兴学教民、地方礼教的推行尤为重视，重振地方州县学校恰是其关注的重点之一。绍兴十二年二月，诏"诸路州学，委守臣修葺，具次第申尚书省"②；绍兴十八年，诏令重建全国县学，并择选县学教导学官。此后，州县地方官学的体制日趋明确规范。至于孝宗、理宗时期，州县学迅速发展，其规模已经超过北宋时期。总的来看，南宋州县学尤其是县学显然比北宋时期更为普及，例如叶适所云"今州县自岭海莫不有学"，其学宫室廪饩、书籍器用，无所不具，"来学者诵读之声，岁时不息"，所谓"置官立师，其过于汉唐甚远。"

由唐至宋，从地方官学的发展历程中，可以看到官学在地方州县逐渐普及的轨迹。在唐代，官学在很大程度上还主要是在州城之中，但是到了北宋尤其是南宋时期，广泛的县级层面中开始建立官学学校。事实上，在各种文献记载的地方官推行教化的事例中亦可看到，唐代地方官兴学养士之事例多集中在府州级长官，而宋代地方官修建学校的事例则开始扩展到县令级官员的范围。例如，《淳熙三山志》就明确记载了东南边地的福建地区的怀安、连江、长溪、长乐、福清、古田、永福、闽清、宁德、罗源等诸县于宋时先

---

① 苗书梅等点校. 宋会要辑稿·崇儒［M］. 开封：河南大学出版社，2001：90.
② 苗书梅等点校. 宋会要辑稿·崇儒［M］. 开封：河南大学出版社，2001：127.

后建学的情况。宋代对地方州县官学的重视，北宋中期以后的屡次兴学之举，正源于宋人关于强化地方社会教化的认知，显然宋代君主及其臣僚们进一步明晰了兴学教民对于强化地方社会统治的重要意义。对于不断强化对地方社会控制的统治者而言，发展并推进地方学校教育体系、普及礼仪教化无疑是治世急务。

与唐代相比，宋代兴学不仅强调诸州皆建学，而且在此基础上，尤其关注到了县级学校的发展，因此我们可以看到，宋代地方基层的县学日趋普及。与此同时，一系列的学令、学规等条文诏敕的颁布，表明宋代地方官学相关的各项制度规范亦逐渐完备起来了。事实上，值得注意的是，宋代地方官学的发展，不仅仅表现在州学、县学这样的大学教育的健全，还表现在其他相关学校的设置方面。

宋代在地方州县层面不仅建立州学和县学作为大学，还特别设置了用于初级教育的小学。宋代地方小学之建立，始于北宋中期的仁宗时期。熙宁四年诏令诸州置学官之际，特令地方诸州设立小学教授。《宋史·选举三》中称这是"初置小学教授"。宋徽宗崇宁元年八月，宰臣蔡京等奏请："天下州县并置学，州置教授二员，县亦置小学。"①由此，明确将兴建小学的意旨实行于县级行政区划层面。

按此奏请，州县小学"十岁以上皆听入学"，设置教谕掌管教学。学中有"置历诵经，随其长少设为程课之制"。崇宁四年，又"取会太学小学见行规矩约束，参酌修立到州县小学课试等法"；又有诏州县小学"皆隶太学"，"州合令教授，县合令学长总其事，不可别为一学，兼学长与县学长名同，可改为小长。"②至于政和四年三月，诏诸路小学生及百人处，添置教谕一员。政和四年，地方州军小学生"并置功课簿籍"，施行小学三舍之法，"诸学并分上、中、下三等，能通经为文者为上；日诵本经二百字，《论语》或《孟

---

① （元）脱脱等. 宋史［M］. 北京：中华书局，1997：3662.
② 苗书梅等点校. 宋会要辑稿·崇儒［M］. 开封：河南大学出版社，2001：94-95.

子》一百字以上为中；若本经一百字，《论语》或《孟子》五十字者，为下"。其后，地方州县小学规模不断扩展，甚至有地方奏请扩增小学生员定额。随后又比附国子监小学生上舍升试太学内舍之制，各州小学上舍上等生可以参与州学外舍生的考试，合格者可升入州学内舍。南宋时期，沿袭北宋旧制，地方州县亦陆续建立小学。

除了小学之外，唐宋时期地方州县层面，还曾建有医学、道学、武学、蕃学等等。但除了医学、蕃学常置，道学、武学等并不常置。

唐代地方医学始设于贞观时期。史载，贞观三年九月，"诸州置医学"，其初设有"医药博士及学生"，开元时改医药博士为医学博士，诸州并置助教。其后一度废学，但又复置。又按《旧唐书·职官志三》记载：大都督府置医学博士、助教各一人，学生十五人；下都督府置医学博士、助教各一人，学生十二人；上州置医学博士、助教各一人，学生十五人；下州设医学博士一人，学生为十人。医学生"掌州境巡疗"。北宋时期，沿袭唐制，亦于地方诸州设立医学。宋仁宗嘉祐六年，诸道州府比附太医局例，设置医学"召习医生徒"，大郡以十人为额，小郡以七人为额，设置医学博士和助教，教授医术，"医疗生民"。至于宋徽宗政和五年之际，又有诏令"诸州县置医学，立贡额"。

唐代地方道学之置始于开元时期。宋代地方诸州武学之置始于宋徽宗崇宁年间，并立《考选升贡法》，仿儒学之制，亦施行三舍之法。然宣和中，州县武学即罢。

宋时还特于边州之地建制蕃学，以之"教蕃酋子弟"，由此蕃学建置并不普遍。例如，熙宁五年，种世衡在环州建学，"令蕃官子弟入学"；熙宁六年，熙河路经略司奏，熙州西罗城建置蕃学，"晓谕蕃官子弟入学"。又如，大观时期，广南地区设置蕃学。

第二节　唐宋官学教育与科举制度

　　唐宋时期的官学教育体系发展迅速，日趋完善，无论是中央官学学校的数量还是地方州县官学的建立格局，无论是学校建置的地域范围的扩大还是学校的各项管理制度的健全周备、学生人数的日益剧增，皆是以往任何时代所未曾有的。然而我们在全面审视唐宋时期官学教育体系的发展轨迹之时，也需注意到，官学教育的发展其实是与唐宋时期的政治制度、经济发展以及文化演进等直接关联着的。官学教育的发展演变，受到同时期政治、经济、文化等各种因素的影响和制约，而官学教育的发展反过来也在不断推进国家政治、社会经济发展并促进正统文化的传播和推广。显然，官学教育的发展演进是无法，也不可能脱离时代的。

　　当然，不能否认的是，与官学教育发展关联最为紧密也最受关注的，是科举制度。科举制度曾经是官学教育呈现繁荣局面的重要推手，亦曾是官学教育渐趋颓废的根本原因；官学教育因为紧密结合于科举体制而受到制约，并由此逐步成为科举制度的附庸。分析官学教育与科举制度之间的关系，将有助于今人更加全面深入地理解唐宋时代官学教育的培养趋向。

一、唐代官学教育与科举制度的发展

　　唐代的官学教育体系，从教学内容的角度而言，可以分成儒学学校和专科技术学校两种类型。毫无疑问的是，无论哪种学校类型，其目标皆是培养满足国家需要的、符合专制政治标准的人才，这些人才将进入国家官僚体系之中成为正式的职官。因此，尽管官学教育的具体规制、具体要求屡有变革，但是官学教育的培养目标和趋向，却是始终不变的。然也恰恰因为这种始终不变的培养目标和培养趋向，形成了唐代官学教育体系以儒学学校为主干、

以专科技术学校为弱枝的特点，亦促使官学教育与入仕选官的标准和要求相配合，并进而按照朝廷的选官标准和要求进行学校的教育活动。当科举制度成为国家选拔政治人才的重要途径之后，官学教育就与科举选官之制无法分离了。

李唐初建，唐高祖李渊即颁诏，兴建国子学、太学、四门学等中央官学，并令郡县设立官学，招收生徒，建立地方之学。由此，开创了唐代官学教育体系的基本格局。唐太宗贞观时期，广征天下淳儒厚德者为学官，增筑学舍，增置生员，积极推动了官学教育体系迅猛发展态势的形成。唐太宗推崇儒学，数幸国学以为激励，"学生能通一大经已上，咸得署吏"①，换言之，国学学生只要学有所成，即可授予官职。国子诸学学生学习期满，考试合格，可以由国子监举送尚书省参加贡举考试，甚至"其玄武门屯营飞骑，亦给博士，授以经业，有能通经者，听之贡举"。②无论是直接署吏，还是举送尚书省考试，显然官学学生的入仕之途是较为顺畅的，而这对于鼓励学内生员勤学、推动社会上士人求学，无疑具有重要的意义。学校扩增、科举建制，经由官学入仕或经由官学贡举，使四方儒士"抱负典籍，云会京师"者盖以千数，于是国学之内，"鼓箧而升讲筵者"八千余人。官学兴盛，学子云集，所谓"济济洋洋焉，儒学之盛，古昔未之有也"。在赞誉贞观时期的国子诸学的盛况之际，亦须清晰认识到，所谓的"习儒"热潮，实际上是由科举制度引发的，在很大程度上而言，其本质是"入仕"的热潮。

需要指出的是，贞观时期官学教育的迅猛发展，不仅在于官学规模的扩大，"国学之盛，近古未有"，还在于官定教材的确定和颁行。唐太宗"以经籍去圣久远，文字多讹谬"，诏令颜师古考定《五经》，确定了五经文字，颁于天下，"命学者习焉"。"又以儒学多门，章句繁杂"③，令孔颖达与诸儒撰

---

① （后晋）刘昫. 旧唐书 ［M］. 北京：中华书局，1975：4941.

② （后晋）刘昫. 旧唐书 ［M］. 北京：中华书局，1975：4941.

③ （后晋）刘昫. 旧唐书 ［M］. 北京：中华书局，1975：4941.

定《五经正义》，令天下士人"传习"，作为官定的学校教材。从此，汉代以来师出多门的经学归于统一，《五经定本》与《五经正义》成为朝廷在学校教育领域内统一思想、强化统治权威的重要工具。及至唐高宗永徽年间，又命修校《五经正义》，并将之颁行于天下，"每年明经令依此考试"①。由此，《五经正义》又明确成为科举考试的依准。官学教育的教材即科举考试的依准，学校教育与科举考试直接对应起来。

因贡举、入仕之途顺畅而迅猛发展的官学教育，至于唐高宗、武则天时期，又因贡举、入仕之途的堵塞不畅而陷入萎靡不振的态势之中。史载，唐高宗嗣位，"薄于儒术，尤重文吏"②，不复太宗时期对官学教育的关注和奖励。朝廷选官多取旧任流外有刀笔之人、"胥徒之流"，而儒生"未闻恩及"，官学生员"奖进之道"③已渐受阻。至武则天临朝称帝，"以权道临下，不吝官爵"，为了"取悦"当时权贵，获得更多的政治支持，"其国子祭酒，多授诸王及驸马都尉"，以至于官学中的博士、助教"唯有学官之名，多非儒雅之实"④。官学教育不受重视，影响了学生求学之心。与此相比，更为严重的是，仕进之途不强调学识合格与否。当时，武则天亲祠明堂及南郊，又拜洛，封嵩岳，"将取弘文、国子生充斋郎行事，皆令出身放选，前后不可胜数"⑤。学生不必勤学考试，只要有机会担任斋郎一次即可授官，国学生徒由此"不复以经学为意，唯苟希侥幸"，就在所难免了。

然而武则天时期，官学教育陷入颓势。国学"废散""胄子衰缺"，太学"堂宇芜秽，殆无人踪，诗书礼乐，罕闻见者"之状，并不仅仅是由武则天轻授学官、生徒充斋郎放选的政策举措引发的，更深层次的原因在于官学教育与科举制度相衔接的特点。唐太宗时期，国子诸学中每岁有业成者上报监

① （后晋）刘昫. 旧唐书［M］. 北京：中华书局，1975：71.
② （后晋）刘昫. 旧唐书［M］. 北京：中华书局，1975：4942.
③ （后晋）刘昫. 旧唐书［M］. 北京：中华书局，1975：2752.
④ （后晋）刘昫. 旧唐书［M］. 北京：中华书局，1975：4942.
⑤ （后晋）刘昫. 旧唐书［M］. 北京：中华书局，1975：4942.

司，经过考核成绩合格者，由国子监上报礼部可参加贡举，有荫者并可请求出仕，官学学习与出身入仕直接关联。当时"学校学习儒家经典，明经考试经义、进士策问中也有关于儒家经典的题目"，官学中的学习内容与科举考试是明确衔接的。然至唐高宗调露二年，"明经、进士二科加试帖经后，帖经逐步成为明经科录取的主要标准，经义降到了次要地位"①。所谓帖经其实主要考验的是背诵、默写能力，不需要深奥的经义基础，因此官学中强调的经义教授与此明显脱节。此外，进士科愈发强调文辞，亦与经义相去甚远。如此一来，唐初以来官学中占据优势地位的经义授业，已经渐与科举考试"脱钩"，官学学生已经无法继续在科举考试中占据优势地位了。官学学官无儒雅之实、所学经义又无助于科举入仕，二十年间，学校隳废，生徒不复以经学为意，亦是形势所致了。

官学颓势一直延续到唐玄宗开元年间，时明经、进士及第者百人，出自国子监诸学者仅一二十人而已。国子监诸学学生及第者减少，而诸州乡贡及第者所占比例不断提升，官学衰败日趋严重。为了挽救官学教育危机，天宝九年七月，唐玄宗诏国子监置广文馆，"以领生徒为进士者"，意欲由此重振官学体系，提升由国子监而及第者的比重。至天宝十二年七月，又有诏："天下举人，不得充乡赋，皆须补国子学士及郡县学生，然后听举。"由此，停止了诸州的乡贡，"举人不由国子及郡、县学者"，"勿举送"，即不是由国子监及州县学举送之人，不能参加科举考试了。"取消乡贡，这样学校就成为通向科举的唯一渠道"②，如此举措显然强制士子进入官学学习，再由官学结业获得参加科举考试的资格，从而实现官学振兴的目标。仔细审视唐玄宗重振官学的努力和措施，从表面看来，无疑已经抓住了官学教育危机的根源问题，那就是教育与科举的衔接问题，具体措施亦针对这种衔接，使就读官学成为参加科举的唯一途径。这样的举措无疑有明显的效果，士子必然会涌

① 吴宗国. 唐代科举制度研究［M］. 沈阳：辽宁大学出版社，1992：127.
② 吴宗国. 唐代科举制度研究［M］. 沈阳：辽宁大学出版社，1992：130.

入中央的国子监诸学及地方州县学中，争取获得参加科举考试的资格。然从实质而言，唐玄宗的举措并未涉及官学教育的内容，亦未改变科举考试的内容，官学教育内容依然与科举考试脱节。恰因如此，士子进入官学，更多是为了获取举送的机会，获得参加科举考试的资格，而不是为了学习学官教授的教学内容。由此而言，唐玄宗的改革举措只是解决了表层问题，而未能改变实质问题，官学教育的危机并没有得到真正解决。如果官学不改变教学内容和教学制度，其衰落是不可避免的。安史之乱的爆发，沉重打击了唐王朝稳定的统治秩序。至德元年以后，广文馆废，又复行乡贡。也就是说，唐玄宗为重振官学所做的努力和举措均被废弃。

唐代后期，官学更衰，虽仍有一部分州县地方修复学校，但是大部分地方官学已是名存实亡。至于中央的国子监诸学，更是堂舍损废，生徒衰散。唐代宗永泰二年敕文中即指出："太学空设，诸生盖寡。弦诵之地，寂寥无声，函丈之间，殆将不扫。上庠及此，甚用闵焉。"①唐德宗时，李观在《请修太学书》中更是谈及官学已经到了"至有博士助教，锄犁其中，播五稼于三时，视辟雍如农郊"的状态。针对官学教育的颓废危机，朝廷也曾积极努力挽救，企图振作官学教育体系。其具体举措大致表现为：招揽学官、补授员阙，并严格考课；筹集资金，修缮校舍，使生徒习业有所；刊定经典，创立石壁九经，以供生徒研习；扩大生源，提倡勤学，奖励博学，严肃风纪，严加督责；严格科举考试，防止科场舞弊；等等。经过这些努力，唐代官学逐渐恢复在某些时候甚至略呈"复兴"之象。例如，唐宪宗元和年间，君主思中兴，朝臣屡多献策，以振官学。元和二年十二月，针对永泰以后两京国子监虽置生员总额，"而馆无定员"的情况，敕两京国子监诸学学生总数六百五十员，明确每学定额人数。明确诸馆学生定额，显示出朝廷为重新建构中央官学体系所做的努力，似乎带来了官学重振的希望。然而，其实际效果

① （后晋）刘昫. 旧唐书［M］. 北京：中华书局，1975：922.

却并不乐观。元和十四年时，郑余庆判国子祭酒事，还曾以"太学荒毁日久，生徒不振"，奏修两京国子监。直至唐末昭宗时期，还曾为改变国学荒废之状而筹措。从总的情况来看，唐朝廷的各种重振官学的努力举措并没有使官学教育的颓势得到根本性的扭转。唐代后期的官学教育不仅始终没能真正恢复到贞观时期的盛况，甚至连开元时期都不及。

唐代后期官学衰落荒芜，在一定程度上与安史之乱后国家财政困窘有关系，但是更为重要的原因在于官学教育与科举考试脱节、官学学生的入仕之途堵塞。唐代贞观时期的国学热，主要是因为国子监诸学学生入仕途径畅通、在科举考试中占据优势。以此为基础，就能更为深入地理解和认知唐代后期官学颓势的根源问题了。因为科举考试而兴盛的唐代官学，亦因为科举考试而陷入危机之中。正可谓：兴亦科举，败亦科举。唐代官学教育的弱点、唐代官学教育危机的根源正在于此。

随着官学的颓废，官学生员在科举及第者中的比例严重下降，唐代后期，科举及第之人，或者说参加科举考试之人，更多是由私学而来。唐代后期，也正是私学发展较快的时期，当时学校教育的主体逐渐由官学而移至私学。然在科举考试体制之下，在入仕为官的求学目标的影响之下，私学同样无法成为独立、纯粹地深研义理、探究经术的场所，必然要与科举考试直接挂钩，其教材、教学内容以及教学方式等必然要配合科举考试。唐前期，以讲授经学为主的私学尚频见于记载，然唐德宗以后，以经学为内容的讲学就不再见于记载了。随着科举考试内容的变革，文辞诗赋等成为私学的主要教学内容。由此而言，虽然出自私学的士子数量众多，但是这并不等于私学的兴盛。恰恰相反，当私学由研习经术为主转向文辞诗赋、诵经默记为主，被纳入科举的轨道，私学也处于衰落之中了。

唐代无疑是中国古代学校教育发展的重要历史时期，其体系建构、制度修订、管理举措等，都比前代有了明显的进步，显示出大一统的帝国对于人才培养和人才选拔，以及礼教推行的用心和关注。然随着科举体制的推行，唐代的学校教育尤其是官学教育完全被纳入科举的轨道中，配合科举，服务于科举。正因如此，唐代官学教育一度呈现兴盛之况，也恰因此，颓败难以振作，陷入严重的危机之中。

二、宋代官学教育与科举制度的发展

由于科举，唐前期官学教育盛况空前，同样也是因为科举，唐代后期官学教育衰落、颓废。五代十国时期，诸政权亦重视官学教育，尤其是南方地域中的闽、南唐等，官学体系相对较好。然赵宋建立之后的一段时间内，却由于国内外局势不稳，朝廷无暇关注官学体系的建设，尤其是对地方州县官学的重视明显欠缺，北宋前期官学教育整体停滞。与此同时，宋王朝为了选拔人才在唐朝的基础上继续推进科举制度，增加科举取士的名额，极大地调动起士人科考入仕的激情。

宋朝建立之后，科举制度不断推进，首先是取消了门第限制，逐步扩大了取士范围。例如，工商杂类之人若才行卓异，亦有机会参加科举；偏远之地的士人亦有机会到京畿地区应举。其次，取士名额剧增。宋初，科举取士每次一般录取十人左右，但自宋太祖后期起录取人数大幅增加。例如，开宝六年，李昉知贡举，起初只录取进士十一人，后经太祖复试，增至二十六人，又录取诸科九十六人。至宋太宗即位后，太平兴国二年开科，取进士一百零九人，诸科二百零七人，又得十五举以上一百八十四人并赐出身，共计五百余人。"是年诸道所发贡士，得五千二百余人，赐第者共五百余人，为十取其一"[①]。自此以后，宋代每次开科取士皆在数百人，多者甚至达到一千余人，大大超过了唐代科举取士的规模。马端临在《文献通考·选举考二》中论及进士科取士时，曾云："今考唐每岁及第者，极盛之时不能五十人。姑以五十人为率，则三岁所放不过百五十人。而宋自中兴以后，每科进士及第

---

① （元）马端临. 四库家藏 文献通考 5〔M〕. 济南：山东画报出版社，2004：59.

动以四五百人计，盖倍于唐有余矣。又唐士之及第者，未能便解褐入仕，尚有试吏部一关。韩文公三试于吏部无成，则十年犹布衣，且有出身二十年不获禄者。而宋一登第之后，即为入仕之期。夫其数之多如此，取之易复如此，则宋之以进士入仕者，其冗当数倍于唐……"①

再次，特奏名的惯制。所谓特奏名，始于宋太祖开宝三年，赐"十五举尝终场者"本科出身，由此开创特奏名恩例。此后，特奏名渐成惯制，人数愈多，动辄数百。宋真宗咸平三年开科，特奏名者即九百余人。至宋仁宗时还曾诏礼部贡院，"诸科举人七举者，不限年，并许特奏名"②，将特奏名的条件放宽。

最后，宋代科举取士，及第者不必经吏部铨选，即可直接授官。例如，宋太宗太平兴国二年，取士五百余人皆"赐绿袍靴笏"，按等授官。特奏名惯制的形成，无疑更驱使世人学子痴迷于科举。

总的来看，宋朝开国之后，科举制度进入了快速发展的阶段。而科举制度的发展，无疑给士人提供了更多的入仕机会。与此同时，朝廷重文轻武，公开鼓励读书应举、入仕为官。由此，进一步激发了世人读书的热望，促使社会上求学之风盛行不衰。然北宋前期，官学学校教育体制不健全，士子主要出自私学。这一时期，无疑是私学教育蓬勃发展的重要时期。

北宋前期，先致力于平定南方，后征北汉，其间与辽更是战事不断，朝廷虽明确立场宣扬重文思想，但主要关注科举取士，选任文官，而未能顾及官学教育的建设。因此，北宋前期的几十年间，中央国子诸学不振，地方诸路州县官学大多荒芜。直至北宋中期，朝廷才日益重视官学，此后屡有兴学之举。然需要指出的是，从宋仁宗朝大举兴学之际开始，宋代国家官学教育的振兴历程就明确地与科举制度紧密连接甚至捆绑在一起。但是，与唐代官学呈现出来的由兴盛渐颓废的轨迹相比，宋代官学自宋仁宗朝开始努力振作

---

① （元）马端临. 四库家藏 文献通考 5［M］. 济南：山东画报出版社，2004：45-46.
② 崔际银. 文化构建与宋代文士及文学［M］. 天津：天津古籍出版社，2011：326.

以后，大体上始终保持着"兴旺"之象。

事实上，宋仁宗时期的兴学举措，很大程度上正是针对科举所取之才多为不实、士风浮华虚骄、学者专于记诵而来。庆历四年，范仲淹参知政事，"意欲复古劝学，数言兴学校，本行实"，即推崇加强学校教育，纠正学风，以备科举取士。宋仁宗遂诏近臣议，于是宋祁等奏曰："教不本于学校，士不察于乡里，则不能核名实。有司束以声病，学者专于记诵，则不足尽人材。参考众说，择其便于今者，莫若使士皆土著，而教之于学校，然后州县察其履行，则学者修饬矣。"①

朝臣中间兴起的兴学立教、审查名实以备选材的讨论，明确指出了以往重科举而不重学校教育乃是"不务耕而求获"之举，对人才选拔具有极大危害。因此，朝廷遂有兴学之举，于中央扩建太学，于地方则诏州县立学，并明确规定欲参加科举者的在学时限："士须在学三百日，乃听预秋赋，旧尝充赋者百日而止。"②即应举者必须于官学听读三百日方可应试，而曾经应举者亦得在学百日。此举强调了官学教育纠学风、察名实的作用，明确凸显了官学教育直接对应科举取材的特点。在加强官学教育的同时，为了取材得实，又推行"精贡举"之法，规定"进士试三场，先策，次论，次诗赋，通考为去取，而罢帖经墨义"③"士子通经术，愿对大义者，试十道，以晓析意义为通，五通为中格"④，等等。此中变革，亦在于纠正学风、选得良材，所谓"先策论，则文词者留心于治乱矣""简程式，则闳博者得以驰骋矣""问大义，则执经者不专于记诵矣"。显然，庆历四年的兴学之举与考试改革是关联在一起的，以学审育、以科举选材，从而达到国家选得良材任用为官的目的。在此举措中，官学教育与科举考试是配套存在的，兴学是直接为科举

---

① （宋）欧阳修．欧阳修集编年笺注 6 [M]．成都：巴蜀书社，2007：248．

② 杨学为．中国考试制度史资料选编 [M]．合肥：黄山书社，1992：220．

③ 周宗奇．小马人物传记 范仲淹传 [M]．武汉：华中科技大学出版社，2021：288．

④ 周宗奇．小马人物传记 范仲淹传 [M]．武汉：华中科技大学出版社，2021：288．

服务的。

　　尽管庆历四年的兴学举措，不久即因新政失败而受阻，既"诏罢天下学生员听读日限"，又恢复"科举旧条"。但是，庆历新政朝臣们关于兴学育材以备科举选材的论点和认知却影响深远。至宋神宗熙宁、元丰年间，再行兴学举措，将官学育材与科举取士的关联进一步加深，开始明确强调"学校选士之法"。宋神宗朝兴学之举的重点，大体可以总结为两个方面。

　　其一，继续推进官学建置，重视教学内容与科举考试的统一。熙宁时期，地方诸路继续推进州县官学建置，中央层面则大力改革太学，发展诸专科学校。同时，明确强调学校的教导职能，强调不为天下国家所用"则不教"，可为天下国家之用者"则无不在于学"，熙宁八年正式颁行王安石编撰的《三经新义》于官学，作为官定教材，"一时学者，无敢不传习"。教学内容的改动，与科举考试内容的变革，无疑是对应的。熙宁四年，即明令废除明经科，增加进士科名额，进士科考试取消诗赋、帖经及墨义等，仅试经义及策、论。及《三经新义》颁行于学，主司即"纯用以取士"，或少有违异辄不得中。学校所教即科考所考，教学内容与考试内容直接挂钩，又由国家择学官讲授、训导经义，官学教育的吸引力无疑剧增。

　　其二，创立三舍法，强调取士于学，校内升补与科举相结合。熙宁四年，改革太学，创立三舍法；元丰二年颁行学令，三舍法更加详尽。所谓三舍之法，即将太学学生分外舍、内舍、上舍三等，其中上舍学生经过学业考核分成三等，上舍上等直接释褐授官，上舍中等可免礼部试直接进入殿试，上舍下等可以免解试直接参加礼部试。三舍考选之法创行，上舍上等学生直接授官，上舍中等学生直接进入殿试，充分表露出取士于学的观念。为了严格太学取士之事，不仅"间岁一舍试，补上舍生"，"封弥、誊录如贡举法"，其上舍试更是"学官不与考校"，而由朝廷特派官员组织管理。此时的太学学生，不仅有于太学之内补升上舍获得或直接授官或免礼部试或免解试的机会，更有国子监发解名额较多的优势。由此而言，太学学生的入仕之路无疑较为顺畅，因此熙宁、元丰年间，太学发展迅猛，人数剧增，成为中央官学体系中的主体。

熙宁、元丰时期的兴学举措，主要凸显了学校教育与科举取任的直接对应、完全衔接，取士于学的思路得到充分彰显。这一时期，官学体系尤其太学的迅速发展已呈现繁盛之象，其原因正在于此。熙宁、元丰时期的官学改革和科举改制的对应和配合，亦反映出宋人更进一步地理顺了学校教育与科举取士之间的关系，并逐渐形成了较为系统的实际可操作的举措，从而将学校教育更加深入地镶嵌在科举取士的轨道之上。

宋徽宗崇宁年间，掀起了又一次的兴学运动，此次兴学运动的广度、深度皆是超过以往的，中央及地方官学在这一时期得到了更快发展，其时推行的相关举措亦对当时及后世有着重要的影响。需要指出的是，崇宁兴学运动力图更好地解决人才培养与科举选任的关系，其中备受关注的就是三舍法的发展，将官学教育与科举取士直接结合，亦可认为是将两者完全合并在一起。宋徽宗崇宁三年，颁诏："天下取士，悉由学校升贡，其州郡发解及试礼部法并罢。"①自是，每年太学的上舍试，皆差知贡举官，"如礼部试"。从此，全面罢停地方诸州的解试和尚书省礼部的科举考试，朝廷选材取士专于学校，皆由官学学校三舍升贡。至崇宁五年进一步著令规定：诸州学上舍生升舍，每年秋季贡入辟雍；每年春季，"太学、辟雍生悉公试，同院混取"，上等者"即推恩释褐"，中等者"遇亲策士许入试"，即直接进入殿试；规定太学退送之制。由此，校内三舍考选升补法成为国家选材取士之法。唐代以来，在一定意义上而言，官学教育与科举取士之间的或矛盾或脱节之类的问题得到了"彻底解决"，人才培养与人才选任二者"完全合一"。崇宁兴学运动效果明显，中央官学体系扩充迅速，太学学生甚至达到三千八百人之多；地方州学规制更加完善，县级官学渐趋普及，全国官学学生人数达到历史最高。

---

① 顾明远. 教育大辞典 8 ［M］. 上海：上海教育出版社，1991：132.

崇宁中，史称全国生徒达二十一万余员，无疑开创了中国古代历史上官学教育的新局面。

然而只用学校三舍升贡取士之法，事实上并不能真正解决官学教育与科举制度之间的矛盾。时日既久，弊端显现，所受抨击日甚。宣和三年，宋徽宗遂诏"罢天下三舍法"，开封府及诸路并以科举取士，"惟太学仍存三舍，以甄序课试，遇科举仍自发解"①，从而恢复了科举制度，只有太学依旧施行三舍升补法。尽管此次将学校教育人才与科举选任人才的合并，最终以失败而告终，但是宋人却显然没有放弃努力，太学依旧施行三舍法，在某种意义上正是为了突出官学的教育职能，突出取士于学的理念。

南宋时期，作为中央官学绝对主体的太学继续发展，太学学生的入仕之路依旧畅通。一方面，太学仍行三舍法，学生可以在学内晋升，或免省试，或免解试，甚至直接释褐授官；另一方面，太学学生在解试配额方面更占优势，"而当时州试的竞争性则急剧增强"②。这些优势使士子对太学趋之若鹜，因此太学每次补选，应试者动辄万人。例如，宋高宗绍兴十三年，临安太学新成，始补试生员时，"四方来者甚众，几六千人"；宋宁宗嘉泰二年补试时，就试者甚至达到了三万七千余人，以致"分六场，十八日引试"。南宋太学的规模虽不如北宋后期，但在后期亦曾达到千余人的规模。

总的来看，由于科举制度的不断发展，取士人数的增加，整个宋代社会始终弥漫着求学、科考、入仕的热潮。与唐代相比，宋代官学教育自北宋中期以后发展迅速，虽时有起伏、受阻、停滞之状态，但是总体而言，宋代官学教育始终保持着繁盛的局面，中央的太学成为官学教育的绝对主体，地方州县官学日趋普及，南宋时更是达到了"州县自岭海莫不有学"的程度。然宋代国家官学教育的发展历程，始终与科举取士联系在一起，宋代官学教育的迅速发展，不仅是朝廷努力建学兴教的结果，更是宋仁宗以后，官学教育

---

① 惠鹏飞. 宋代吏部尚书研究［M］. 郑州：河南人民出版社，2016：96.

② （美）贾志扬；刘东总. 棘闱 宋代科举与社会［M］. 南京：江苏人民出版社，2022：151.

与科举考试日趋紧密结合的结果。

与科举的紧密结合，促进了宋代官学教育的兴盛。但是，在我们肯定宋代官学教育发展的同时，还需要注意到，社会上弥漫的求学之风，实质上是入仕之潮，也恰因如此，尽管官学学生人数众多，但是学生们往往只关注应对科考，而不注重钻研学术，学风的颓废显露无疑。例如，南宋绍熙中，时任吏部尚书的赵汝愚即在奏疏中指出："中兴以来，建太学于行都，行贡举于诸郡，然奔竞之风胜，而忠信之俗微。亦惟荣辱升沉，不由学校；德行道艺，取决糊名；工雕篆之文，无选修之志；视庠序如传舍，目师儒如路人；季考月书，尽成文具。"①

士子求学只为应对科考，对学业不求甚解，惟希图侥幸进入仕途。朱熹亦曾明确谈及学风之颓坏，其云："所谓太学者，但为声利之场，而掌其教事者，不过取其善为科举之文，而尝得售于场屋者耳。士之有志于义理者既无所求于学，其奔走辐辏而来者，不过为解额之滥、舍选之私而已。师生相视漠然如行路之人，间相与言，亦未尝开之以德行道艺之实，而月书季考者，又只以促其嗜利苟得冒昧无耻之心，殊非国家之所以立学教人之本意也。"②

因为与科举的结合，宋代官学教育呈现出异于以往朝代的兴盛之况。然而也因为与科举的结合，宋代官学教育进一步失去了其独立自主的地位，彻底演变成科举的附庸。独立教育精神丧失，校内学风颓坏，由此而言，宋代的官学教育在繁荣兴旺的表象之下，亦有深刻的危机。

第三节　唐宋时期私学的演进

私学在中国历史悠久，影响很大，在中国古代文化教育史上占据着重要

① 杨学为. 中国考试制度史资料选编［M］. 合肥：黄山书社，1992：224.
② 王洪亮. 中国古代教育史简论［M］. 北京：星球地图出版社，2006：448.

地位。研究唐宋时期学校教育的发展演进，私学是不可回避的重要内容。因为唐宋时期的私学，不仅仅是官学的补充，在某些时候甚至代替了官学成为教育的主体。分析唐宋时期私学的发展状况，无疑有助于我们全面了解这一时期的学校教育，更深入地界定官学教育的历史地位和实际影响。

一、唐宋时期私学的类型与特点

私学于中国古代教育而言，是不可或缺的重要部分。即使在官学教育体系快速发展、格局日趋健全的唐宋时期，私学同样是不可忽视的。当然，私学的定义有广义和狭义之分。广义的私学包括官学之外的一切教育形式，而狭义的私学则特指那些具有一定规模、设置专门教师、招揽一定数量学生、从事教学活动的教育机构。在此我们所讨论的主要是狭义的私学，即于国家官学之外由私人创办的学校。唐宋时期的私学主要分私塾、族学、山林讲学以及书院等几种类型。

私塾，一般是指由单个士人开办的较为稳定的私人教学机构。私塾是唐宋私学诸类型中最为常见的类型。其教学内容并不固定，招收学生亦无统一标准，一般规模不甚大。根据其教学内容和学生层次，往往可将私塾简单划分为启蒙教育（小学）与经义教育（大学）二者。前者多以教授识字、习字和日常伦理规范为主，后者则多以讲授儒家经典义理，或应对科考，或专研学术为主。例如，南宋温州乐清人王十朋，天资颖悟，甚有文行，"聚徒梅溪，受业者以百数"①，即私塾授业。唐宋时期，一些士人设私塾以传业，或聚徒于某处，或只"家居授徒"，主要是为了获取束脩以营衣食。

族学，一般是指大家族内为教育族中子弟而专门聘请师儒以行教授训导的教学形式。族学，亦称为家学、家塾。唐宋时期，族学多见于那些累世聚族而居的官宦地主家族之中。

---

① （清）鲍作雨. 道光乐清县志 上 [M]. 北京：线装书局，2009：502.

山林讲学，则与士子习业山林之风密切相关。唐中后期，士子习业山林渐成一种风尚，南方地域中的庐山、衡山、罗浮山、九华山、闽浙诸山、蜀中诸山寺观等都是士子习业之理想去处。例如，唐时阳城，世为宦族，家贫不能得书，乃求为集贤书写吏，窃官书读之，昼夜不出房，经六年，乃无所不通。"既而隐于中条山，远近慕其德行，多从之学。"①及唐末五代战乱频仍，一些士人学者避世而遁迹山林，或聚徒授业，或研习学术。例如，南唐陈贶，"孤贫力学，积书至数千卷"，"隐庐山几四十年"，"苦思于诗，得句未成章，已播远近"，"学者多师事之"②。山林讲学内容丰富，形式多变，多无所谓"师法""家法"门户之约束。

书院，是唐宋时期私学教育中最为著名的一种教育教学形式，主要是在族学或士人聚徒授业的基础上演变而来的。其一般以藏书丰富、规模较大、教学精深、管理规范等为特征，是唐宋时期私学发展的主要标志。关于书院的具体问题，将于下节具体论述。

除了上述这些主要类型之外，唐宋时期私学教育中还存在义塾、村学等其他一些形式。

总的来看，唐宋时期的私学教育，类型较多，有私塾、族学、村学以及山林讲学等；地域范围较广，从北方至南方，从京城至僻乡，皆有私学教育的存在；教学内容丰富，由童蒙养正到经典讲授，从诗赋文辞到经术义理，等等，都可见于私学教学中。然仔细审视唐宋时代私学的全貌及发展轨迹，即可发现，这一时期私学发展的主要特征，还在于它与官学教育一样，受到科举制度的影响和制约。

唐前期，以讲授经学为主的私学屡屡见于记载。但是，唐德宗以后，"以经学为内容讲学，就不再见于记载了"③。这是因为国家科举考试制度发生

---

① 李良玉. 中国古代历史教育研究［M］. 合肥：合肥工业大学出版社，2007：90.

② 陈德弟. 先秦至隋唐五代藏书家考略［M］. 天津：天津古籍出版社，2011：199.

③ 吴宗国. 唐代科举制度研究［M］. 沈阳：辽宁大学出版社，1992：134.

变化，明经以帖经为主、进士以文辞为先。相对于官学教学内容与科举考试内容的脱节，私学教育很快转变了教学重点，及时跟上了科举体制的变革。私学的讲授内容就由以传授经学为主，演变为以讲授文学诗赋以应对科举考试为主了。由此，唐代后期官学衰落颓败之时，私学教育却迅速发展，取代了官学教育的主体地位，成为唐代后期学校教育的主要支柱，科举应试者主要出自私学教育。

但是，值得注意的是，私学的快速发展，并不等于私学教育学术水平的快速提高，反而意味着私学教育学术水平的降低。为了应对科举考试，私学中应明经科者主要诵经默记，应进士科者以抄录前人旧著为主，并非集中精力深研经义学术。从这个角度而言，这一时期的私学，很大程度上也只是科举考试的培训教育机构。

唐代后期，官学教育衰落，私学教育因为与科举考试的对接而迅速发展。而当官学教育振兴并与科举考试直接挂钩之后，私学也就失去了自身的优势，发展明显受阻，这一情形就出现在北宋时期。宋朝建立以后，朝廷未能及时重视官学的建置，尤其是地方官学极少，然与此同时科举考试制度却不断发展，录取名额剧增。社会上求学、应试而入仕之风盛行，以应对科考为主要目标的私学教育进入了繁荣阶段。私学教育无疑是这一时期学校教育的主流。但自宋仁宗朝推行兴学举措并将之与科举考试直接衔接之后，直至宋徽宗朝三舍取士之法的施行，官学教育日益在科举考试中占据优势地位。私学教育发展受阻，呈现出明显颓势。

由此而言，唐宋时期，官学教育体系之外的私学教育，虽然与官学教育之间存在着某些明显差异，但是就它与科举制度之间的关系来看，二者在本质上显然又具有一致性。

二、唐宋时期书院的发展与演进

书院是唐宋时期私学的最重要的类型，书院的发展和演进代表着唐宋时期私学教育整体的发展和演进，亦是唐宋时期国家官学教育体系发展的最佳对照者。因此，我们有必要对唐宋时期书院的发展历程进行分析和论述，以便深入了解唐宋时期的学校教育。

书院之名始于盛唐。唐玄宗开元六年设置丽正修书院，开元十三年又改为集贤殿书院，为朝廷修撰、校勘、刊正典籍之所。无论是丽正修书院还是集贤殿书院，皆非教育机构。一般认为，以书院为名的教育机构，实际上出现于唐后期，是私立教育机构。比较著名的应是唐宪宗元和年间衡州的石鼓书院。此时的书院还主要是士人隐居读书之所，虽有聚徒讲学活动，但并不普遍，而且规模很小。

唐末至五代，战乱频仍，官学不振，士人往往隐居乡间、避于山林，私学渐显蓬勃兴起之势。其时，士人或以名山胜地为基址，聚生徒以授业；或以族学为基础，筑室聚书，广招生徒授业，创建书院者增多。据研究，五代十国的半个多世纪中，民间所建立的书院共计有十三所，其中新建十二所，兴复唐代书院一所。当时，书院影响力较大，往往从学者甚众。例如，华林书院，即"构学舍于华林山别墅，聚书万卷，大设厨廪，以延四方游学之士"①。某些书院甚至获得了朝廷承认。例如，罗韬创建于吉州的匡山书院，曾受后唐明宗赐额。赐额之后虽仍为私学而非官办，却无疑表明了官方对此教育机构的认可，使之具有了一定的官方色彩。

值得注意的是，学者研究这一时期的书院史时，往往关注颇多的是庐山国学。庐山白鹿洞原是唐人李渤私人读书之所，其后亦屡有于此聚徒讲学者。南唐升元四年朝廷于此建学，号称"庐山国学"，白鹿洞遂由私人讲学授业之所变成官办教育机构。但庐山国学的诸多教学、管理的体制，却明显异于以往的官学教育。例如，它面向社会招生，无严格身份及地域限制；又如其讲授内容丰富，不仅有儒家经典，亦有诗赋文学、史学及百家文集；再如其

---

① 任爽. 南唐史［M］. 长春：东北师范大学出版社，1995：75.

升堂讲座、生徒问辩等教学方法；等等。这些体制多为宋代书院所继承。而庐山国学入宋之后即为白鹿洞书院。关于庐山国学是否属于书院的问题在学界存在较大的分歧和争议。抑或可认为，庐山国学其实是一种特殊的官办形式的私学类型的书院教育形式。五代十国时期，书院的蓬勃兴起为宋代书院的进一步发展，奠定了重要的基础。

赵宋王朝建立后，先是集中精力平定南方诸国，后又北征北汉，并与辽战事不断，朝廷虽不断强调重文修文，且尤为重视科举取士，但是对学校教育却关注甚少，当时官学教育持续衰落。因此，在宋初近八十年的时间里，官学比之唐末、五代时期，并没有明显发展，中央官学不振，地方官学教育几近颓废。官学教育的衰落，促使科举入仕热潮刺激下的士子汇集于私学之中，私学得到迅猛发展。而五代十国时期已经发展起来的书院，亦在此时成为世人瞩目和广泛认可的教育形式。一些学者纷纷创办书院，聚徒讲学，以应和社会上的求学、科考之风。书院兴盛起来后，一些私人书院获得了朝廷的支持和资助，增添了官方色彩，声名愈隆，影响力也越来越大。例如，真宗大中祥符二年获得赐额的应天府书院。更有少数地方官关注文教，推动并创建本地书院。例如，潭州岳麓书院，即"开宝中，郡守朱洞首度基创宇，以待四方学者"[1]。这些书院具有明显的官方性质。北宋前期，在官学体系整体衰败之际，书院事实上成为当时学校教育的主流，培养出大量的士人，对于社会文化的发展起到了重要的作用。马端临在《文献通考·学校考七》中曾云："是时未有州县之学，先有乡党之学。"[2] "盖州县之学，有司奉诏旨所建也，故或作或辍，不免具文；乡党之学，贤大夫留意斯文者所建也，故前规后随，皆务兴起。后来所至，书院尤多。"[3]而其教养之规，"往往过于州县学"。

---

① （明）吴道行，（清）赵宁修. 湖湘文库 岳麓书院志［M］. 长沙：岳麓书社，2011：96.

② 邓之诚，马东峰. 宋辽金夏元史［M］. 北京：北京理工大学出版社，2016：76.

③ 王洪亮. 中国古代教育史简论［M］. 北京：星球地图出版社，2006：447.

书院的兴旺态势截止于北宋中期。宋仁宗朝以后，朝廷开始重视官学教育，屡次采取措施振兴官学，陆续出现了庆历、熙宁、崇宁三次大规模的兴学活动，由中央至地方州县的官学皆得到建置，官学教育体制亦渐趋完备，且官学与科举的直接结合使官学学生在科举应试中日益占据优势地位。因此，官学学校对急于应对科举考试的士子越来越具有强烈的吸引力，私学教育则因为生员流失而整体形势渐衰，各地的民间私人书院开始低落。

南宋偏安江南，朝廷沿袭北宋之制，重视中央及地方官学的建立，当时官学教育尤其是中央官学教育规模仍然很大。然在崇尚科举入仕的社会意识影响下，南方地域中求学应考的风气弥漫，入学需求持续提升，而官学入学名额毕竟有限，由此，北宋后期陷入低潮的民间书院又日渐兴盛起来，并进入了书院发展的极盛时期。

审视南宋时期书院的发展格局可发现，当时虽然私人书院数量众多，但是官办书院数量亦在增加。一些较为著名的书院，或是由地方官员创建，或是由地方官员修复，官办性质明显。例如，宋孝宗淳熙六年，朱熹知南康军时，"访白鹿洞书院遗址，奏复其旧，为《学规》俾守之"①。朱熹此举，使北宋中期以后即荒废的白鹿洞书院得以重兴，其亲撰《学规》更是影响甚大。

总的来看，唐宋时期，书院经历了一个逐渐发展演进的过程。它最初只是由民间私学中的山林讲学或族学等转变而来的民间教育形式而已，之后因数量增多、影响增大，逐渐成为官学学校教育的重要补充。但是，在此过程中，官方力量开始加入书院之中，一些书院因为获得赐额、资助而具有官办色彩，甚至有些书院本身就是由地方官创办。虽然大多数书院依然是私学性质，但是不可否认，官办书院的出现，对于书院的发展趋向具有重要的影响，在很大意义上宋代书院的制度规范主要是由具有官办色彩的书院所引导的。

---

① 刘碧波，李炜，雷雨豪. 中国辞赋编年史 宋代卷［M］. 山东大学有限公司，2021：323.

当然，即使是官办书院，之所以仍称为书院而不是州县官学，也在于它仍然秉承了唐末以来书院所具有的某些特点，使之区别于地方官学，具有相对宽松的教学氛围。

需要指出的是，尽管一些著名书院，往往与学术论争及理学传播有明显联系，但是事实上就整体而言，书院的本质仍是民间教育教学机构。在普遍存在的读书、应考而入仕的社会意识影响和支配之下，无论是绝大多数的私人书院，还是那些官办色彩的书院，都无法避免地需要应对国家的科举考试，讲授官定教材，训导应考之术。因此，由唐至宋逐渐发展起来的，作为私学的最高形态的逐渐具备系统教学管理制度的书院，始终与科举制度有着密切的关联，受到科举制度的牵制。在这一点上，书院其实与官学并无太大差别。

第三章 唐宋文化的瑰宝——诗词文化

本章为唐宋文化的瑰宝——诗词文化，依次介绍了唐诗与唐民族文化、唐诗与商业文化、宋代宫廷词与宋代宫廷文化、宋代僧词与宋代佛教文化四个方面的内容。

第一节 唐诗与唐民族文化

一、唐诗文化生态与唐代民族文化

苏珊·朗格在其《艺术问题》一文中说："每一代人的情感都有自己独特的风格，这一个时代的风格是震颤的、羞怯的或晕眩的，另一个时代的风格或许就成了粗犷的，再过一个时代它或许又变成了像俯瞰人世的上帝一样无动于衷。所有这些风格都不是故意做作出来的，而是由许多社会原因决定的。"[①]唐代的政治发展态度一直都是以包容为主，这种包容的政治氛围使社会发展具有开放、多元的风格，这种风格的形成与多元民族融合的文化背景息息相关，同时这种多元的民族文化也促进了这种政治氛围的形成。

---

① （美）苏珊·朗格，滕守尧译. 艺术问题［M］. 南京：南京出版社，2006：85-86.

（一）本土民族文化的融合

近年来，唐朝的民族融合与文化交往已经成为学术界重点探讨的课题之一。在 20 世纪 40 年代，陈寅恪先生在他自己撰写的《唐代政治史述论稿》中也对这一问题进行了讨论，他提出认识中古社会需要从文化和种族两方面入手。他认为：种族与文化二问题"实李唐一代史事关键之所在，治唐史者不可忽视者也"，"汉人与胡人之分别，在北朝时代文化较血统尤为重要。凡汉化之人即目为汉人，胡化之人即目为胡人，其血统如何，在所不论"[①]。陈先生将种族与文化视作理解中古社会的关键因素，并对此进行了深入的研究。陈寅恪先生的这种观点即使时隔多年，仍有研究的价值，这也从侧面表明，这一问题是当时社会的主要问题。

如今，人们越来越重视种族、民族和异质文化的探讨，并且十分关注这些因素给中国民族整体发展所带来的影响。韩国学者朴汉济提出了五胡、北朝、隋唐史"胡汉体制论"的观点，他认为当时社会发展的主要趋势就是大规模的民族移动，并且认为这一活动涉及政治体制、社会制度和文化体制，其中文化体制指的是汉族和胡族在同一地区、同一统治体制下相互影响、融合产生的文化体制。尽管唐长孺先生在晚年所写的《魏晋南北朝隋唐史三论》一书中未详细探讨民族问题，但他根据长期研究得出结论，指出北朝后期中原文化的发展融合了部分胡族文化的内容，导致传统文化也受到一定程度的影响。唐朝建立之后，面临着如何摆脱这一发展途径，转向恢复汉魏时期的传统发展道路的问题。实际上，这涉及文化和民族问题，只是唐长孺先生认为唐朝的发展途径是从特殊的道路走向传统的普通的道路。

魏晋南北朝民族互动导致的民族融合与民族之间的竞争，是唐朝建立的基础。陈寅恪在论述隋唐制度的渊源时说："隋唐之制度虽极广博纷复，然

---

① 陈寅恪. 唐代政治史述论稿［M］. 上海：上海古籍出版社，1982.

究析其因素，不出三源：一曰（北）魏、（北）齐，二曰梁、陈，三曰（西）魏、周。"①这三源既继承了中原汉魏的传统制度，又融合了北方胡族的文化元素。就唐朝的统治阶层而言，他们主要由所谓的关陇集团组成。西魏宇文泰创建了这个集团，该集团的建立旨在与东魏和北齐抗衡，依靠关中、陇右地区的军事贵族，实施了"关中本位政策"，即以该地区为中心，融合胡汉双重体制。他又说："若以女系母统言之，唐代创业及初期君主，如高祖之母为独孤氏，太宗之母为窦氏，即纥豆陵氏，高宗之母为长孙氏，皆是胡种，而非汉族。故李唐皇室之女系母统杂有胡族血胤，世所共知，不待阐述。"②李唐一族之所以崛兴，"盖取塞外野蛮精悍之血，注入中原文化颓废之躯，旧染既除，新机重启，扩大恢张，遂能别创空前之世局"③。李唐王朝自身就是一个民族融合的结果，这一现象到了唐代更加明显。唐太宗征服了东突厥和漠北铁勒诸部，并建立了羁縻府州。因此，胡人将太宗尊称为"天可汗"，这意味着唐朝的统治正逐渐延伸至中原地区以外的广阔领土。随着外族涌入，这些地区的文化和传统逐渐融入中央王权体系之中，即使两者之间有着明显的差异，也掩盖在强权之下。

（二）外来民族文化的融合

随着佛教的逐步兴盛，它与儒家、道家开始融合，渐渐形成了儒、释、道三教并存的多元意识形态。并且还出现了很多能够代表外来文化与唐代文化相融合的例子，如乐山大佛、敦煌石窟、千手观音等，这些古迹不仅在造型、颜色、气势方面让人叹为观止，同时还洗涤着人们的内心世界。唐三彩由于工艺十分精湛，曾被远销至朝鲜、印尼、日本、埃及、伊朗、伊拉克、意大利等国家，并广为流传。同时外来文化的入侵，不仅开拓了唐代诗人的

---

① 陈寅恪. 隋唐制度渊源略论稿［M］. 北京：中华书局，1963.

② 陈寅恪. 唐代政治史述论稿［M］. 上海：上海古籍出版社，1982.

③ 陈寅恪. 金明馆丛稿二编［M］. 北京：生活·读书·新知三联书店，2009.

眼界，同时也丰富了诗人的内心世界与情感表达。在文化的交流与扩张之时，唐代统治者更"建立了唯中国的军事和政治势力马首是瞻的外围领土地带；也许更重要的是，它们建立了由若干国家组成的隔离地带，中国的文化、思想体系、文学、艺术、法律和政治制度和使用的文字在这些国家中处于支配地位"①。"处在这样一个泱泱大国之中，没有人会担心外来文化会侵袭或腐蚀本土的文化；相反，一种容纳百川的胸襟能够将一切外族乃至外国文化中的优秀成分吸收、融汇进来。于是，伴随着僧人、商旅、外交使者和留学生的大量涌入，龟兹、西凉、疏勒、高昌、天竺、高丽，以及百济、扶南、骠国、林邑、鲜卑、吐谷浑、部落稽等地的音乐舞蹈也被携带进来，并与汉民族传统的礼乐文化融为一体，重新繁荣、发展起来。"②这些多民族融合的文化元素在以汉族文化为核心的唐诗中，得到了淋漓尽致的展现。

二、唐诗艺术气质与唐代民族文化

唐代的诗歌与舞蹈发展得十分兴盛，在这一背景下，产生了两者相结合的产物——唐代乐舞诗。在唐代的众多诗人中，有的擅长乐舞，有的则对舞蹈艺术有着浓厚的兴趣，为了能够将舞蹈形象转化为诗的美学形象，诗人创作出了描写舞蹈的名篇佳作。如杜甫的《观公孙大娘弟子舞剑器行》、岑参的《田使君美人舞如莲花北鋋歌》、白居易的《胡旋女》、李端的《胡腾儿》、李贺《公莫舞歌》、聂夷中《大垂手》等，这些作品涉及多种类型的舞蹈，如剑器舞、北鋋舞、霓裳羽衣舞等。另外，这些乐舞诗还与少数民族文化艺术有着紧密的联系。

唐代民族艺术的融合离不开礼乐制度的支持。随着历史与社会现实的不断发展变化，唐代的礼乐制度也在不断变化，并且能够与社会发展相适应，在这一背景下，礼乐制度不仅形成了新的体系，同时也提高了对社会的适应

---

① 崔瑞德. 剑桥中国隋唐史［M］. 北京：中国社会科学出版社，1990：8.
② 陈炎. 中国审美文化史［M］. 济南：山东画报出版社，2000：106.

性能力。因此，唐代的礼乐制度也是支撑大唐王朝盛世发展的重要因素。《旧五代史》卷一百四十四《乐上》云："古之王者，理定制礼，功成作乐，所以昭事天地，统合人神。历代以来，旧章斯在。"①《通典》卷四十一《礼典》论唐礼流变云：

"国初草昧，未暇详定。及太宗践祚，诏礼官学士修改旧仪，著吉礼六十一篇，宾礼四篇，军礼十二篇，嘉礼四十二篇，凶礼六篇，国恤五篇，总百三十篇，为百卷。贞观七年，始令颁示。高宗初，以贞观礼节文未尽，重加修撰，勒成百三十卷，至显庆三年奏上。……（开元）二十年九月，新礼成，凡百五十卷，是为大唐开元礼。于戏！百代之损益，三变而著明，酌乎文质，悬诸日月，可为盛矣。"②

功成作乐不仅仅是帝王歌功颂德的一种形式，也是确立王朝政权的一个必不可少的环节。庆善乐是唐代三大乐曲之一。《旧唐书》卷二十九《音乐二》载：

"《庆善乐》，太宗所造也。太宗生于武功之庆善宫，既贵，宴宫中，赋诗，被以管弦。舞者六十四人。衣紫大袖裙襦，漆髻皮履。舞蹈安徐，以象文德洽而天下安乐也。"

《庆善乐》的乐曲使用的是西凉的音乐，西凉的音乐乐曲通常优雅动听，并且其舞蹈也十分优美，因此被列入立部伎，主要在宴会和朝会上表演。此外，它还可以在不同场合中表达对君王权力的歌颂和赞美，包括祭祀和庙宇仪式。唐太宗于庆善宫赋诗，展现了他统一天下的雄心壮志与豪迈激情。《武功庆善宫》言："弱龄逢运改，提剑郁匡时。指麾八荒定，怀柔万国夷。"《过旧宅》其一云："一朝辞此地，四海遂为家。"其二云："八表文同轨，无劳歌大风。"此外，唐太宗《正日临朝》歌颂国家统一、书同文、车同轨的欣欣向荣之景："百蛮奉遐赆，万国朝未央。虽无舜禹迹，幸欣天地康。车轨

①（宋）薛居正. 旧五代史［M］. 北京：中华书局，1976.
②（唐）杜佑. 通典［M］. 北京：中华书局，1984：68.

同八表，书文混四方。赫奕俨冠盖，纷纶盛服章。羽旄飞驰道，钟鼓震岩廊。"这些诗歌都以豪迈的姿态，展示了大唐王朝在国力、政治、经济，以及文化艺术上的辉煌与鼎盛。

　　唐代是一个民族文化融合的时代，并且这一时期受礼乐文化的影响与帝王的积极支持，唐代诗人为了能够将这一盛世的特征表达出来，从民族文化中吸取灵感，使唐诗形成了雄劲高昂的艺术气质。在这个艺术气质的形成过程中，民族文化起到了至关重要的作用。

　　历史学家塔夫里阿诺斯在其《全球通史——1500年前的世界》提出："如果其他地理因素相同，那么人类取得进步的关键就在于各民族之间的可接近性。"[1]正是因为与各民族在政治、经济、文化、艺术、科学等领域进行广泛交流，大唐王朝才得以汲取众多优点，进而创造了中国历史上最辉煌繁盛的大唐文化。陈寅恪先生也指出："李唐一族之所以崛兴，盖取塞外野蛮精悍之血，注入中原文化颓废之躯，旧染既除，新机重启，扩大恢张，遂能别创空前之世局。"在唐朝时期，实行了宽宏开明的民族政策，吸引外国移民在唐朝从事各行各业，推动了唐与各族群和各国家之间的政治、经济、文化交流，为唐朝带来了空前的繁荣和发展。

　　大量的外来移民唐代文化注入了多元而丰富的外来文明，产生了深远而积极的影响。汉学家谢弗指出："所有这些（外来文明）都为盛唐文化的美酒增添了新的风味，而他们自身也混合在了这美酒之中，成为供酒君子品尝的佳酿中一剂甘醇的配料。"即便在这种混合的文化形态中，也无法抵挡唐诗本身所具有的浓烈的异域色彩，从而呈现出与传统中原文化截然不同的特征。

①（美）斯塔夫里阿诺斯.全球通史——1500年前的世界［M］.上海：上海社会科学院出版社，1999：57.

三、唐诗盛唐气象与唐代民族文化

严羽在《沧浪诗话》中说："唐人与本朝人诗，未论工拙，直是气象不同。"①对唐代社会的宏伟气象表示了极大的赞赏与肯定。唐代诗人在他们的诗歌中展示出了这种民族文化的壮丽。宋代叶梦得《石林诗话》云："七言难于气象雄浑，句中有力而纡余不失言外之意。"②严羽则认为唐诗与宋诗美学的区别就在于"气象"不同，他对盛唐气象的基本特征和风貌解释为："盛唐诸公之诗，如颜鲁公书，既笔力雄壮，又气象浑厚。"他认为"浑厚"是盛唐气象的主要特征，是厚度和力度的统一体。这一看法影响深远，明清时期美学思想也认为，唐代诗歌美学气象浑成，不可句摘。严羽又云："盛唐诗人惟在兴趣，羚羊挂角，无迹可求。故其妙处，莹彻玲珑，不可凑泊，如空中之音，相中之色，水中之月，镜中之像，言有尽而意无穷。"殷璠《河岳英灵集》所云"兴象玲珑"的内涵与此相同。学界多从纵向的角度审视盛唐气象的形成原因，认为盛唐气象实现了建安风骨与兴象玲珑的完美融合。在风骨中有其玲珑，在玲珑中内蕴风骨，即殷璠《河岳英灵集》所云盛唐诗人"既多兴象，复备风骨"。这一观点可谓契合诗歌发展的实际。

关于"盛唐气象"，有很多不同的解释。相较于从抽象概念角度出发的思考，唐代所展现的盛唐气象更加具体、生动，带有强烈的感染力。唐代诗歌中所展现的盛唐气象，并非是在不同民族文化相互融合的背景下偶然产生的，而是必然的结果。民族文化融合在盛唐气象形成过程中主要产生了两个方面的影响。

第一，在唐代，佛教文化的繁荣促使诗人们开始重视空灵美的体现，也促进了诗人审美趣味的形成。在六朝时期，作为外来宗教的佛教得到了上层文人的高度关注。在唐代时期，佛教利用化俗诗僧、变文、俗讲等方式迅速

---

① （宋）严羽，郭绍虞校释. 沧浪诗话［M］. 北京：人民文学出版社，1961：144.

② （宋）叶梦得. 石林诗话［M］. 北京：人民文学出版社，2012：96.

在社会的各个层面传播开来，并产生了一定的影响。佛教通过玄奘取经、译经以及说法等方式，使其理论更加深入、全面地为广大信众所了解。唐诗的创作也受到佛教的影响，在《全唐诗》中，共计收录了2 938首僧人诗歌，共有112位僧人，从数量上来看，远远超过了道士诗歌。另外，佛教美学对唐代诗人的影响也是十分深远的，并且影响的范围已经远远超过了对僧侣的影响范围。孙昌武认为，唐代的文学受佛教的深远影响，并且这种影响是其他朝代很难达到的程度。这主要体现为五个方面：（1）文人的世界观和人生观；（2）认识论；（3）创作题材和主题；（4）文学体裁；（5）语言与修辞方法。在唐代的诗歌创作中，可以看到佛教的影响，尤其是佛家追求的"空明"境界，这对唐诗"空灵"特征产生了重要影响。空灵是一种特殊的诗歌审美形态与表现，它让诗歌的美感表现在无法具体明确的状态里，让读者感受和体会到一种无法捉摸却深刻的美。空灵美是盛唐诗歌的显著特征，代表了一种与六朝诗歌相对抗的风格。六朝美学以写实主义表现形象，导致诗歌缺乏活泼的意境，随着盛唐诗歌的出现，这种倾向得到改变，使诗歌逐渐展现出空灵之美，这代表了诗歌审美形式上的一次重要发展。这种空灵美与当时儒家、佛教和道教文化的融合密切相关。下面只介绍个别例子。

张九龄《自湘水南行》云：

"落日催行舫，逶迤洲渚间。虽云有物役，乘此更休闲。暝色生前浦，清晖发近山。中流澹容与，唯爱鸟飞还。"

卢象《永城使风》云：

"长风起秋色，细雨含落晖。夕鸟向林去，晚帆相逐飞。虫声出乱草，水气薄行衣。一别故乡道，悠悠今始归。"

刘眘虚《阙题》云：

"道由白云尽，春与清溪长。时有落花至，远随流水香。闲门向山路，深柳读书堂。幽映每白日，清辉照衣裳。"

裴迪《夏日过青龙寺谒操禅师》云：

"安禅一室内，左右竹亭幽。有法知不染，无言谁敢酬。鸟飞争向夕，蝉噪已先秋。烦暑自兹适，清凉何所求？"

王缙《同王昌龄裴迪游青龙寺昙壁上人兄院集和兄维》云：

"林中空寂舍，阶下终南山。高卧一床上，回看六合间。浮云几处灭，飞鸟何时还。问义天人接，无心世界闲……"

"诗佛"王维在经历政治挫折、丧妻的打击之后，寄心佛陀以为精神栖息之所，在《请施庄为寺表》中说其母崔氏曾"师事大照禅师三十余岁，褐衣蔬食，持戒安禅，乐住山林，志求寂静"。在佛教影响之下，其诗歌创作更是将这种空灵美学境界推向了极致，他以禅的方式观照一切，正如其《夏日过青龙寺谒操禅师》所云："山河天眼里，世界法身中。"兹选取其诗歌几首如下：

空山不见人，但闻人语响。返景入深林，复照青苔上。（《鹿柴》）

人闲桂花落，夜静春山空。月出惊山鸟，时鸣春涧中。（《鸟鸣涧》）

独坐幽篁里，弹琴复长啸。深林人不知，明月来相照。（《竹里馆》）

木末芙蓉花，山中发红萼。涧户寂无人，纷纷开且落。（《辛夷坞》）

中岁颇好道，晚家南山陲。兴来每独往，胜事空自知。

行到水穷处，坐看云起时。偶然值林叟，谈笑无还期。（《终南别业》）

晚年唯好静，万事不关心。自顾无长策，空知返旧林。

松风吹解带，山月照弹琴。君问穷通理，渔歌入浦深。（《酬张少府》）

这种"万念皆寂"的境界正是"不用禅语，时得禅理"的写照，王维"最大的贡献莫过于将佛家的境界转化为艺术的境界，将禅宗的精神转变为艺术的精神。这，便是'盛唐之音'的第二重旋律了"。正是因为在盛唐时期，佛教的广泛传播，以及佛教文化与中华民族原有的道家文化与儒家文化的结合，才使王维的诗歌有着表现禅境的部分，否则，这种禅境的表现是无法呈现出来的。从本质上看，王维的诗歌表现了盛唐时期的儒家事功观念，同时也表现了盛唐时期的隐逸精神，是民族文化融合的典型。

第二，民族文化融合，对盛唐美学风格的多样化产生了重要影响。

高棅《唐诗品汇》云：

"开元、天宝间，则有李翰林之飘逸，杜工部之沉郁，孟襄阳之清雅，王右丞之精致，储光羲之真率，王昌龄之声俊，高适、岑参之悲壮，李颀、常建之超凡，此盛唐之盛者也。"

多样化的风格是主体审美成熟度和时代美学成熟度的重要表现。不同社会文化的交融造就了多样化的风格，而在盛唐时期，民族文化相互融合，使社会文化丰富多彩。在如此丰富多彩的文化环境中，诗人们依据个人经历、感悟和情感倾向，逐渐形成各具特色的创作方式，这些个性风格的交汇最终演变出各种不同的创作流派。盛唐时期，主要的风格流派有悲壮的边塞诗派、闲淡的山水田园诗派，这两种流派可谓是阴阳协调、刚柔并济。在多元文化风格的影响下，即使是单个的作家也有着多元的风格特色。例如，边塞诗人岑参，他既有雄厚、大气的边塞诗，如《走马川行奉送出师西征》《武威送刘判官赴碛西行军》，又有情感细腻的诗句，如"风恬日暖荡春光"（《山房春事二首》）、"雨滴芭蕉赤，霜催橘子黄"（《寻阳七郎中宅即事》），岑参这种多元的诗歌风格，与他对各种地域文化的感悟有着紧密的联系。

李白在《经乱离后天恩流夜郎忆旧游书怀赠江夏韦太守良宰》一诗中表达了"清水出芙蓉，天然去雕饰"的审美观念，这种审美观念也是盛唐时期的一种文化特色。这一观念最初在六朝时期产生，但直到唐朝才真正影响了时代的审美风向。在儒家思想主导的时代，要实现"清水出芙蓉，天然去雕饰"这种天然、真实的美是很困难的。正是由于唐代不同民族文化的交流和融合，才使这一美学理念能够实现。李白对自然的深切热爱，流露于其诗歌的字里行间。李白在《友人会宿》中写道：良宵宜清淡，皓月未能寝。醉来卧空山，天地即衾枕。著名的《月下独酌》更是描绘了一幅与月共歌舞、共豪饮的图画。

"花间一壶酒，独酌无相亲。举杯邀明月，对影成三人。月既不解饮，影徒随我身。暂伴月将影，行乐须及春。我歌月徘徊，我舞影零乱。醒时同交欢，醉后各分散。永结无情游，相期邈云汉。"

多元民族文化的融合，使盛唐诗人形成了清新俊逸的审美情调。张九龄《望月怀远》云："海上生明月，天涯共此时。情人怨遥夜，竟夕起相思。灭烛怜光满，披衣觉露滋。不堪盈手赠，还寝梦佳期。"

李白《客中作》云："兰陵美酒郁金香，玉碗盛来琥珀光。但使主人能醉客，不知何处是他乡。"

王维《相思》云："红豆生南国，春来发几枝。愿君多采撷，此物最相思。"

这些诗歌清新雅致、超凡脱俗，有一种豪华落尽现纯真的洒脱之美。杜甫在《春日忆李白》中云："清新庾开府，俊逸鲍参军。"在《戏为六绝句》中说"清词丽句必为邻"，表达了他对清新美的欣赏。这种审美情调的形成是多民族文化共同滋养的结果。

第二节　唐诗与商业文化

一、唐诗与城市商业

"城"和"市"最初在中国历史和语言文字中，是两种不同的概念。"城"主要为了抵御外部侵略，同时也是为了获取和维护政治和军事权力，是政治和军事中心。"市"主要指的是交换商品的场所，是经济、文化中心。而"城市"就是这两者的结合。学术界一直认为，古代城市的形成期是夏代中晚期至西周时期。

德国经济学家韦伯认为："一个地方应否视为城市，并非取决于其空间的大小。从经济观点来看，无论在西方或是其他各处，城市首先都是个工商业所在地。"①在城市经济的发展中，商业是非常重要的组成部分，它不仅能使城市发展得更加繁荣，同时也能促进社会经济的发展。并且城市的发展与商业的发展之间的关系是十分紧密的，即城市的兴衰影响着商业发展的好坏。

（一）城市商业的繁荣与凋敝

通过对唐诗的分析，不仅能够看出唐代城市经济的发展状况，还能将当时的城市生活图景还原出来，从而能够对当时经济的发展进行详细的分析与解读。由于唐代的南北方经济发展有着独属于各自的特色，因此，下面主要从北方城市与南方城市两方面进行分析。

1. 北方城市

在唐代前期，北方城市中发展得最为繁荣的是长安和洛阳。这两个城市都是多朝的古都，因此有着浓厚的政治色彩，并且城市人口也较多，这不仅促进了经济消费，同时也促进了商业贸易的发展。

（1）长安

唐朝定长安为首都，长安是当时的经济、政治和文化中心，同时也是国内与国际的工商业贸易中心。长安城总体占地面积有 84 平方公里，并且城内的建筑十分整齐、统一。在当时，长安属于国际性的大都市，汇集了大量的达官贵人、豪商富贾，并且还有大量的外商，他们主要经营贩运或销售，生意十分兴隆。

城中最初有东、西两市。东市"二百二十行，四面立邸，四方珍奇，皆所聚集。"西市的人口比东市更为稠密，并且经济也比东市更加发达。西市门店众多，同时这里的商品也更容易销售出去，如西市不仅有衣肆、绢行、

---

①（德）马克思·韦伯,康乐、吴乃德等译. 韦伯作品集［M］. 桂林：广西师范大学出版社，2004：264.

秤行、药行，还有蜡烛铺、柜坊、邸店、车坊、货栈等各种类型的店铺。因此，相比于东市，商人更喜欢在西市进行贸易往来。伴随着商业的不断发展，其规模也在逐渐扩大。在唐高宗时期，为了扩大市场规模，设立了中市；元宝八年，设立了南市；元和十二年，又设立了新市。这些变化在卢照邻的《长安古意》和王勃的《临高台》诗歌中都有体现。

此外，交通的便利使得长安市场的商品种类增加。743年，即唐玄宗统治下的天宝二年，水陆转运使韦坚在长安开辟了一条运河，并利用船只将南方各地的商品运至广运潭进行售卖。这一举措极大地便利了人们的生活，促进了长途贸易的繁荣，同时也反映了唐代社会商品总量和需求的增加。

（2）洛阳

"洛城今古足繁华。"（雍陶《洛中感事》）洛阳地处于中原的中心，地理位置十分优越，并且水陆交通也十分便利。洛阳是东周时期的首都，是战国时期的商业中心。战国秦汉年间，周人善于经商，司马迁《史记·货殖列传》记载："周人既纤，而师史尤甚，转毂以百数，贾郡国，无所不至。洛阳街居在齐、秦、楚、赵中，贫入学事富家，相矜以久贾。"东汉在这里建立了首都，这一时期洛阳的商业发展十分繁荣。到了隋朝，为了给洛阳增添更多的生机与丰富其发展，隋炀帝将数万家富商迁至洛阳，其中有三千家河北的工艺户、六千家江南的"京户"。在唐朝武则天执政期间，许多富商巨贾纷至沓来，进一步促进了洛阳商业的繁荣。

隋代洛阳已设三市，即东市丰都、南市大同、北市通远，其中北市最为繁盛。韦述《两京新记》记载："东都丰都市，东西南北，居二坊之地，四面各三门，邸凡三百一十二区，资货一百行。"洛阳的城市设计更侧重于商业功能，考虑到洛河有着便利的运输条件，因此在城内直接规划水路运输系统，以充分发挥其作用。此外还开凿了沟渠，使东市、南市、北市都有着便利的水运条件。此外，城内的市场都是依河渠而建，并且这些河渠还要确保能够行船。在唐代，洛阳分为南市、北市和西市三个商业区，贸易十分繁荣。

在洛阳城内，富有的商人和贵族聚集于此，商船频繁往来，市内设有各种商行、店铺、客栈、茶楼和杂货店等。郑渥《洛阳道》云："通宵尘土飞山月，是处经营夹御堤。"韦庄《洛阳吟》云："万户千门夕照边，开元时节旧风烟。宫官试马游三市，舞女乘舟上九天。"这些诗句真实再现了洛阳商业的繁荣。洛阳城内还聚集着不少外国商人。

两京商业的凋敝主要是受战乱的影响。"农夫背上题军号，贾客船头插战旗。"（杜荀鹤《赠秋浦张明府》）反映了中晚唐时期兵荒马乱的情形，连农夫和商人都加入了战斗队伍。安史之乱给北方地区带来了灾难，也使唐代从此告别了辉煌时期，长安和洛阳都遭到了胡骑的践踏。杜甫《哀江头》："黄昏胡骑尘满城，欲往城南望城北。"《哀王孙》："……屋底达官走避胡。金鞭断折九马死，骨肉不待同驰驱。"洛阳也是一派混乱，"洛阳城头火瞳瞳，乱兵烧我天子宫"。（张籍《董逃行》）安史之乱使得洛阳以东至徐州，"宫室焚烧，十不存一。百曹荒废，曾无尺椽，中间畿内，不满千户，井邑榛荆，豺狼所号"。潼关失守时，"京师大骇，河东、华阴、上洛等郡皆委城而走"，"士庶恐骇，奔走于路"。许多人纷纷避难江南。"三川北虏乱如麻，四海南奔似永嘉。"（李白《永王东巡歌》）"楚地不知秦地乱，南人空怪北人多。"（韦庄《湘中作》）叛乱者到处烧杀抢夺。"握手相看谁敢言，军家刀刃在腰边。遍搜宝货无藏处，乱杀平人不怕天。"（杜荀鹤《旅泊遇郡中叛乱示同志》）商业发展受阻。安史之乱后，北方城市经济虽然有所恢复，但相对缓慢。黄巢起义彻底摧毁了唐王朝的基础，韦庄《秦妇吟》："长安寂寂今何有？废市荒街麦苗秀。……含元殿上狐兔行，花萼楼前荆棘满。昔时繁盛皆埋没，举目凄凉无故物。"描绘了长安城日渐衰败的景象。唐朝末年到五代十国时期，各地军阀纷争不断，给人民生活造成了严重影响，其中北方受灾最为严重。并且军阀政权对商业的发展构成了阻碍，他们采取严酷的措施，过度征收赋税，阻碍了商业的发展，导致北方的商业陷入困境。

2. 南方城市

长江流域及长江中下游地区没有受到安史之乱的影响，因此这一地区的经济与商业仍保持稳定的发展态势。渐渐地，江南地区成为全国的经济重心。同时，由于南方的经济发展十分繁荣，并且运河水运交通十分发达，这为运河一带的城市发展带来了良好的基础。当时沿运河一带发展起来的城市有扬州、苏州、杭州、楚州（今江苏淮安市），这四个城市在当时并称为四大都市。此外，受运河交通便利的影响，华州、陕州、宋州、润州（今江苏镇江）、常州等地也逐渐发展为较大规模的城市。除了在运河一带发展起来的城市，在运河的水陆枢纽和津渡等地也逐渐发展出一些县城和重要的集镇，如河阳、新丰等城市，并且运河还成为我国城市发展中的第一条南北向轴线。在长江流域除了沿运河发展起来的四大都市，还有依靠商业发展起来的六大都市，分别是建康、广陵、润州、江陵、益州、鄂州。此外，还有商业发展十分繁荣的城市，如沿江的浔阳（九江）、洪州（南昌）和下游的吴郡（苏州）、会稽（绍兴）、余杭（杭州）以及淮水两岸的襄阳和寿春等地。此外，这一时期的对外贸易发展也十分繁荣，在这一背景下，港口城市得到了极大的发展，其中南方的港口城市较多，分别有广州、泉州、潮州、福州、温州、明州等。下面主要对扬州、苏州、杭州、成都等地进行分析。

（1）扬州

扬州，又名广陵，位于运河和长江交汇处，有着得天独厚的地理条件，并且这里还是南北交通要冲，也是外贸港口及海船终点之一。扬州的辉煌时期始于唐代。在唐代，扬州是江淮地区最繁荣的大都市。唐代扬州工商业的繁荣主要得益于交通便利，唐人陆贽说扬州为"淮海奥区，一方都会。兼水陆漕辇之利，有泽鱼山伐之饶。俗具五方，地绵千里。"权德舆评价扬州："禹贡淮海之域，职方东南之奥，产金三品，射利万室。控荆衡以沿泛，通夷越之货贿。四会五达，此为咽颐。"扬州的水运颇为壮观，刘长卿《奉送从兄罢官之淮南》云："万艘江县郭，一树海人家。"卢纶《送魏广下第归扬州》云："淮浪参差起，江帆次第来。"扬州是当时的水路交通中心，南来北往的人们均要经过这里，郑谷《淮上与友人别》云："扬子江头杨柳青，杨花愁杀渡江人。数声风笛离亭晚，君向潇湘我向秦。"

"江都俗好商贾，不事农桑。"从南朝到唐末五代，扬州一直十分繁荣，即便在这期间发生了安史之乱，也没有受到影响，这是因为扬州有张巡、许远的防御与抵抗，所以幸免于难。中唐时期，扬州的商业繁荣发展。宋洪迈《容斋随笔·唐扬州之盛》云："唐世盐铁转运史在扬州，尽斡利权，判官多至数十人，商贾如织。故谚曰：'扬一益二'，谓天下之盛，扬为一而蜀次之。"谢弗在《唐代的外来文明》一书中这样描述扬州："扬州是一座钱货流畅、熙熙攘攘的中产阶级的城市。……扬州是一座奢侈而放荡的城市，这里的人们衣着华丽，可以经常欣赏到最精彩的娱乐表演。扬州不仅是一座遍布庭院台榭的花园城，而且是一座地地道道的东方威尼斯城，这里水道纵横、帆樯林立，船只的数量大大超过了车马。扬州还是一座月色融融，灯火阑珊的城市，一座歌舞升平，妓女云集的城市。"[①]这段文字将扬州的商业性凸显了出来，并且描述的文字十分优美、准确。扬州的商业是最先进的，不仅有飞钱、柜坊、便换等金融业，还有十分繁荣的娼妓业，每到夜晚，"倡楼之上，常有绛纱灯万数，辉罗耀烈空中。九里三十步街中，珠翠填咽，邈若仙境"。诗歌中也描写到："十里长街市井连，月明桥上看神仙。"扬州城的建筑也体现出豪华的特点。"街垂千步柳，霞映两重城。"（杜牧《扬州三首》其三）"夹河树郁郁，华馆十里连。"（韦应物《广陵遇孟九云卿》）晚唐时仍盛况不减，"富商巨贾，动逾百数"。著名商人王四舅"匿迹货殖，厚自奉养，人不可见"。"扬州富商大贾，质库酒家，得王四舅一字，悉奔走之。"古代的城市主要是以政治和军事职能为中心，几乎不会涉及商业性的发展，但是扬州却改变了

---

① （美）谢弗，吴玉贵译. 唐代的外来文明［M］. 北京：中国社会科学出版社，1995：43.

这一现状，它创造了一种独特的城市发展模式，对后世的城市发展产生了直接影响。

从唐代末期开始，扬州的商业发展开始逐渐走向衰落。在唐朝末期，扬州地区遭受严重破坏，商业发展受到影响。"自毕师铎、秦彦之后，孙儒、行密继纵相攻，四五年间，连兵不息，庐舍焚荡，民户丧亡之，广陵之雄富扫地矣。"光启末年，"六七年中，兵戈竞起，八州之内，鞠为荒榛，圆幅数百里，人烟断绝"。军阀混战，又大肆搜刮抢夺，扬州处于水深火热之中。后来杨行密既定江淮，招合遗散，休养生息，虽有所恢复，但毕竟和往昔不同了。正如宋洪迈所言："自毕师铎、孙儒之乱，荡为丘墟，杨行密复葺之，稍成壮藩，又毁于显德。本朝承平百七十年，尚不能及唐之什一，今日真可酸鼻也。"南宋时扬州遭到金人蹂躏，显得很萧条，姜夔《扬州慢》写道：

"淮左名都，竹西佳处，解鞍少驻初程。过春风十里，尽荠麦青青。自胡马窥江去后，废池乔木，犹厌言兵。渐黄昏，清角吹寒，都在空城。

杜郎俊赏，算而今，重到须惊。纵豆蔻词工，青楼梦好，难赋深情。二十四桥仍在，波心荡、冷月无声。念桥边红药，年年知为谁生！"

与杜牧笔下扬州的旖旎风光、繁华景象不同，此时的扬州一派萧索冷清。

（2）苏州、杭州

苏州在当时被称为吴郡，是中唐以后新兴起来的城市。苏州主要位于长江下游的太湖平原，在安史之乱后，才开始逐渐发展壮大。白居易咏苏州诗云："复叠江山壮，平铺井邑宽。人稠过扬府，坊闹半长安。"天宝以后，大量人口南迁至苏州，所谓"自京口南被于淛河，望县十数，而吴为大，中夏多难，衣冠南避，寓于滋土"。杜牧亦云："衣冠者，民之主也。自艰难以来，……不能自奋者，多栖于吴土。"苏州城"十万人家天堑东，管弦台榭满春风"（杨乘《吴中书事》），熙熙攘攘，其繁盛可见一斑。人口的增长促进了经济发展，经济发展又促进了都市繁荣。

杭州在当时被称为江南大郡。江南大运河在隋朝时期开凿，其南端的终点就是杭州，大运河建成之后，由于交通便利，杭州才开始逐渐繁荣发展起来。据《隋书·地理志》记载，杭州隋时"川泽沃衍，有海陆之饶，珍异所聚，故商贾并凑"。唐代进一步发展，"北依郭邑，通商旅之宝货""户十万，税钱五十万"，是国家税收的主要来源地之一，李华笔下的杭州是"东南名郡……咽喉吴越，势雄江海……骈樯二十里，开肆三万室"，凸显了其优越的地理位置和巨大的市场规模。杭州商业发展十分繁荣，促进了城区规模的扩大，同时这一地区的农业发展也十分迅速。在唐代后期，杭州地区的范围从柳浦地区的凤凰山麓，即现在的江干地区，向北延伸至武林门。杭州南部的江边已经成为江海贸易的码头，而在杭州北部的武林门一带，则因为大运河的贯通而成为周边州县货物的集散中心。一些研究人员认为，杭州市的迅速发展与西湖的开发密切相关。在唐代宗大历年间，杭州刺史李泌建造了"六井"，利用西湖水解决了当地居民的饮水问题。北宋时的杭州依然很繁华，柳永《望海潮》词云：

"东南形胜，三吴都会，钱塘自古繁华。烟柳画桥，风帘翠幕，参差十万人家。云树绕堤沙，怒涛卷霜雪，天堑无涯，户盈罗绮，竞豪奢。"

人们的奢侈消费从一个侧面反映了良好的经济基础，消费需求会进一步刺激商业的发展。

（3）成都

在唐代，成都又被称为益州。成都在唐代的发展也十分繁荣，甚至有人认为成都在这一时期已经超过了扬州。大中九年，卢求在《成都记序》中说："大凡今之推名镇为天下第一者，曰扬、益，以扬为首，盖声势也，（成都）人物繁盛，悉皆土著。江山之秀，罗锦之丽，管弦歌舞之多，伎巧百工之富，其人勇且让，其地腴以善熟，较其要妙，扬不足以侔其半。"陈子昂在上武则天的奏疏中说："臣窃观，蜀为西南一都会，国家之宝库。天下珍货，俱出其中。又人富粟多，顺江而下，可以兼济中国。"地利给经商者提供了有利契机、"蜀客多积货。"（王建《送人》）"水程通海货，地利杂吴风。"（卢伦《送何召下第后归蜀》）段成式《酉阳杂俎续集》载成都有东市、西市，杜光庭《道教灵验记》载成都有新南市、新北市，从中可以看出当时成都的商贸十分活跃。

　　江南经济的繁荣发展，离不开三点优势。第一，江南地区有着良好的自然条件和相对平稳的社会环境。江南地区土壤肥沃，气候温和潮湿，河流纵横交错，交通发达，没有受到安史之乱的影响，这些条件都为工商业的繁荣发展创造了良好的基础和环境。第二，人口向南迁移的数量不断增加，为南方带来了许多新的劳动力资源，并推动了南方商业的繁荣。具体表现在，在平定安史之乱后，唐朝政府管辖内的户籍数大幅减少，而南方的主要州郡的户籍数却大幅增加，如在开元时期，唐朝政府掌握的户籍数有 7 417 185 户，到了元和时期只有 2 368 775 户，其中户籍数下降最严重的地区就是关内道、河南道、河北道等地。另外，在元和时期，宋州（今河南商丘）的户数仅为开元时期的 1/20。而鄜州（今陕西富县）的户数仅是开元时的 1/40。而南方的许多城市的户数都在不断增加，如广州增加了 15%、苏州增加了 48%、洪州增加了 64%、鄂州增加了 100%、吉州增加了 19%。第三，江南地区出现了庞大的消费阶层，这直接促进了城市与经济的繁荣发展。在古代，中国城市中的人口大多都是商人、军队、城市手工业者、官员，以及为政府机构服务的各色徭役，但是在唐五代时期的江南地区城市中，不仅有这些人口，还有一些富豪、文人、停职官员、北方士大夫、妓女等人口，这些人口不仅数量大，并且还有着大量的财富。他们在江南地区比较富裕的城市生活，并且其生活十分奢侈，他们的消费极大地刺激着江南城市的经济发展，影响着城市的风俗习惯。总的来看，在唐代中后期，南方社会相对安定，水路和陆路交通畅通，商品交易繁荣，导致城市和市镇的兴起，使它们之间的联系更加紧密。并且这些城镇之间主要通过水运建立了紧密的城市网络，这为宋代后期城市经济的蓬勃发展奠定了扎实的基础。

第三章　唐宋文化的瑰宝——诗词文化

（二）夜市与早市中的城市市场繁荣

1. 夜市

唐代为市集活动制定了相关制度，通常情况下，白天要在击鼓之后才能进入市集，到了傍晚，则要在击钲之后散去。并且为了保障城内的安全，城防会规定在早晚期间不得进行贸易往来。这一制度一直持续到唐代中期，之后，随着市坊制的逐步瓦解崩塌，夜市与早市应运而生，并且在时间方面不会受到相关制度的限制。东汉时期已经出现过朦胧中的夜市，据西汉末东汉初年桓谭记载："扶风漆县之邡亭，部言本大王所处，其民有会日：'相与为夜市，如不为，则有重灾咎。'"唐代中叶以后，随着商业的繁荣，夜市在全国各地相继发展起来。《长安志》卷8载崇仁坊"一街辐辏，遂倾两市，昼夜喧呼，灯火不绝，京中诸坊，莫之与比"。在文宗时代，长安坊出现了不守规则的现象，即白天还没有击鼓，就已经进入了市集；在傍晚击钲之后，还有部分人没有散去。在武宗即位之后，为了解决这一现象，他在开成五年（840年）颁布了一项法令，要求禁止夜市，但这项法令并没有得到执行，也没有发挥实际作用，夜市仍然存在，并且还在不断发展壮大。不仅长安有夜市，就连其他地方也出现了夜市，如汴梁"水门向晚茶商闹，桥市通宵酒客行"（王建《寄汴州令狐相公》）。南方地区夜市更为普遍，"沿溜入阊门，千灯夜市喧"（卢纶《送吉中孚》），描绘的是楚州的夜市；"夜市卖菱藕，春船载绮罗"（杜荀鹤《送人游吴》），描绘的是苏州的夜市。"夜市连铜柱，巢居属象州""蛮声喧夜市，海色浸潮台"（张籍《送郑尚书出镇南海》）描绘了广西夜市的热闹场面。扬州的夜市更是热闹非凡，"夜市千灯照碧云，高楼红袖客纷纷。如今不似时平日，犹自笙歌彻晓闻"（王建《夜看扬州市》）。有的地方也称夜市为"鬼市"，如"腥臊海边多鬼市，岛夷居处无乡里。黑皮年少学采珠，手把生犀照咸水"。（施肩吾《岛夷行》）从上可以看出，文献记载中的夜市以南方地区为多，正好从一个侧面反映了唐代中后期南方经济的繁荣。

2. 早市

唐代早市不像夜市如此普遍，但已经开始出现了。成都"月晓已开花市合，江平偏见竹篱多"（萧遘《成都》），天刚刚亮，花市就已经开始营业了。夔州的早晨亦是一番忙碌的景象，"晓樯争市隘，夜鼓祭神多"（司空曙《送夔州班使君》）。白居易《食笋》诗云："此州乃竹乡，春笋满山谷。山夫折盈抱，抱来早市鬻。物以多为贱，双钱易一束。"描写了一位农夫来早市出售农产品的情形。

唐代出现的夜市与早市，能够反映出这一时期全国各地的市场贸易都在不断发展。并且随着商品经济繁荣发展，市场的交易时间也在不断延长，这也标志着唐代中后期商业范围在不断扩大。

二、唐诗与农村经济

有了商品生产、社会分工，才会有市场，有了市场，才会有商品贸易。并且随着商品经济的产生，国内市场也逐渐形成并发展起来，同时国内市场的发展水平还取决于社会分工的精细程度。在经历了长时期的发展后，最终在唐代形成了较为完善且有各种层次与功能的市场体系，并且它还在进一步发展。随着城市经济的发展，其对周边地区的经济也产生了一定的影响，还形成了各种形式的集市，这些集市是各地农村商品经济发展的直接产物。值得注意的是，这些集市是自发形成的，汇集了大量的商品，通过这些集市能够看出唐代的商品经济发展十分繁荣。

（一）唐诗与农村市场概况

不同的市场有着不同的称谓，这主要是由地域、交易时间和商品种类决定的。北方通常将市场称为集、市，而两广地区则通常将之称为墟。

1. 草市

草市是一种非正式的市场，其出现的时间最早可以追溯到东晋南朝时期，它主要出现在交通要道地区、水陆津渡地区，以及有着频繁的人员往来的商旅地区。《水经注·淝水注》云："淝水左渎，又西经石桥门北，亦曰草市门。"又《太平寰宇记》卷90《升州上元县》载，古建康县，晋咸和中"有七部尉……南尉在草市北"。到了隋唐时期，南北各地的草市都逐渐发展了起来，但是北方的草市并不多，直至唐代中叶，其数量才逐渐增多。根据史料《长安志》的第11卷记载，太平驿就设立在万年县城东的草市中。《唐会要》卷71云，德州安德县，"有灌家口草市一所"。五代后周太祖广顺二年（925）敕："诸州镇郭，下及草市，见管属省店宅、水磑，委本处常切管句，其征纳课利，不得亏失……所有货卖宅舍，仍先问见居人……其两京城内及草市屋舍店宅，不在此例。"[①]根据以上材料可以得出，北方草市在当时就已经大量出现了。

最早在东晋南朝时期，江淮一带就已经出现了草市，并且到了唐代，其数量更多。如青弋江有"村边草市"，茶山下有水口草市（杜牧《题茶山下水口草市》），成都附近的"青城山前后，……唯草市药肆"。"野市鱼盐隘，江村竹苇深"（耿𣏌《登钟山馆》），这是位于润州上元县东北钟山附近的草市。淮阴附近，"鱼盐桥上市，灯火雨中船"（温庭筠《送淮阴孙令之官》）。"宝历中，荆州有庐山人，常贩桡朴石灰，往来于洑白南草市。"郑谷在川东山峡内，"夜船归草市，春步上茶山"（郑谷《峡中寓止》）。彭州（四川彭州市）知事吴行鲁呈报获得批准，在唐昌县建德乡设置草市，"自此四方来者旋踵而连迎，中望者举目而知归，老幼携挈，倏忽而至，万家欢笑，其事修

---

① 傅璇琮. 五代史书汇编［M］. 杭州：杭州出版社，2004：2184.

106

营，不循日而告就。今则百货咸集，蠡类莫遗，旗亭旅舍，翼张鳞次，榆杨相接，桑麻渐繁"。需要注意的是，这里的草市并不是群众自发形成的，而是在官方审批通过之后才设立起来的，这一草市的设立是合法的。草市的设立能够促进当地的经济发展，通过顾况的《青弋江》中的"村边草市桥，月下罟师网"可以看出，在江中捕获的鱼，只有在草市中才贸易流通。

亥市是通过交易时间来命名的，即只有在亥日才出现。在白居易的诗中就所体现，即"亥日饶虾蟹""亥市鱼盐聚"。（白居易《东南行一百韵》《江州赴忠州》）除此之外，还有根据市场的交易地点来命名的，如水市、沙市、山市等。

2. 墟市

墟市这一称谓主要在两广地区使用，主要指的是岭南农村、乡镇的集市。关于"墟市"这一称谓，在相关文献有部分解释。屈大均《广东新语》卷二认为："粤谓野市曰虚，盖市之所在，有人则满，无人则虚。满时少，虚时多，故曰虚也。"《元和郡县补志》卷八，"潘州"条引《北户杂录》云："有历仙虚，潘茂真人烧丹处，南人呼市为虚，今三日一虚。"宋吴处厚《青箱杂记》云："岭南谓村市为虚。"《舆地纪胜》卷104，容州记载："十道志，呼市为虚，五日一集。"由此可知，墟市可能三天一次或五天一次。这里以广西为例，在唐代商品经济发展之下，广西的墟市也在逐步发展，并形成了商品贸易的市场，主要出现在交通要道附近。柳宗元《柳州峒氓》诗描写了柳州的墟市："郡城南下接通津，异服殊音不可亲。青箬裹盐归峒客，绿荷包饭趁虚人。"王建《南中》诗云："天南多鸟声，州县半无城。野市依蛮姓，山村逐水名。"诗中提到的"野市"指乡村野外集市，即"墟市"，有时亦称"僚市"。唐刘恂《岭表录异》"僚市"一节称："夷人通商于邕州石溪口，至今谓之僚市。"僚、蛮、夷是唐人对岭南一带少数民族的泛称。因为墟市上有许多少数民族百姓，故而称为"蛮市""僚市"。

3. 专门性市场

在农村地区，还形成了专门用于售卖当地特产的集市，并且这种集市根据售卖物品命名，如药市、蚕市、鱼市、金市等，其中蜀地的蚕市最为著名。《五国故事》卷上记载："蜀中每春三月，为蚕市，至时货易毕集。阛阓填委，蜀人称其繁盛。"成都沿秋门内"严真观前蚕市，有村夫鬻白虾蟆"。唐诗中亦有多处反映，如"蚕市归农醉，渔舟钓客醒"。蚕市也设有酒肆，人们可以在此畅饮。"蚕市初开处处春，九衢明艳起香尘。"（眉娘《和卓英英锦城春望》）

鱼市就是卖鱼的集市，其通常临水建立。"沙边贾客喧鱼市，岛上潜夫醉笋庄。"（方干《越中言事二首》）"浪没货鱼市，帆高卖酒楼。"（虚中《泊洞庭》）"城边鱼市人早行，水烟漠漠多棹声。"（张籍《泗水行》）以上诗句将鱼市的繁华景象描述了出来。鱼市中还设有许多类型的商铺，不仅有卖鱼的商铺，还有卖酒的商铺。此外，在早市的各种商品交易中，鱼市就已经出现了。

（二）唐诗与农村市场特点

根据上述分析，这些市场有几个共同特点，一是它们都靠近居民区，为当地居民提供了方便的消费和经营场所。二是会定期举办市集，举办的频率根据各地具体情况而定，可能是每三天或每五天一次。三是市场通常选址于交通繁忙的区域，例如交通要道或者水陆交通便捷的地方，因为这里的人流量较大，能够更好地促进商品交易和运输。比如在王建的《江陵即事》这一诗中，就有"蜀女下沙迎水客，巴童傍驿卖山鸡"的描述，从这句诗中可以看出该集市设立在驿站旁，这是因为驿站的人流量较大，并且还会有官员在此进行消费，在这一背景下，附近的人们就会在此地售卖剩余的产品，进而逐渐形成了集市。

从集市经营者的视角来看，市场中较为活跃的卖家大都是半农半商型。从市场售卖的商品来看，主要有粮食、手工品、鱼虾、家禽等，这是自给自足的小农经济的一种补充。如"竹船来桂浦，山市卖鱼须"（张籍《送海南客归旧岛》）；"中妇桑村挑叶去，小儿沙市卖莼归"（皮日休《西塞山泊渔家》）；"南市津头有船卖"（杜甫《春水生二绝》）。同时，在集市中，售卖的商品通常是当地特产，并且与当地农业经济的发展有着密切的联系。例如，在湖州的水口草市位于湖州的茶山下面，因此该集市中主要以茶叶为售卖商品；而南方临近湖泊的草市靠近水源，有着丰富的海产品，因此，该集市中主要以鱼盐为售卖商品。农村出现的一些初级市场中能进行商品交易与售卖，因此不仅能促进当地农产品的流通，同时还能增加当地农民对相关经济作物的种植数量。在集市中，除了售卖当地的特产，还售卖从外地或者海外运输过来的特产、高档物品等，例如在王建的《汴路即事》中就有所体现，即"草市迎江货，津桥税海商"。

另外，还需要认识到由于每个地方的经济发展水平不同，其农村市场的发展也不均衡。例如，在水乡、平原和南方地区农村市场更为繁荣，而偏僻的山区受交通和自然环境等因素影响，农村市场相对冷清。而发达地区，即使是在乡村，其市场也会有夜间贸易，这在白居易的《望亭驿酬别周判官》中的"灯火穿村市，笙歌上驿楼"诗句中有所体现。

而一些山区因人口稀少，市场交易结束很早。如"山县早休市"（杜甫《倚仗》），"忠州三峡内，井邑聚云根。小市常争米，孤城早闭门"（杜甫《题忠州龙兴寺所居院壁》）。另外，蚕市、鱼市、橘市等专门性市场受农业季节性制约，与草市的常年交易有很大区别。

综上所述，各类农村市场的存在与发展，有效推动着农村经济逐渐向专业化、商品化发展。随着草市的日益发展，对周边经济的影响渐渐扩大，部分草市发展到后来升为镇、县，成为一方的政治、经济中心。草市打破了乡间定期集市的封闭状态，形成了商品内引外泄开放性市场；也打破了"非州县之所不得置市"的规定，适应了城乡之间商品交换不断发展的客观需求，成为唐代中期以后新兴的商品交易场所和商业集中地。

第三节　宋代宫廷词与宋代宫廷文化

一、宋代宫廷对词曲功能的多重需求

在宋代的社会环境中，词曲是一种重要的休闲娱乐工具，既是宴饮聚会中的活跃元素，同时也在文人士大夫的笔下成为表达情感的艺术媒介。宫廷作为象征权力与尊贵的场所，其需求则更为多元，既需要世俗欢愉的词曲来丰富娱乐生活，又需要能歌功颂德的词曲以彰显政治理念。因此，词曲在宫廷中承载了娱乐、赞美、歌颂等多种文化使命，扮演着多重社会角色。

当然，宫廷中用于娱乐消遣的词曲，也会沾染上浓厚的政治色彩，歌功颂德的词曲也不乏歌唱娱乐功能，这种社会文化功能的区分是相对的。

宋代帝王有时借词曲这种文学样式抒情寄意，并非为了游乐和美颂，如徽宗皇帝作《醉落魄》词悼念明节皇后，北行途中作《燕山亭》等词。由于这类作品较少，这里暂不展开论述。

（一）娱乐：宫廷世俗生活的消遣

1. 游赏宴乐之需

追求感官享乐是人的本能。晚唐五代，曲子词是人们花间樽前娱宾遣兴的娱乐工具，身处五代乱世的小朝廷的君主们和宫廷文人更是沉迷于歌舞享乐之中，借此麻醉自我和躲避现实。如前蜀后主王衍就喜好艳冶小词，沉溺于歌舞酒色，其《醉妆词》云："者边走，那边走，只是寻花柳。那边走，者边走，莫厌金杯酒。"[1]南唐后主李煜亡国前的词作也多是描写自己歌舞享乐的宫廷豪侈生活。乱世的享乐不免带有及时行乐的畸形心理色彩，在宋代，社会的"太平"状态为最高统治者创造了更丰富的享乐条件和合适的借口。

北宋皇室举办宴会和游乐活动时通常会有歌舞节目。《青箱杂记》卷五记载，宋真宗在夜宴中酒兴高涨，让夏竦作一首新词以增添欢乐氛围：

"景德中，夏公初授馆职，时方早秋，上夕宴后庭，酒酣，遽命中使诣公索新词。公问：'上在甚处？'中使曰：'在拱宸殿按舞。'公即抒思，立进《喜迁莺》词曰：'霞散绮，月沉钩。帘卷未央楼。夜凉河汉截天流。宫阙锁新秋。瑶阶曙。金茎露。凤髓香和云雾。三千珠翠拥宸游。水殿按凉州。'中使入奏，上大悦。"

清秋岁时、王朝气象、天子风流在这首词中都很好地表现出来，宫廷宴乐活动被写得和煦从容，无怪乎皇帝大悦。仁宗也曾因宫廷宴乐需要下令征集臣属进词，《鹧鸪天·碧藕花开水殿凉》就是晏几道奉仁宗的命令写的一首词。《唐宋诸贤绝妙词选》卷三载有该词本事："庆历中，开封府与棘寺同日奏狱空，仁宗于宫中宴集，宣晏叔原作此，大称上意。"[2]

南宋时宫廷经常安排宴会和游玩，让文人即兴创作诗句，供宫人演唱。南宋后期陈世荣曾记录其父陈郁在理宗朝参加宫中游宴时被委派创作新词的情况：

庚申八月，太子请两殿幸本宫清霁亭赏芙蓉木犀。韶部头陈盼儿捧牙板歌"寻寻觅觅"一句。上曰："愁闷之词，非所宜听。"顾太子曰："可令陈藏一即景撰快活《声声慢》。"先臣再拜承命，五进酒而成，二进酒，数十人已群讴矣。天颜大悦，于本宫官属支赐外，特赐百匹。……明年四月九日，储皇生辰，令述《宝鼎现》，俾本宫内人群唱为寿，上称得体。……又明年，

---

① 黄勇. 唐诗宋词全集 第 1 册 [M]. 北京：北京燕山出版社，2007：24.
② 薛泉. 宋人词选研究 [M]. 哈尔滨：黑龙江人民出版社，2010：104.

赐永嘉郡夫人全氏为太子妃。赐宴毕，太子妃回宫，令旨俾立成《绛都春》，家宴进酒……

歌妓陈盼儿在皇帝等人观赏花卉时演唱了李清照的《声声慢》，这无疑无法为当时的娱乐活动增添更多愉悦氛围；陈郁根据当时情形所作的"欢乐版"《声声慢》《宝鼎现》《绛都春》等作品，则流露出欢愉和谐的气息，恰到好处地为宫廷宴会增添了喜庆氛围。

2. 俳谐调笑之需

自古以来，中国的皇家宫廷中不乏能言善辩的宫廷艺人，他们凭借机智风趣的方式，既可为帝王带来欢笑，亦能在嬉笑间传达深意。西汉时期，东方朔的才情与智慧就充分体现了这一点。到了宋朝，一些帝王对于诙谐幽默的诗词有着特殊的偏爱，比如宋徽宗时期，曹组、张衮臣等俳谐词人因其独特的谐趣作品而备受宠爱，得以在宫廷内供职。正是为了迎合君主的兴趣，这些大臣在与君王的交谈和奏对中，通常会巧妙地融入幽默元素，以此取悦龙颜，甚至借此机会进行含蓄的劝谏。

徽宗曾戏问著名道士张继先所携带的葫芦为何不开口（据张继先《点绛唇》序），张继先作《点绛唇》词答曰："小小葫芦，生来不大身材矮。子儿在内，无口如何怪。藏得乾坤，此理谁人会。腰间带，臣今偏爱。胜挂金鱼袋。"①徽宗的问话带有调侃戏谑的成分，张继先以同样的语调写词作答，无疑能博取皇帝的欢心。另据章定《名贤氏族言行类稿》载：

曹元宠，善为谑词，所著《红窗迥》者百余篇，雅为时人传颂。宣和初召入宫，见于玉华阁。徽宗顾曰："汝是曹组耶？"即以《回波词》对曰："只臣便是曹组，会道闲言长语。写字不及杨球，爱钱过于张补。"帝大笑。球、补皆当时供奉者，因以讥之。

---

① 黄勇. 唐诗宋词全集 第 1 册［M］. 北京：北京燕山出版社，2007：3058.

曹组通过这首富有幽默感的《回波词》赢得了皇帝的喜爱，同时也含有讽刺。徽宗朝还有一位邢俊臣，他以"性滑稽，喜嘲咏"著称，敢于公开地通过俳谐词来讽刺皇帝和权臣。

有些侍臣会有意地献上幽默诙谐的话语，从而取悦皇帝。比如有一位叫康与之的宫廷词人，他曾经写过一首谐谑的词，就让高宗皇帝心情成功地"多云转晴"。《岁时广记》卷三五引《荆楚岁时记》载："康伯可在翰苑日，常（尝）重九遇雨，奉诏撰词，伯可口占《望江南》一阕进，上为之启齿。"《望江南》词云：

重阳日，四面雨垂垂。戏马台前泥拍肚，龙山路上水平脐。淹浸倒东篱。茱萸胖，黄菊湿漓漓。落帽孟嘉寻箬笠，漉巾陶令买蓑衣。都道不如归。

因为阴雨，传统的登高游赏等重阳节日活动受到影响，皇帝庆祝节日的愉悦心情也被破坏，康与之察言观色，琢磨皇帝的心思，写了些滑稽幽默的词句逗他开心，成功地消除了皇帝的"坏情绪"。

（二）美颂："太平盛世"的颂歌

宋代宫廷词除了作为休闲娱乐的艺术形式，还承载着深刻的政治内涵，扮演着"美颂"者的角色。中国封建社会，以儒家思想为主导，视音乐为维护社会秩序和道德教化的关键元素。正如汉代学者董仲舒所言："王者功成作乐，乐其德也。"通过音乐来弘扬政绩，彰显政治清明和君主的高尚品德，以此深入人心，巩固政权的稳定。儒家的"美刺"观念，即通过艺术作品赞美的同时讽喻，是文学创作的重要原则，也是创作者在政治活动中立足的根本。宋代儒学繁盛，国家的繁荣昌盛，为歌颂性文艺创作提供了肥沃土壤。宫廷词应运而生，它们旨在歌颂帝王的圣德和太平盛世。然而，在实际创作中，宫廷词更侧重于"美刺"中的"美"，过于强调歌功颂德，有时甚至因太过夸张而演变成阿谀恭维之辞。

北宋王朝成功终结了五代时期战争频繁、社会动荡的局面，最高统治者刻意展现出与民众共乐的态度，通过赏灯、赠礼等节日活动营造欢乐祥和的氛围，使人们共同庆祝太平时代的到来。如太宗雍熙元年（98）十二月二十一日，"御丹凤楼观酺，召侍臣赐饮。自楼前至朱雀门张乐，作山车、旱船，往来御道。又集开封府诸县及诸军乐人列于御街，音乐杂发，观者溢道，纵士庶游观"①。"上元前后各一日，城中张灯，大内正门结彩为山楼影灯，起露台，教坊陈百戏。天子先幸寺观行香，遂御楼，或御东华门及东西角楼，饮从臣，四夷蕃客各依本国歌舞列于楼下。东华、左右掖门、东西角楼、城门大道、大宫观寺院，悉起山棚，张乐陈灯，皇城雉堞亦遍设之。其夕开旧城门达旦，纵士民观。后增至十七、十八夜。"在真宗朝后期与仁宗朝期间，民间词人柳永以其独特的才情和敏锐的洞察力，通过词作将当时城市生活的繁华景象和太平盛世的欢乐氛围展现得淋漓尽致。祝穆《方舆胜览》引范镇之语云："仁宗四十二年太平，镇在翰苑十余载，不能出一语咏歌，乃于耆卿词见之。"柳永还抓住时机多次向最高统治者进献颂美词章，希求获得赏识和提拔，以打开仕进之路。（据杨湜《古今词话》载，柳永作有祝仁宗圣寿的《醉蓬莱》词；又据吴熊和《柳永与宋真宗"天书"事件》一文考辨，柳永在真宗、仁宗两朝都有进献、应制之作）。

除了文人自愿向朝廷献上歌颂功绩的词作，朝廷还设立了专门的音乐机构，以满足最高统治者炫耀功绩和掩盖现实问题的政治需要。徽宗崇宁四年（1105）设立了一个专门负责音乐事务的部门——大晟府，它的主要功能就是"功成作乐"，以彰显繁荣太平之景。《碧鸡漫志》卷二载，万俟咏"政和初，召试补官，置大晟乐府制撰之职。新广八十四调，患谱弗传，雅言请以盛德大业及祥瑞事迹制词实谱。有旨依月用律，月进一曲"②。《铁围山丛谈》卷二载：江汉"为大晟府制撰使，遇祥瑞时时作为歌曲焉"③。大晟府肩负

①（清）宋继郊；王晟等. 东京志略［M］. 开封：河南大学出版社，1999：167.
②《文学论集》编委会. 中国文学的文化思考［M］. 北京：人民日报出版社，2000：335.
③ 张惠民. 宋代词学资料汇编［M］. 汕头：汕头大学出版社，1993：99.

着制订新乐、颁布乐律、传授音乐技艺、创作与整理曲谱以及撰写歌词等职责，并聚集了众多擅长音律的词人，其中包括周邦彦、万俟咏、晁端礼、晁冲之、徐伸、田为等，他们均先后在此担任重要职务。大晟词人为了迎合当权者的要求，曾经创作了许多言辞夸张、奉承虚饰的词篇。

在"靖康之变"之后，宋朝皇室南渡至东南一带，建立了南宋小朝廷，尽管国家已经岌岌可危，然而，出于维护统治阶层利益的需要，御用文人仍创作了不少歌功颂德、粉饰太平的词作，满足统治者的虚荣心理，并巩固其地位和权威。如宫廷词人康与之的《瑞鹤仙·上元应制》词云："瑞烟浮禁苑。正绛阙春回，新正方半。冰轮桂华满。溢花衢歌市，芙蓉开遍。龙楼两观。见银烛、星球有烂。卷珠帘、尽日笙歌，盛集宝钗金钏。堪羡。绮罗丛里，兰麝香中，正宜游玩。风柔夜暖。花影乱，笑声喧。闹蛾儿满路，成团打块，簇着冠儿斗转。喜皇都、旧日风光，太平再见。"①

这首词描绘和展示了上元节禁苑和皇城中热烈欢乐的气氛，旨在赞美宋王室南渡后带来的国家所谓的"太平盛世"，这无疑是最高统治者喜闻乐见的词作。

宋代宫廷词主要在宋代宫廷创作并流行，是由皇帝、王室成员和宫廷文人所撰写的，以展现宫廷生活、宫廷文化及其相关思想情感为主要内容题材的词作，带有较突出的宫廷文化的特色，也蕴含着很丰富的宫廷生活相关的信息。

二、宋代宫廷词的内容题材及其文化意蕴

宋代宫廷词的内容题材与宋代宫廷生活联系紧密，是宋代宫廷文化选择的结果。有些宫廷词描绘了朝廷的举措和宫廷的活动，带有明显的政治意味。如柳永的《玉楼春》《巫山一段云》等词，所写的内容与真宗"天书"事件

---

① 杨万里. 草堂诗馀［M］. 武汉：崇文书局，2017：209.

密切相关，是柳永早年进献之作；又如晁端礼《鹧鸪天》10首，内容涉及徽宗朝修新乐（"大晟箫韶九奏成"）、铸九鼎（"九鼎神金一铸成"）、举祭祀（"翠华脉脉东封事"）、报祥瑞（"朔方诸部奏河清"，"玉芝生，包茅三脊已充庭"）、传捷报（"边陲来奏捷书频"）等诸多政治时事。有些宫廷词的创作，则主要出于宫廷享乐生活的需要，具有强烈的享乐性质。如活跃在高宗、孝宗朝的宫廷词人曹勋、康与之、曾觌、史浩、张抡等，常于皇帝游赏宴乐时应制助兴。当然，大多数宫廷词是政治色彩与享乐性质兼而有之的。帝王的歌词创作总体上表现出较强的娱乐性，以满足其本能的享乐需求。但帝王也是人，他们不可能完全摆脱尘世俗情，同时还有常人无法替代与体验的独特生活与情感。如徽宗悼念明节皇后的《醉落魄》，被俘后所作的《燕山亭》《眼儿媚》都写得凄婉动人；高宗的一组《渔父词》，写得清新潇洒，颇具隐逸风姿，也是宫廷词中不可多得的佳作。

在宋代 280 余首宫廷词中，寿圣词、节序词、游宴词各有 70 余首，占宫廷词总数的四分之三，集中地体现了宫廷词的主要题材取向。帝王虽然也作有一些节序、游宴词，但他们抒写自我情感和身世遭遇的作品，在宫廷词中别具特色和魅力，所以单独表出。下面分别就这四类词作进行考察与论析。

（一）寿圣词

所谓寿圣词，是用来为帝王后妃祝寿的词作，是寿词的一种。寿圣词的创作与两宋时期宫廷中祝寿仪式的流行息息相关。

宋代流行祝寿风气，这与当时的社会经济基础、社会意识形态、社会心理等有密切的联系。在宋代，皇宫举行寿宴的规模达到了前所未有的程度。皇帝和一些皇太后的生日被称为"圣节"，引发了全国范围内盛大的庆祝活动。圣节期间在宫廷主要举行盛大仪式、进奉、宣饮、赏赐等活动。《东京梦华录》《梦粱录》《武林旧事》分别记述了徽宗天宁节、度宗乾会节、理宗天基节庆典的盛大规模和多姿多彩的文艺演出表演，从这些描述中可以对圣节的主要内容有初步的了解。每逢圣节，宫中乐工歌妓致语奏乐，歌舞相庆，所歌多为朝臣所进寿曲、寿词。宫廷活动之外，"州郡遇'圣节'锡宴，率命猥妓数十群舞于庭，作'天下太平'字"[①]。在州郡举办的圣节庆祝活动的歌舞宴会上，也有人创作并演唱寿词。

两宋诸帝后的圣节名称如下：宋太祖赵匡胤，长春节（二月十六日）；宋太宗赵光义，乾明节，又改寿宁节（十月七日）；宋真宗赵恒，承天节（十二月二日）；宋仁宗赵祯，乾元节（四月十四日）；皇太后刘氏，长宁节（正月八日）；宋英宗赵曙，寿圣节（正月三日）；宋神宗赵顼，同天节（四月十日）；宋哲宗赵煦，兴龙节（十二月八日）；太皇太后高氏，坤成节（七月十六日）；宋徽宗赵佶，天宁节（十月十日）；宋钦宗赵桓，乾龙节（四月十三日）；宋高宗赵构，天申节（五月二十一日）；宋孝宗赵眘，会庆节（十月二十二日）；宋光宗赵惇，重明节（九月四日）；宋宁宗赵扩，天佑节，改瑞庆节（十月十九日）；宋理宗赵昀，天基节（正月五日）；宋度宗赵禥，乾会节（四月九日）；宋恭帝赵显，天瑞节（九月二十八日）。

北宋宫廷寿圣词有 10 余首。如丁谓《凤栖梧》（十二层楼春色早），柳永《送征衣》（过韶阳）、《御街行·圣寿》《永遇乐》（薰风解愠），晏殊《喜迁莺》（风转蕙）、《喜迁莺》（歌敛黛），张先《庆同天》（海宇），杜安世《临江仙》（太史占天云物好），葛胜仲《醉蓬莱·天宁节作》，王安中《徵招调中腔·天宁节》等词，都是为庆祝皇帝寿辰而作。由于祝寿内容题材的规定性，寿词带有喜庆色彩和祝颂性质，寿圣词更是如此，并且带有浓厚的宫廷色彩。如柳永的《御街行·圣寿》："燔柴烟断星河曙。宝辇回天步。端门羽卫簇雕阑，六乐舜韶先举。鹤书飞下，鸡竿高耸，恩霈均寰宇。赤霜袍烂飘香雾。喜色成春煦。九仪三事仰天颜，八彩旋生眉宇。椿龄无尽，萝图有庆，常作乾坤主。"[②]

① 吴企明. 王建《宫词》研究五稿［M］. 苏州：苏州大学出版社，2018：76.
② （宋）柳永；全丽娜. 乐章集［M］. 江苏凤凰文艺出版社，2019：222.

词作描绘了宫廷庆典活动，重在渲染圣节喜庆祥和的气氛，祝颂帝王"椿龄无尽""常作乾坤主"。晏殊《喜迁莺》词中也有"共祝尧龄万万""圣寿祝天长"之类的欢呼。

南迁后，宋代宫廷举行寿宴的风气更加普遍，在孝宗时期达到顶峰。《武林旧事》卷一载："寿皇圣孝，冠绝古今，承颜两宫，以天下养，一时盛事，莫大于庆寿之典。……淳熙三年，光尧圣寿七十，预于旧岁冬至加上两宫尊号，立春日行庆寿礼。至十三年，太上八十，正月元日再举庆典。"①孝宗亲率太子皇孙及文武百官为太上祝寿。宫廷举办寿宴的传统，促进了宫廷寿乐的创作和兴盛。据周密《武林旧事》卷七载，淳熙三年为庆祝太上皇天申节、皇太后诞辰、孝宗会庆节，教坊乐工新创制进献了《万岁兴龙曲》《十色菊》《千秋岁》《会庆万年薄媚》等祝寿乐舞曲调。周密曾"偶得理宗朝禁中寿筵乐次"，并把它们详细罗列出来，整个寿筵凡行酒四十三盏，奏乐五十六曲，其中如《碧牡丹慢》《上林春》《庆千秋》《柳初新》《齐天乐》等，均为宋代歌曲词调。在此背景下，南宋寿圣词的创作繁荣异常，曹勋作为其中翘楚，贡献了令人瞩目的 25 篇作品。他的寿圣词敬献对象涵盖了皇帝、皇太后、皇后、贵妃以及太子等，无论是应制之作还是敬献的祝寿词，都反映出那个时代的宫廷礼制。这些诗词在当今的阅读意义或许不大，但无疑是宋代宫廷祝寿仪式的生动记录。

祈求寿考富贵，是寿词创作的直接目的。帝王作为封建王朝的最高统治者和主宰，已经坐享富贵，天下的长治久安和自己的长生是他们最为关心的问题，所以寿圣词与一般的寿词有所不同，词作中往往有意歌颂帝王的圣德大业和天下太平的盛世景象，并且泛滥着"万岁""万万岁"的欢呼。

---

① （宋）周密；（明）朱廷焕增补；周膺，吴晶点校. 增补武林旧事 ［M］. 北京：当代中国出版社，2014：7.

（二）节序词

节日是社会风俗的重要组成部分。宋词中有不少表现岁时节序的作品，称为节序词。宫廷词中也有不少节序词，其中以元宵词和中秋词最为惹人注目。

正月十五为元宵节，元宵节又称上元节或元夕。元宵节是宋代官方规定的最为热闹的节日之一。宋代统治者敏锐地把握了元宵节这一重要节日，巧妙地利用盛大的庆典活动，积极传递"与民同乐"的治国理念，旨在营造国家繁荣昌盛、社会和谐稳定的良好氛围。太祖赵匡胤平定天下后宣布："上元张灯，旧止三夜，今朝廷无事，区宇乂安，方当年谷之丰登，宜纵士民之行乐，其令开封府更放十七、十八两夜观灯。"① 仁宗在一次元夕御楼观灯时谓大臣云："朕非好游观，与民同乐耳。"徽宗上位后元宵节时，汴京灯山上更是挂有"宣和与民同乐"的金书大牌，皇帝亲自到宣德楼观灯，"楼下用枋木垒成露台一所，……教坊、均容直、露台弟子，更互杂剧。近门亦有内等子班直排立。万姓皆在露台下观看，乐人时引万姓山呼"② 。皇帝有时还举行金杯赐酒的活动，万俟咏《凤凰枝令》词序云："景龙门，古酸枣门也。自左掖门之东为夹城南北道，北抵景龙门。自腊月十五日放灯，纵都人夜游。妇女游者，珠帘下邀住，饮以金瓯酒。有妇人饮酒毕，辄怀金瓯。左右呼之，妇人曰：妾之夫严，今带酒容，何以自明？怀此金瓯为证耳。隔帘闻笑声曰：与之。"③ 《宣和遗事》的记载更富有故事色彩：这位窃杯女子还在徽宗面前即席作《鹧鸪天》《念奴娇》二词，皇帝听后，高兴地把金杯赏赐给了她。南宋临安元宵灯节，"大率仿宣和盛际，愈加精妙"。因为在宋代，宫廷非常重视元宵节，所以在 70 首宫廷节序词中，元宵词有 50 余首。

---

① 申士曮，傅美琳. 中国风俗大辞典［M］. 北京：中国和平出版社，1991：397.

② 齐森华，陈多，叶长海. 中国曲学大辞典［M］. 杭州：浙江教育出版社，1997：819.

③ 黄勇. 唐诗宋词全集 第 7 册［M］. 北京：北京燕山出版社，2007：3073.

在元宵节的时候，皇帝有时会兴高采烈地创作诗词。徽宗写有《满庭芳》《金莲绕凤楼》《小重山》三首元宵词，生动描绘了丰富多彩的节日活动和充满喜庆气氛的景象，同时也充分展现了帝王气象。如其《满庭芳》词序云："上元赐公师宰执观灯御筵，遵故事也。卿初获御座，以《满庭芳》词来上，因俯同其韵以赐。"词云："寰宇清夷，元宵游豫，为开临御端门。暖风摇曳，香气霭轻氛。十万钧陈灿锦，钧台外、罗绮缤纷。欢声里，烛龙衔耀，黼藻太平春。灵鳌，擎彩岫，冰轮远驾，初上祥云。照万宇嬉游，一视同仁。更起维垣大第，通宵宴、调燮良臣。从兹庆，都俞庚赓载，千岁乐昌辰。"①

《岁时广记》卷十引《岁时杂记》云：宣和间，上元赐观灯御筵，范左丞致虚进《满庭芳慢》一阕。徽宗此词与范致虚的《满庭芳》词韵相同，可知徽宗此词当是范致虚进词时的赐作。

元宵节更少不了臣下的应景应制之作，如柳永的《倾杯乐》是宋代宫廷词中较早的元宵应制作品，词云："禁漏花深，绣工日永，蕙风布暖。变韶景、都门十二，元宵三五，银蟾光满。连云复道凌飞观。耸皇居丽，嘉气瑞烟葱蒨。翠华宵幸，是处层城阆苑。龙凤烛、交光星汉。对咫尺鳌山、开羽扇。会乐府、两籍神仙，梨园四部弦管。向晓色、都人未散。盈万井、山呼鳌抃。愿岁岁，天仗里、常瞻凤辇。"②

这首词以华丽精致的辞藻描绘了节日的喜庆和欢乐气氛，再现了当时宫廷和帝京的节日盛况。柳永以后的元宵应制词，如丁仙现《绛都春·上元》，蔡京《桃源忆故人·丙申岁闰元宵应制》，赵仲御《瑶台第一层·上元扈跸》，范致虚《满庭芳慢》（紫禁寒轻），万俟咏《雪明鹅鹊夜慢》（望五云多处春深）、《醉蓬莱》（正波泛银汉），连仲宣《念奴娇》（暗黄着柳），曹勋《东风第一枝·元夕》《武陵春·禁中元夕》，康与之《瑞鹤仙·上元应制》《汉宫春·慈宁殿元夕被旨作》，朱雍《瑶台第一层·上元扈跸同宗室仲御作》等

---

① 周振甫. 唐诗宋词元曲全集 唐宋全词 第 3 册［M］. 合肥：黄山书社，1999：808.

② （明）陈耀文. 花草粹编［M］. 保定：河北大学出版社，2007：925.

大多描述京城和皇宫中灯火辉煌、人们欢聚游玩的热闹场面，展现了宋王朝和平繁荣的景象。还有一些无名氏的元宵词，如《献仙桃》《惜奴娇》《万年欢》是宫廷用于上元灯节的大曲；《鹧鸪天·上元词》组词15首，细致地描写了汴京和宫廷中的庆赏活动，以及"君王喜与民同乐"的盛世景象。

宋代宫廷节序词中有近10首中秋词，也比较有特色。中秋节是中华民族的传统节日，历史悠久，承载着深厚的文化内涵。在这一天，人们通过赏月、宴饮等方式，表达对家乡和亲人的思念之情，祈愿团圆美满。《东京梦华录》载北宋汴京"中秋夜，贵家结饰台榭，民间争占酒楼玩月。近内庭居民，深夜遥闻笙竽之声，宛若云外。闾里儿童，连宵嬉戏。夜市骈阗，至于通晓。"《梦粱录》载南宋临安中秋之时，"王孙公子，富家巨室，莫不登危楼，临轩玩月，或开广榭，玳筵罗列，琴瑟铿锵，酌酒高歌，以卜竟夕之欢。至如铺席之家，亦登小小月台，安排家宴，团圆子女，以酬佳节。虽陋巷贫窭之人，解衣市酒，勉强迎欢，不肯虚度。此夜天街卖买，直至五鼓，玩月游人，婆娑于市，至晓不绝。盖金吾不禁故也"。在皇宫中，与民间一样，也有赏月宴会的风气，不过宫廷的宴会庆典规模要宏伟壮观得多，展现出独特的皇家风采。如万俟咏《明月照高楼慢·中秋应制》。

在宫廷节序词中，描绘元宵和中秋的词作占据了主导地位，这恐怕与其浓厚的欢庆色彩密不可分。这种欢喜和谐的节日气息正巧契合了皇家意图塑造的"天下太平"理想国度的政治愿景。表现清明、寒食节的词作只有寥寥数首，大约由于寒食、清明节处在仲春，缺少喜庆欢快的情调。又如七夕节，由于牵牛、织女的故事带有悲剧色彩，宫廷词中几乎没有七夕词作。

（三）游宴词

寿圣词、节序词中虽也有游赏宴乐活动的描写，但它们往往与礼仪庆典或时序节日紧密相连，而游宴词则侧重表现帝王游赏宴乐的休闲生活。帝王在繁重的政务之余，也渴望短暂的逸乐时光，那些轻松愉悦的宫廷游宴活动恰好迎合了他们的娱乐追求。作为活动的核心，帝王不仅亲身参与诗词创作，以抒发情感，还常常指令文人墨客即兴赋诗，以此为宴会增色添趣。

徽宗的 12 首词作，除了《醉落魄》悼亡词和被俘后的《眼儿媚》《燕山亭》外，主要描绘的是宫廷生活中的娱乐活动。如《探春令》一词写宫廷赏花与宴饮："帘旌微动，峭寒天气，龙池冰泮。杏花笑吐香犹浅。又还是、春将半。清歌妙舞从头按。等芳时开宴。记去年，对着东风，曾许不负莺花愿。"①

词的结尾将时光回溯到"去年"，去年的游赏时光是如此优游欢快，并约定今年春来时"不负莺花愿"，可以看出徽宗沉溺于宫廷享乐和歌舞升平的生活。又如《声声慢·春》一词表现春日帝京的游赏景象："宫梅粉淡，岸柳金匀，皇州乍庆春回。凤阙端门，棚山彩建蓬莱。沈沈洞天向晚，宝舆还、花满钧台。轻烟里，算谁将金莲，陆地齐开。触处笙歌鼎沸，香鞯趁，雕轮隐隐轻雷。万家帘幕，千步锦绣相挨。银蟾皓月如画，共乘欢、争忍归来。疏钟断，听行歌、犹在禁街。"②词中表现了帝京"触处笙歌鼎沸"的热闹繁华，无疑徽宗认为自己治下乃是真正的太平盛世。

宋代宫廷的游宴活动，常伴歌舞助兴，少不了对词曲的需求。如真宗夕宴酒酣，向词臣索"新词"，夏竦进《喜迁莺》；仁宗于宫中宴集，宣晏几道撰《鹧鸪天》；孝宗奉太上皇游赏，曾觌、张抡应制作《阮郎归》《柳梢青》诸词。下面，我们试以宋代宫廷的赏花、赏雪、观潮等游赏活动为例，来进一步展示宫廷游宴词的创作情况。

宫廷词中有近 30 余首咏花词，涉及夹竹桃、牡丹、芙蓉、海棠、芍药、荼蘼、木香、梅、杏、桂、茶等花卉植物，其中描写较多的为牡丹（6 首）、芙蓉（3 首）、梅（3 首）、杏（3 首）数种花卉。咏花词的创作与宫廷赏花活动密切相关。

---

① 高守德，迟乃义. 历代词曲一万首 上［M］. 石家庄：花山文艺出版社，1997：461.

② （新加坡）谢世涯. 南唐李后主词研究［M］. 上海：学林出版社，1994：227.

康与之的《舞杨花》，堪称宫廷咏花词的代表："牡丹半坼初经雨，雕槛翠幕朝阳。娇困倚东风，羞谢了群芳。洗烟凝露向清晓，步瑶台、月底霓裳。轻笑淡拂宫黄。浅拟飞燕新妆。杨柳啼鸦昼永，正秋千庭馆，风絮池塘。三十六宫，簪艳粉浓香。慈宁玉殿庆清赏，占东君、谁比花王。良夜万烛荧煌。影里留住年光。"①

这是一首以牡丹为题的词。作者巧妙地运用了拟人的艺术手法，生动形象地刻画了雨后牡丹的娇媚神态，以及牡丹与宫女竞艳的景象，字里行间洋溢着浓厚的奢华与风雅气息。其他的咏花词，还有曹勋《风流子·海棠》《蜀溪春·黄海棠》《夹竹桃花·咏题》《浣溪沙·赏丹桂》。

（四）帝王词

宋代帝王大多具有较好的文学艺术修养，如徽宗就是一位天分极高的艺术家和诗人。徽宗擅长作词，《能改斋漫录》云："徽宗天才甚高，于诗文外，尤工长短句。"②由于帝王的词曲创作比宫廷文人少了应制的外部要求，易于写出具有真情实感的作品。帝王虽然也具有丰富细腻的情感体验，但其抒写自我性情的词作往往作于重大变难时期，如徽宗、钦宗的某些词作即如此。这些抒写性情的词作虽然为数不多，但在宋代宫廷词中别具特色，具有一定的艺术价值。

徽宗虽为风流天子，也有深情的一面，其《醉落魄·预赏景龙门追悼明节皇后》是一首悼亡词，写得哀婉动人："无言哽噎。看灯记得年时节。行行指月行行说。愿月常圆，休要暂时缺。今年华市灯罗列。好灯争奈人心别。人前不敢分明说。不忍抬头，羞见旧时月。"③

明节皇后生前深得徽宗宠幸，"朝夕得侍上，擅爱颛席，嫔御为之稀进"。

① 姚康铃. 两宋词律集萃［M］. 成都：巴蜀书社，2014：520.
② 蔡骏. 宋词名家集评［M］. 合肥：合肥工业大学出版社，2014：160.
③ 黄勇. 唐诗宋词全集 第 7 册［M］. 北京：北京燕山出版社，2007：3099.

她去世后，"帝悼之甚，后宫皆往唁，帝相与啜泣"。徽宗节日观灯，睹物思人，月圆依旧，而伊人已逝，双双赏灯的美好时光只能在记忆之中寻觅。词作充满物是人非的伤悼之感。"无言哽噎""人前不敢分明说""不忍抬头，羞见旧时月"诸句，都写得极为诚挚哀痛，堪称宋代悼亡词中的佳作。

宣和七年（1125）冬，徽宗因金兵入侵而匆匆出逃，途经亳州，作《临江仙·宣和乙巳冬幸亳州途次》一词，抒写亳州旅途的感受："过水穿山前去也，吟诗约句千余。淮波寒重雨疏疏。烟笼滩上鹭，人买就船鱼。古寺幽房权且住，夜深宿在僧居。梦魂惊起转嗟吁。愁牵心上虑，和泪写回书。"①

终年生活在九重深宫的帝王走出宫廷和帝京，看到了另一番开阔的自然景象，他诗兴大发，"吟诗约句千余"。但艰危的时势，迫使帝王如同常人一般，在"幽房""僧居"里忧愁落泪。

靖康变难，徽宗由帝王沦为囚徒，生活环境急遽变化，其凄苦怨愁的体验不同于常人，表现亡国愁苦与囚徒凄怨的《燕山亭》《眼儿媚》是其代表作品。如《燕山亭·北行见杏花》云："裁剪冰绡，打叠数重，冷淡燕脂匀注。新样靓妆，艳溢香融，羞杀蕊珠宫女。易得凋零，更多少、无情风雨。愁苦。闲院落凄凉，几番春暮。凭寄离恨重重，这双燕，何曾会人言语。天遥地远，万水千山，知他故宫何处。怎不思量，除梦里、有时曾去。无据。和梦也有时不做。"②

此词创作于宋徽宗被俘往北方之际，背后隐藏的是他流离失所时的心境。开篇即以杏花为引，将之比作洁净如玉、妆容娇艳的佳人，词句婉约，形象生动；随后笔触一转，描绘杏花遭受风雨摧残后的哀愁与无奈，寓言式地反映出王朝的衰败和个人的不幸，深深蕴含了词人的内心苦楚。词的下阕情感进一步深化，由杏花的凋零过渡到个人的离愁，层次分明，情感愈发悲切。词人感叹燕子不解人意，无法承载他沉重的离别之情，而对故乡的思念

---

① 周振甫. 唐诗宋词元曲全集 唐宋全词 第3册［M］. 合肥：黄山书社，1999：808.

② 李兴盛. 历代东北流人诗词选注［M］. 哈尔滨：黑龙江大学出版社，2014：5.

只能寄托于梦境之中，遥不可及，但近来连梦也不做，真令人肝肠寸断，绝望至极。此词情感发自肺腑，写得纡徐顿挫，具有感人的艺术魅力。王国维评价说："后主之词，真所谓以血书者也。宋道君皇帝《燕山亭》词亦略似之。"①徽宗还有《眼儿媚》一词，作于流放途中。胡沙万里，"家山"难觅，词人只能凄凉地回味着往昔"琼林玉殿，朝喧弦管，暮列笙琶"的"帝王家"生活；当年的富贵繁华恍如一梦，词人只能在悲苦的羌笛《梅花》怨曲中煎熬着痛苦的时光。

第四节　宋代僧词与宋代佛教文化

一、宋代僧词创作的文化背景与发展概况

（一）宋代僧词产生的文化背景

宋代的佛教在统治阶级的扶持下发展迅速，宋太祖、太宗、真宗、仁宗都对佛教的发展给予了大力的支持。我们可以从下面一组数字中看到宋代佛教兴盛的景象。据《宋会要辑稿·道释》一之一三记载，"国初"，天下"僧尼六万七千四百三人"，到真宗天僖五年，"僧三十九万七千六百一十五人，尼六万一千二百三十九人"②。又据《襄陵文集》卷四记载，北宋末，"天下僧与在籍而未受度牒者，又有田园力役之隶，合集不减百万"③。可见宋代佛教队伍之壮大，佛教势力之显赫。

就教派发展而言，宋代禅宗和净土宗最为盛行。禅宗是佛教与中国传统

① 王国维. 人间词话［M］. 长春：吉林人民出版社，2018：24.
② 李致忠. 古籍版本知识500问［M］. 北京：北京图书馆出版社，2001：234.
③ 万钧. 南宋社会文化面面观［M］. 成都：电子科技大学出版社，2015：80.

文化交融的结果。它以教外别传直指本心的简单法门与实践精神，与其他恪守印度佛教教义的流派形成了显著差别。其理论与佛教追求解脱的基本价值取向是一致的，但同时又摒弃了传统佛教繁冗的经典和复杂的修行方法，满足了中国社会各层次群体的需要，特别是中国士大夫阶层的需要。禅宗在中国经过达摩、慧可、僧璨、道信、弘忍五位祖师的思想酝酿时期，在唐代发展成熟，在五代形成了法眼、云门、沩仰、曹洞、临济五宗，加上宋代从临济宗中分化出来的黄龙、杨歧两派，合称"五宗七派"，这五宗在教义上没有太大的区别，只是修行方式有所不同，其中云门宗和临济宗影响最大。云门宗出现了重显、契嵩两位大师；临济宗出现了善昭、克勤、惠洪等大师。宋代的士大夫所习之禅大抵不离云门和临济两家。如苏轼与云门宗禅师大觉怀琏、云居了元、玉泉承皓、慧林宗本、道潜等交往密切，而黄庭坚则与临济宗的祖心禅师及悟新、惟心禅师等相与交游，这样的例子在宋代甚多，不胜枚举。

宋代禅宗在延续唐代禅宗的传统的同时，还有一些新的发展。通过"代别""颂古""拈古""评唱""击节"等"文字禅"的形式，将禅宗独特的思维方式发展到了一个更高的层次。所追求的解脱之道，尤为注重不离世间、即心即佛的宗教理念。这一理念着重强调内在的心灵体验，将对外在天堂的追求转化为内在的心理调适。在此过程中，重视个体内在的修行与体悟，以达到心灵的净化与超越，实现了"以儒治国、以佛治心"。这种更为通脱的教义使佛、儒得到了更好的融合，一方面使禅僧们进一步士大夫化，另一方面使禅宗在士大夫中广为流行，促进了士大夫与禅僧们广泛而密切的交往。而士大夫是宋词的主要创作者和传播者，他们对词的喜爱、创作和传播，也必然影响到空门中的朋友。可见，正是儒禅的进一步融通，使佛教与宋词之间的沟通有了一个更好的载体。

在宋代，净土宗也广泛传播并产生显著影响。净土宗的教义相对于禅宗更易于理解和践行，声称只要口头念诵佛号，死后就能转生到西方净土，所以对身处社会底层的劳苦大众来说，有一种很强的吸引力。此外，在宋代，净土信仰已经成为各个佛教宗派信徒之间的共同信仰。净土宗因为以口宣佛号为主要修行方式，且教义十分简单，所以十分注重唱颂，而词也正好为佛教徒唱颂提供了一个很好的工具。

源起于隋唐，经晚唐五代的初步发展，词在进入宋代这个新的历史阶段以后，作为宋代社会的一种流行文化而呈现出空前繁荣的局面。它作为一种配乐歌唱的流行音乐，广泛流行于民间市井、文人阶层以至宫廷官府，无论是帝王将相、文人雅士，还是青楼歌妓、贩夫走卒，都非常喜欢并积极地参与词的创作和传播。面对如此广泛的流行性和传播性，佛教徒也不禁把词作为一种宣教悟道的工具与载体。词作为一种以抒情为主的音乐文学样式，在内容题材和艺术风格等各方面，在宋代社会得到了开拓与变革。晚唐五代词坛的主流，乃是以婉约柔美的风情为主的艳词。宋代词人在此基础上进行了创新性的改造。他们创作了大量情感真挚、韵味悠长的爱情词，极大地丰富了古代诗歌在爱情题材方面的表达，有效弥补了相关领域的不足。另外，苏轼、辛弃疾等著名词人更将宋词发扬光大。宋词题材之丰富，基本与诗歌相当，既有咏物之作，亦不乏咏史、怀古之篇，更有描绘边塞、送别、田园、山水之篇章，乃至隐逸、言志、哲理之深思。凡此种种，皆成宋词之独特风貌，几乎达到了"无意不可入"的境地。宋词的艺术风格，体现了兼容并蓄、博采众长的特点，既注重婉约细腻的表达，又倡导豪放奔放的创作，追求清新自然与浓丽绚烂的和谐共存。正是宋词强大的抒情功能为佛教徒开辟了一种新的宣教途径、悟道领域和抒情方式，而宋代文人在词的内容题材和艺术风格上的拓展也为佛教向词的渗透提供了良好的契机。

僧词就是在这两种文化的相互渗透下产生的。它既是宋词中一个有机的组成部分，同时也具有自己特殊的文化内涵。通过僧词，我们不仅可以窥见佛教徒所特有的生活环境、思想意识、审美情趣，而且还可以看到佛教文化与当时社会各个文化层面的相互渗透，以此来丰富我们对宋代社会文化的整体认识。

（二）宋代僧词创作的发展概况

僧词的创作，在唐五代时期，就已经开始。较早的僧词创作，当推中唐之际释德诚的《拨棹歌》。释德诚，生卒年不详，蜀东武信（今四川遂宁）人。早年入澧州药山，从惟俨禅师学禅，与道吾宗智禅师、云岩昙晟禅师为同道之交，俱为惟俨禅师之法嗣。后以"率性疏野，惟好山水，乐情自遣，无所能也"，遂离药山，至秀州华亭，"泛一小舟，随缘度日，以接四方往来之者。时人莫知其高蹈，因号船子和尚"。文宗大和、开成年间（827—840），覆舟入水而逝。船子和尚今存《拨棹歌》一组凡 39 首，为宋吕益柔辑入石刻，元释坦又依石刻辑入《机缘集》。吕益柔跋云："云间船子和尚法嗣药山，飘然一舟，泛于华亭吴江朱泾之间，夹山一见悟道。尝为《拨棹歌》，其播传人口者才一二首。益柔于先子遗编中得三十九首，属词寄意，脱然迥出尘网之外，篇篇可观，决非庸常学道辈所能乱真者。因书以遗风泾海惠卿老，俾镵之石，以资禅客玩味云。"①关于这组《拨棹歌》，宋金时期有人以为是诗体，但亦多有称之为"渔歌"者。今人考察这组《拨棹歌》39 首中有 36 首与中唐张志和《渔父》体相同，故怀疑它就是《渔父》词（后题名为《渔歌子》）；或以为《拨棹歌》即《教坊记》"曲名"表所记之《拨棹子》。总之，今人大致多信其为曲子词体，故《全唐五代词·正编》收入了这组《拨棹歌》。从内容题材看，这组《拨棹歌》"皆咏渔人生活而寓以释道玄理"，既与张志和《渔父》同开唐宋词中隐逸词之先河，也堪称是早期僧词的代表作。

唐五代的僧词更多的还是保存在敦煌写卷中。王重民先生在其所辑录的《敦煌曲子词集》的"叙录"中曾经指出："今兹所获，有边客游子之呻吟，忠臣义士之壮语，隐君子之怡情悦志，少年学子之热望与失望，以及佛子 讚

---

① 王兆鹏. 唐宋词汇评 唐五代卷［M］. 杭州：浙江教育出版社，2004：57.

颂，峤医生之歌诀，莫不入调。"①所谓"佛子之讚颂"，即指佛教歌辞。在任二北先生所编著的《敦煌歌辞总编》中，即收有大量的佛教歌辞，粗略统计，大约有 686 首。在这些佛教歌辞中，作品主要为《五更转》《十二时》《百岁篇》《悉昙颂》《归去来》《行路难》六个篇名中，关于这六个篇名是否为曲名或词调，学术界尚存在较大的分歧；另有部分作品是用《杨柳枝》《望月婆罗门》《苏幕遮》三调创作的，大致应属于曲子词的范畴；其余作品则多为失调名，性质也不甚确定，可能也包含一些词作在内。这些佛教歌辞所用曲调，有的可能来源于佛教音乐，如《十二时》可能就是在北魏白马寺僧宝公所造《十二辰歌》的基础上，吸收龟兹乐加工改造而成的新乐曲；有的则借用了当时的"教坊曲"，即唐代的流行歌曲或俗曲，如《望月婆罗门》《苏幕遮》等，即见载于唐崔令钦《教坊曲》"曲名"表，也有的是由佛曲采制加工而来的。在这些唐五代敦煌写本佛教歌辞中，有宣传佛教基本教义的作品、表现佛教本生故事的作品，还有宣传禅宗和净土宗的教义的作品，有相当一部分属于偈赞歌辞。在宣传禅宗的作品里，又以表现南宗"心空无住""无念无思"之作品为多。此外，还有大量的宣传净土宗的作品等，兹不一一赘述。这些敦煌佛教歌辞在艺术风貌上较为质朴、俚俗，既不能与同时代已趋于精妙成熟的僧诗相比，也与同时期的民间词和文人词有所不同，但它们仍然反映了早期僧词创作的一些基本特征。

僧词发展到宋代，较之唐五代已呈现出明显的繁盛与成熟的景象。这首先表现在作品数量的增多。据《全宋词》统计，宋代僧词的创作数量约有 149 首，另有存目词 20 首。这个数量看起来不及敦煌写本中所保存的佛教歌辞多，但敦煌写本所载佛教歌辞的性质较复杂，其中属于曲子词性质的作品只占极少数，而宋代僧词则皆属性质确定的词体范畴。其次表现为创作队伍比唐五代更为壮大。仅据《全宋词》收录的词人来看，属于词僧的有：寿涯禅

① 吴肃森. 敦煌歌辞通论［M］. 合肥：黄山书社，2010：132.

师、圆禅师、则禅师、了元、祖可、仲殊、惠洪、法常、晦庵、可旻、净圆等十余人，其中仲殊、惠洪等人的词最为人称道。明杨慎《词品》卷二评曰："宋人小词，僧徒惟二人最佳，觉范之作类山谷，仲殊之作似花间，祖可、如晦俱不及也。"[①]认为在宋代词僧中当推觉范（即惠洪）、仲殊二人最优秀，这应该是符合实际的中肯评价。其三表现在词体词调的运用更为熟练。从宋代词僧所使用的词调来看，较唐五代僧人所使用的词调明显增多。他们共使用了 41 个词调。与唐五代僧人那样大量使用宗教乐曲或与宗教有关的乐曲不同，宋代词僧不仅使用了一些与宗教有关的乐曲来填入与宗教有关的内容，还使用了许多与宗教无关而为文人词中大量使用的词调，来表现与宗教无关的内容。其中以《渔家傲》《满庭芳》二调使用频率较高，多用来宣传教义和述法悟道。其余也多为流行于宋代文人词中使用较为普遍的词调，如《浣溪沙》《鹊踏枝》《西江月》《鹧鸪天》等，还有文人词中也较少用到的词调，如《金蕉叶》《永同欢》等。这些词调以小令居多，而慢词较少。由此可见，宋代的僧人在词体词调的运用方面已达到了相当熟练的程度。

宋代僧词的发展繁荣，更主要的还是体现为整体的艺术水平的提升。就发展历程和艺术演进而言，宋代僧词大致与宋代文人词的发展繁荣同步共进。宋初词坛沉寂，僧人也极少参与创作。《全宋词》中宋初未收入一首僧词。到北宋中后期，宋代社会相对安定，社会经济发达，宋词创作进入繁荣兴盛的时期，不论是帝王将相、文人雅士，还是贩夫走卒、乐工歌妓，都踊跃地参与到词的创作与消费中来，僧侣也参与其中并创作了不少较优秀的作品。仲殊、惠洪就是其中的佼佼者。宋代僧词的创作在北宋中后期进入了繁荣时期，较之唐五代的僧词，无论是内容、风格还是艺术表现上，都有明显的发展。就内容而言，宋代僧词已不仅仅是唐五代僧人们用来宣传佛教教义的工具了，而是参禅悟道、写景咏物、抒情言志，无所不能，词体已成为他

---

① 张葆全；王昶. 中国古代诗话词话辞典［M］. 桂林：广西师范大学出版社，1992：641.

们表现情感和体验生活的一种方式，因而内容也变得更为丰富多彩。就风格而言，唐五代的僧词风格较为单调，而宋代的僧词随着内容题材的丰富，风格也变得多样化了，有清静空灵的禅词，有超旷豪迈的怀古词，还有婉转细腻的情词等。就艺术表现形式而言，唐五代的僧词表现出质朴、俚俗的特征，而宋代僧词则表现出一种精妙、雅致的艺术风貌，与当时高度发展的文人词不相上下。到了南宋，社会变得动荡不安，僧词失去了相对安定的创作环境，创作数量较少，且内容较为单一，多为传教悟道之词，艺术成就也不及北宋中后期。因此，考察宋代僧词，以北宋中后期的僧词创作成就最高，也最具代表性。

二、宋代僧词的内容题材及其文化蕴涵

宋代僧词由僧侣阶层所创作，其艺术风格中必然渗透着深厚的佛教文化特色。然而，值得注意的是，宋代词僧群体并非与世隔绝，而是与文人士大夫保持着紧密的互动，甚至部分词僧原本即为文人。因此，在情感表达上，宋代僧词时常突破佛教制约，展现出多元而深沉的情感。总的来说，宋代僧词蕴含着丰富多样的文化意蕴。为了进行有序探讨，我们将采取基于主题内容分类的方法来进行深入剖析。

（一）宣传佛教思想的佛曲词

在唐五代敦煌写本中，已出现了大量僧人创作的宣传佛教教义的佛教歌辞，尽管其中属于性质明确的词体的作品还很有限，但可以看出僧侣阶层已经开始以词这种新兴的音乐文学形式作为传教的工具了。到了宋代，词已发展成一种更为成熟、更为流行的文学样式，其传播范围之广和速度之快远远超出了唐五代，也因此更加受到僧人们的重视和喜爱，他们把唐五代时期词的传教功能继承下来，使词成为一种佛教传播的媒介和载体。我们可以称这类旨在传教的词为"佛曲词"。

这些"佛曲词"主要宣传佛教两个方面的内容：第一方面的内容是渲染现世之苦，赞扬净土之乐。佛教中认为人自出生在尘世就如入苦海，而苦海无涯，人若不破除执念，就会经受苦难。而如何摆脱痛苦呢？佛教中的净土一派就主张一心向佛，清修无为，往生西方净土。西方净土就是佛教徒毕生梦寐以求的彼岸世界，那里才能脱离人世的苦难，才是人的乐园。北云禅师净圆写了十二首《望江南》，其中六首皆以"娑婆苦"三字为起句，其词旨就是要描绘人在尘世中的种种苦难。"娑婆"一语，在佛教中就是大千世界的总称。这六首词将"娑婆苦"一一道来，如描写投胎为人是苦：

娑婆苦，长劫受轮回。不断苦因离火宅，只随业报入胞胎。辜负这灵台。朝又暮，寒暑急相催。一个幻身能几日，百端机巧衮尘埃。何得出头来。

争名夺利是苦：

娑婆苦，身世一浮萍。蚊蚋睫中争小利，蜗牛角上窃虚名。一点气难平。人我盛，日夜长无明。地狱争头成队入，西方无个肯修行。空死复空生。

男女情爱是苦：

娑婆苦，情念骤如风。六贼村中无暂息，四蛇箧内更相攻。谁是主人公。无慧力，爱网转关笼。一向四楞低搭地，不思两脚欲梢空。前路更匆匆。

后面还一一写了生老病死是苦、名利成空是苦等等，无非宣传人生所追求的都是梦幻，七情六欲、功名利禄都是过眼云烟。在渲染了种种现世之苦之后，净圆又赞扬了种种净土之乐。他的另外六首《望江南》就是宣扬净土的快乐，故首句皆以"西方好"三字为定格。兹举二首为例：

"西方好，琼树耸高空。弥覆七重珠宝网，庄严百亿妙华宫。宫里众天童。金地上，栏楯绕重重。华雨飘飘香散漫，乐音嘹亮鼓清风。闻者乐无穷。"

"西方好，七鳖宝成池。四色好华敷菡萏，八功德水泛清漪。除渴又除饥。池岸上，楼殿势飞翚。碧玉雕栏填玛瑙，黄金危栋间玻璃。随处发光辉。"

他极力渲染净土景色之优美、环境之清幽、宫殿之华丽、音乐之美妙，简直就是一片和平安详、快乐幸福的"净土"。此外，北山法师可旻，也写下了一组二十首的《渔家傲·赞净土》。在词调词题之下，他还写了一段文字较长的词序，兹摘录如下："我家渔父，不比泛常。一丈六之身材，三十二之相好。说聪明也，孔仲尼可齐肩；论道德也，李伯阳故应缩首。绝伦武略，独战退八万四千魔兵；盖世良才，复论败九十六种外道。拱身誓水，坐断爱河。披忍辱之蓑衣，遮无明之烟雨。慈悲帆挂，方便风吹。撑般若之扁舟，游死生之苦海。誓山月白，觉海风清。钓汩没之众生，归涅槃之篮笼。如斯旨趣，即是平生。……"①

从这篇词序可以看出，可旻不仅将佛祖形象地比作"渔父"，而且对佛教极尽颂扬之能事，甚至鼓吹佛教高于儒、道二家。在二十首词作中，可旻更是对净土宗大加赞誉，在艺术表现上也主要是从净土景色之优美、环境之清幽，对比人世之苦难与社会之丑恶来加以描写的。

"佛曲词"宣传佛教思想的第二方面的内容，就是劝人修道崇佛。有奉劝世人要戒杀生的。佛教为在家弟子制定了五戒，即不杀生、不偷盗、不邪淫、不妄语、不饮酒。如了元的《满庭芳》写道："鳞甲何多，羽毛无数，悟来佛性皆同。世人何事，刚爱口头浓。痛把群生割剖，刀头转、鲜血飞红。……零炮碎炙，不忍见渠侬。喉咙。才咽罢，龙肝凤髓，毕竟无踪。谩赢得、生前夭寿多凶。奉劝世人省悟，休恣意、激恼阎翁。轮回转，本来面目，改换片时中。"②鲜明生动地描写和阐述了杀生的危害。也有奉劝世人要知足常乐的，如晦庵的《满江红》既反对道士的采药访仙，也反对儒生的汲汲名利，劝人要知足寡欲。

纵观唐宋两代宣传佛教的僧词，有一些较明显的共同特点，那就是在思想内容上多宣传佛教的基本教义；在表达方式上，更偏向于简洁明了的短语；在艺术表现手法上，通常使用联章体式，展现出一定的叙事性；大多数语言

① 蔡镇楚，龙宿莽. 唐宋诗词文化解读［M］. 北京：北京图书馆出版社，2004：131.

② 赵瑞娟，赵志策，马凤娟. 世俗性的宋代佛像雕刻研究［M］. 北京：中国广播电视出版社，2015：95.

风格比较简单直接，带有口语化的特点。之所以如此，个中原因不难理解。世俗化是唐宋佛教发展的一个基本趋势。佛教在与中国文化的冲突和磨合中，逐渐成为一种与中国文化相适应的中国化的佛教。而中晚唐兴起的禅宗特别是南宗，为佛教的中国化开辟了崭新的道路。南宗力倡明心见性、即心即佛、不立文字、教外别传的宗旨，讲求顿悟，将传统的佛教三藏搁在一边。这种简易的修行方式，不用钻研繁难的经典戒律，使佛教的教义为广大下层人民所接受。南宗的创始人惠能就是一位不识字的砍柴人。所以，为了使佛教的教义深入广大人民群众中去，其宣传自然而然地要通俗易懂。而唐宋最为盛行的净土宗，以专念阿弥陀佛、死后往生西方净土为特色，其修行方法简易通俗，更使它在广大民众中有着深厚的社会基础。所以，当非常世俗化了的佛教僧侣们运用本来就是通俗歌曲的词体文学作为传教工具时，其在艺术表现和文化品位上趋于通俗、世俗，也就是自然而然的事情了。

当然，宋代词僧所作的宣传佛教的"佛曲词"，与唐五代同类作品相比有许多不同之处，这与宋代佛教发展所体现的时代特色是密切相关的。

从内容来看，宋代词僧所作宣传佛教的"佛曲词"，较之唐五代同类歌辞较宽泛的内容而言，显得更为单调而集中，很少有直接宣传禅宗基本教义的词作，而多为宣传净土宗思想的词篇，如净圆有十二首对比写"娑婆苦"与"西方好"的《望江南》，北山法师可旻有"赞净土"的《渔家傲》二十首，即典型代表。这与唐宋两代禅宗与净土宗的发展历程和不同特色是颇有关系的。

宋代佛教以禅宗和净土宗最为盛行。禅宗在宋代已经发展得相当成熟，不再需要普及性的宣传方式。而且宋代禅宗较之唐五代禅宗而言已不可同日而语，已由农禅发展成为士大夫禅。中晚唐的禅宗队伍是比较接近民众的，且宣传的对象大多为下层民众。当年弘忍、惠能都是在远离权力中心的僻远地区活动的，此时禅宗思想反权威的特色是很明显的。在教义上，提出了"平常心是道"和"不立文字"的语言观。"神通妙用，运水搬柴"，马祖门下庞蕴居士的这两句偈语充分说明了禅宗的宗教实践观。行住坐卧、应机接物、穿衣吃饭莫非佛道，这意味着禅宗抛弃了"藉教悟宗"的精神，无视王公贵族的青睐。在僧人制度的管理上，百丈怀海《古清规》规定了"作名"，即参加劳动的制度，提出一日不作一日不食，禅师们游行于民间以求生。而在后人记载早期禅宗的诸多公案中也可窥见一种自耕自足、自证自悟的农禅精神。香岩智闲芟草击竹而悟，船子和尚月夜垂钓而归，"铁磨老枯牛""赵州大萝卜头"等诸多公案，都与农业劳动有着密切的关系。牧牛、渔夫成为禅宗偈颂中反复出现的人物和主题，也成为禅宗自由无碍、唯心任运生活的象征，这正是农禅精神的集中体现。这一传统也一直影响着唐宋僧人的文学创作，如唐代就有船子和尚德诚所写《拨棹歌》三十九首，用"钓鱼"的过程比喻"修禅"的过程。后来《渔家傲》一调也成为僧人们用得最多的词调，仅宋代僧人用《渔家傲》一调作词的就有三十四首。不仅僧词如此，宋代文人词中也喜用《渔家傲》来表现自己遗世独立、淡泊孤高的生活态度。还有把"牧牛"过程比作修心的过程，以牛喻五根，人喻比丘。在禅宗盛行的时期，这一典故曾被广泛运用，在禅宗的公案、语录中都随处可见。

但这种农禅从中晚唐开始慢慢发生了变化，禅宗开始成熟，出现了五家七宗的多元局面。禅宗大部分都依附于地方权势之下，例如临济宗在镇州得到割据军阀王氏一族的支持，法眼宗则受到南唐李氏、吴越钱氏的庇护。到北宋，禅师与权贵文人的交往更是比比皆是，参禅学佛成为一种社会风气，许多朝廷重臣和文坛领袖都热衷释典，禅宗的信仰者和修习者由劳动人民渐渐变为士大夫阶层。特别是熙宁以后，据《嘉泰普灯录》《五灯会元》《居士分灯录》《居士传》等典籍记载，在热衷或修习禅宗的文人士大夫中，仅位至宰辅（宰相、参知政事、枢密使、枢密副使或同等职务）的就有富弼、赵抃、张方平、文彦博、欧阳修、司马光、吕公著、王安石、吕惠卿、苏辙、张商英、吴居厚、张浚、徐俯、李纲、李邴、钱端礼等数十人，其中虽然不乏灯录作者拉名人壮声势的情况，如欧阳修、司马光很难说是禅宗信徒，但

第三章 唐宋文化的瑰宝——诗词文化

也有真正深入研究禅学的居士，如富弼、张方平、王安石、张商英、李纲等人。另外，在北宋后期，诗坛的领袖苏轼、黄庭坚、陈师道等人，均与佛禅保持着紧密的关联。禅宗队伍的基本结构和禅师的文化素质也发生了变化。特别是北宋中叶以来，随着儒禅的交流和融合，宋代的文化慢慢走上复兴的道路，禅宗队伍的基本结构也发生了改变。前面说过，禅宗开始是十分接近民众的，禅师的文化素质比较低，但到了北宋中叶，在禅宗队伍中，很多禅师都已经士大夫化了，他们大部分是文采风流的博学之士。善于写诗的如宋初的九僧，北宋中后期的秘演、道潜（参寥子）、清顺、仲殊、思聪、文莹、惠洪、饶节及南宋的文简等；善书画者如仁济、巨然、令宗、居宁、慧崇、觉心、继绍、宝月等，都是当时驰名文坛艺坛的人物。

可见，到了宋代，禅宗的传播者和接受者都已经不再是文化水平较低的劳动者，而是有文化、精通典籍的博学之士，他们已不需要用通俗浅显的歌词形式来宣传和学习禅宗的基本教义，而是换了另一种方式也就是禅道词来参禅悟道。所以，在北宋僧词中宣传禅宗基本教义的作品也就比较少见了。

那么，为何宋代宣传净土宗思想的僧词创作非常兴盛呢？这与净土宗在北宋发展兴盛的背景是分不开的。净土宗一开始即以专念阿弥陀佛、死后即可往生西方净土的简易法门，而对下层民众具有很大的吸引力。到了宋代，净土信仰又进一步成为各派佛教徒共同的信仰，净土宗与禅宗并列为宋代最有影响力的宗派。禅宗本来是反对经教迷信的，但到了北宋中后期，禅宗已失去了早期自由活泼的禅风，转而与低俗的净土宗信仰相互调和，如法眼宗禅师永明延寿（904—975）著《宗镜录》，调和禅宗与华严宗教义，"举一心为宗，照万法如镜"，同时又重视净土法门。云门宗在北宋兴盛一时，其代表人物天衣义怀、圆照宗本、长芦宗颐等，都是禅净双修。志磐作《佛祖统记》的《净土教志》时，宋代75人被列入《往生高僧传》，其中各派名僧都有。可见，僧净合一、台净合一在宋代已蔚然成风。净土宗在北宋盛极一时，且在下层民众中有着深厚的群众基础，所以也十分重视在下层人民中的宣传。而词在北宋也已成为一种颇受社会各阶层喜爱的音乐文学形式，既便于歌唱，也易于吟诵，正好与净土宗所提倡和运用的唱颂口号的修行方式合拍，所以被僧人们借用来宣传净土宗思想，也就不是什么奇怪的事情了。

在艺术表现上，宋代宣传佛教教义的佛曲词较之唐五代的同类歌辞也更为成熟。首先表现在对词调词体的熟练运用。如可旻的《渔家傲》二十首，从词体看，不仅标示了"赞净土"的词题，而且在词题下还有一段词序，这在唐五代僧词中是比较少见的。不仅如此，可旻之作共二十首，明显具有组词的特色。从体式结构来看，每一首词前都有一首七言绝句加以引导，然后接以正文，词在引诗的基础上进一步地展开，每首之间层层递进，结构完整。由此可见，可旻对词调词体的掌握和运用已经达到了相当熟练的程度。其次表现在艺术技巧上，喜用对比、递进、铺陈等手法。如净圆的《望江南·娑婆苦》六首，从投胎为人之苦开始，到争名夺利、男女情爱、纵欲之苦，生老病死、荣华富贵转眼成空之苦，层层递进，把人世间苦难表现得淋漓尽致；其《望江南·西方好》六首写净土之乐，一首一片净土，一首一重美境，层层铺开，美不胜收。他们还喜用对比的手法，如净圆的十二首《望江南》，前六首《娑婆苦》与后六首《西方乐》形成鲜明的对比，更突出了尘世之苦和净土之乐，使读者感受到较强的震撼。又如可旻的《渔家傲》，在词序中就将佛教与儒、道相对比，从"说聪明""论道德"等方面将佛祖与孔子、老子相比，吹捧佛教高于儒、道；在词中，他还以讥讽人世为赞扬净土作反衬，也获得了很好的艺术效果。

（二）表现禅悦之心的禅道词

宋代僧词中很少有直接宣传禅宗思想的作品，这与禅宗的发展有关。宋代的禅宗很少把词作为传教工具，而是把词作为一种表现自我、抒发性情的文学媒介，他们创作了很多带有禅味的词。所谓带有禅味的词，就是禅师们在词中表现自己的禅悦之心，表现自己参禅悟道的体验。

我们可以将宋代词僧所创作的这些带有禅味禅趣的僧词，名之曰"禅道词"。这些禅道词大致又可分为两种类型：一种是以禅机入词，用词来阐述禅理。这种词大多运用许多禅典，如则禅师的《满庭芳》、惠洪的《渔夫词》8首和《鹧鸪天》等，即属此类。则禅师的《满庭芳》词云："咄这牛儿，身强力健，几人能解牵骑。为贪原上，嫩草绿离离。只管寻芳逐翠，奔驰后、不顾倾危。争知道，山遥水远，回首到家迟。牧童，今有智，长绳牢把，短杖高提。入泥入水，终是不生疲。直待心调步稳，青松下、孤笛横吹。当归去，人牛不见，正是月明时。"①

这首词从表面上看是一幅趣味横生的村童牧牛图，而实际上作者则是用文学形象生动地解读了以"牛"喻人、以"牧牛"喻"修性调心"的佛经典故。牧牛最早源于佛典《阿含经》，《阿含经》卷二五《念经》云："犹如春后月，以种田故，放牧地则不广，牧牛儿放牛野泽，牛入他田，牧牛儿即执杖往遮。所以者何？牧牛儿知因此故，必当有骂、有打、有缚、有过失也，是故牧牛儿执杖往遮。我亦如是。生欲念，不受断、除、吐，生恚念、害念不受断、除、吐，所以者何？我见因此故，必生无量恶不善法。……若比丘多欲念恚念、害念者，故心便乐中，如是比丘，不离欲念、不离恚念、不离害念者，则不能脱生老病死愁忧啼哭，亦复不能离一切苦。……我宁可治内心，常住在内止息，一意得定而不损心。"②此比喻在禅宗的公案与语录中屡见不鲜。诸如马祖道一、百丈怀海等唐代的大禅师，皆善于运用"牧牛"之喻来阐释"治心"之道。他们以牧童为喻象征人，以牛为喻象征人心，或以牧童代表人心，而牛则代表人性，通过十牛之喻来象征修心的十个境界。这些关于牧牛的公案逐渐被绘制成了图卷，众多禅师依据图卷创作偈颂，最终形成了图文并茂的禅门心法典籍，为后人提供了宝贵的修行指南。在禅诗中，

---

① 周振甫. 唐诗宋词元曲全集 唐宋全词 第7册［M］. 合肥：黄山书社，1999：2548.

②《中华大藏经》编辑局. 中华大藏经［M］. 北京：中华书局，1990：603.

这一典故也常常为禅师和文人墨客们所钟爱，比较著名的有禅师普明所作的"牧牛图颂"、黄庭坚的《题竹石牧牛》等。而"牧牛"这一典故用在词中以则禅师的这首《满庭芳》最为人称道，宋释文莹即称赏此词"意句圆美"。

另外值得注意的，是惠洪的8首《渔父》词。这8首《渔父》词原题作"述古德遗事作《渔父》词八首"，乃是惠洪用词的形式作的"颂古"，它分别对万回、丹霞、船子、宝公、香严、药山、亮公、灵云这些佛教大德的事迹进行阐述与颂扬。

宋代词僧所作禅道词的另一种类型，就是将禅趣融入自然山水之中，以此来表现心无一物、随缘任运的禅境。在这类作品中，禅趣的表现只是在似有似无之间，可以领会，难以实指，具有参禅入定的观照、心极神劳的构思、清新和谐的语言与含蓄冲淡的意境等审美特征。这部分禅词的艺术成就要高于其他的禅词，要求作者具有较高的创造性和审美能力，所以僧词中写得好的不多，只有几首。如仲殊的《诉衷情·宝月山作》云："清波门外拥轻衣。杨花相送飞。西湖又还春晚，水树乱莺啼。闲院宇，小帘帏。晚初归。钟声已过，篆香才点，月到门时。"①

这首词的情感并不直白，是通过对自然景象的细腻描绘来传递意境。画面中，以宁谧的庭院、轻纱般的帘幕、晚霞映照的归人足迹，以及远处渐行渐远的钟鸣、篆香初燃的香气、洒落于古寺山门的月光，营造出一种静谧而深沉的氛围。作者经过佛家排拒"执着"这一修养的过滤，刻意表现出一种澄澈空灵的境界，可见作者对去除"执着"的修炼。表面上看是一首纯写景之词，而细细品味，又觉得禅意在似有似无之间。

此外，"渔父词"在禅词中的表现也是比较突出的。渔父词大都以渔父、船子为主人翁，大致可分为两种类型：一种是借"渔父"这一形象来表现他们淡泊名利的人生情趣。如湖州甘露寺圆禅师的《渔家傲》写道："本是潇

① 张志烈，谢桃坊. 宋词三百首［M］. 成都：巴蜀书社，2008：45.

湘一钓客。自东自西自南北。只把孤舟为屋宅。无宽窄。幕天席地人难测。顷闻四海停戈革。金门懒去投书册。时向滩头歌月白。真高格。浮名浮利谁拘得。"①

另一种是用渔父钓鱼的过程来比喻佛家修禅。佛家以渔父、船子自比，是从唐代的船子和尚德诚开始的，船子和尚大概也是受到了张志和的影响。他写了《拨棹歌》39首，用"钓鱼"的过程比喻"修禅"的过程，以"游鱼"之姿态比拟"游心"之状态，以"鱼迷"之情境映射"心迷"之困境，将"钓得明月"之行为视为发现清净佛性之过程。在39首《拨棹歌》中，有一首尤为被人们所传颂和推崇，堪称经典之作："千尺丝纶直下垂，一波才动万波随。夜静水寒鱼不食，满船空载月明归。"②

这首作品用的是七言绝句体，与他其他的作品多用《渔父》词体不同。据惠洪记载，此作一出，丛林盛传。黄庭坚也十分喜爱这首词，还将它改写成一首新词。词中以白描写景为主，在写景中创造意境，在意境中表现禅理禅趣。垂丝千尺，可见所求之深；万波随动，可见所动之广；而船子和尚借这幅垂钓图所要表现的则是这样一种禅悦的境界：只有抛纶掷钓，破除一切执见，随缘任运，才能悟得"光明圆澈"的自性本心，才能达到"满船空载月明归"的境界。船子和尚的这组《拨棹歌》并非简单直白的悟道诗，它还从审美的角度去观照自然山水，江水、孤舟、明月、寒云等等，都是他这组词中经常出现的意象，把诗意禅境自然地融合在一起，展现了清新幽邃的意境，因此受到了后代禅僧和文人的喜爱，而用"垂钓"来比喻"参禅悟道"，也成为后世禅词中常见的题材。宋代词僧多喜欢写《渔家傲》《渔父》词，或表现他们淡泊名利的情怀，如前引的湖州甘露寺圆禅师的《渔家傲》；或是用"垂钓"来比喻"参禅悟道"。

禅趣与文学的结合早在唐代诗歌尤其是田园山水诗派的创作中就有了

---

① 乔赫水. 宋词鉴赏 第2卷［M］. 长春：时代文艺出版社，2021：205.
② 刘明华；周睿. 中华经典古诗词诵读宝典［M］. 成都：四川辞书出版社，2020：205.

较成功的尝试。与此同时，唐代僧侣阶层的禅诗创作也开始流行。个中原因，其实是不难解释的。首先，唐代是诗歌艺术的巅峰盛世，禅师们深受这种文化的影响，自然而然地被诗的韵味所熏陶；其次，禅宗倡导不依赖文字表达，以超越逻辑性言语的限制，而诗歌中丰富的隐喻和象征手法恰恰与禅宗追求的意境深远相契合，二者在无形中形成了共鸣。故唐代僧人多爱诗，将诗意与禅趣融为一体，也就是很自然的事情了。唐代文人和诗僧的禅诗创作，自然也给后来词与禅的结合提供了启示和范本。带有禅味的词在唐五代还只是初露端倪，主要为《渔父》等隐逸词。禅词进入自觉的创作阶段，是在北宋中叶时期。在这个时期，出现了一批较有影响的词僧，他们创作了不少富于禅趣的优秀词篇，如仲殊、惠洪、净端等。此外，还有一些禅僧创作的禅词已经散佚失传，我们就只能通过文献记载了解其大略情形了，兹不赘述。

在北宋中叶以前，文人士大夫的参禅学佛活动大抵和晚唐五代时期的情形相类似，总体水平并不高，规模也不大，除了杨亿、晁迥、王随、曾会、许式等人被收入"灯录"外，其余找不出多少真正称得上"居士"的人。也就是说，此时文人士大夫们的参禅学佛还主要是一种个人爱好，并没有形成社会风气。尤其在宋仁宗庆历前后，朝野上下还掀起过一股排佛浪潮，范仲淹、张方平从政治或经济角度提出限制僧尼的主张，孙复的《儒辱》、石介的《怪说》、欧阳修的《本论》等，都站在儒教正统的思想立场上对佛教大肆鞭伐，这对士大夫文人的习禅自然会造成一定的影响。可是熙宁（1068—1077）之后，情况就发生了较大变化。士大夫参禅队伍空前壮大，有许多朝廷重臣和文坛领袖都热衷释典，悉心禅寂，富弼、张方平、王安石、张商英、李纲等都是禅学研究极深的居士。此外，北宋后期文坛盟主苏轼与云门宗、临济宗交往密切，"苏门四学士"之一的黄庭坚也为临济宗黄龙派祖心禅师的法嗣。这批宰臣文豪的思想取向无疑对整个社会风气产生了巨大的影响。而且此时士大夫参禅学佛的水平也大大提高了，他们发展、拓展了佛经禅学，包括为佛经增加注释及为禅宗经典撰写序言。比较出名的有王安石所著《维摩诘经注》三卷、《楞严经解》十卷，张商英所撰《护法论》《金刚经四十二分说》《法华经合论》等。张商英对佛禅也研究颇深，不但师从兜率从悦禅师参禅，还为僧门大德语录作过序，禅门学者欣赏他的禅学，称之为"相公禅"，还有禅门长老继承了张商英的禅学并开堂说法（见叶梦得《避暑录话》）。可见自北宋中叶以来，参禅学佛感受禅悦之乐，已经成为士大夫文人和诗人们的自觉追求。

北宋中叶以后，词体文学的创作也走上了繁荣之路，词体文学已悄然渗入宋代文化的机体之中，并且已俨然成为一种文化潮流。此时，文人士大夫们的词体观念和创作实践都已发生了很大的变化。由北宋中前期的张先、欧阳修开始，词的题材范围慢慢扩大，由以描写"花间"艳情题材为主到开始描写一些文人日常生活；到北宋中叶苏轼成为文坛盟主，他不仅进一步对词体的发展提出了"自是一家"的理论观念，而且在创作实践上也表现出"以诗为词"的倾向，开始突破词的娱乐功能，扩大词的题材范围，提高词的品格地位，使词逐步成为一种和诗歌一样的抒情言志的文学体式。正是在这样一种文化背景之下，作为两种文化潮流的词与禅，也就更紧密地融合起来了。真正开始大量以词谈禅说理的词人是王安石。王安石今存词共 29 首，而其中有 11 首是谈理说禅的，比如《望江南·归依三宝赞》（四首）、《南乡子》（"嗟见世间人"）、《诉衷情·和俞秀老鹤词》等，皆属此类。这些词虽然艺术成就不如稍晚于他的苏轼、黄庭坚等人的禅词，但在当时的词坛上是具有开拓精神的。至于苏轼、黄庭坚，则是有意而自觉地将禅理禅趣融入他们的创作之中，如苏轼的《如梦令》"水垢何曾相受"一首，将禅机禅趣融入日常生活中，《西江月》"三过平山堂下"一首，贯通内典，《定风波》"莫听穿林打叶声"一首，隐含禅趣；黄庭坚的《渔家傲》四首"戏效宝宁勇禅师"之作，用禅宗公案来阐述禅理，《南歌子》和韵净慈法师二首，融通佛道，印证当下直悟之机；还有秦观、朱敦儒、向子諲等人，也都有参禅悟道之作。

北宋禅词的兴盛，还与禅宗语言观和性情观的变化有关。早期的禅宗以"不立文字，教外别传"为法则，视文字为枷锁，而北宋禅宗却发生了变化。公案代别和颂古的提倡者善昭，推动了通过文字探讨禅意的风潮，他将禅意寓于深奥的文字之中，视文字为通向禅悟的关键途径。慧南继其后，创立了"黄龙三关"，强调用精准灵活的语言巧妙地表达禅意，从而形成了以文字构筑禅境的新风尚。其徒孙惠洪进一步发扬光大，提倡"文字禅"，这一语言理念的革新使得禅与词在语言层面找到了交汇点，为将禅意融入词中提供可能。此外，宋代禅宗还在"性情观念"上，发生了重大转变。契嵩禅师说："性也者，无之至也。""情也者，有之初有也。""天地至远而起于性，宇宙至大而内于性，故万物莫盛乎情性也。"他还论述了性情的功用："以情可以辨万物之变化，以性可以观天下之大妙。善夫性情，可以语圣人之教道也。"可以看出，宋代禅宗的性情观念有深远的社会意义。在过去的佛教中，这种性情观念相对较少见。禅之重情与词之言情在禅与词之间建立了联系。参禅悟道的禅门僧徒们也就将禅与词结合，这样僧词中就出现了融禅趣、禅境入词的作品。

宋代僧人创作的禅词，就总体的艺术成就而言不及文人创作的禅词，但在艺术表现方面，二者又有着一些相同的特点，其中一个最重要的共同特点，就是追求含蓄朦胧的风格。无论是在直接阐释禅理的词作中，还是在以禅机、禅趣入词的作品中，都体现了这一特点。前者大多将禅典、公案融入词中，但这种融入并不是生硬的阐述，而是十分含蓄，如则禅师的《满庭芳》用佛经中以"牛"喻人、以牧牛喻"修性调心"之过程，将禅意隐含在一幅生动的牧牛图景之中。又如净端的《渔家傲》，以钓鱼比作修禅，以钓得明月比作发现清净佛性，在描写渔钓之乐的生活情景之中融入禅宗所谓的"悟"境。此外，如仲殊《南柯子》（六和塔）、《诉衷情》（宝月山作）等作，将禅趣融入自然山水之中，似有若无，意余象外，也堪称佳作。这种含蓄的表现手法与禅宗教义也有着密切的关系。一方面，禅宗强调"悟"，禅机、禅趣通过

"悟"而获得。在禅宗的理念中，人的内在本心是纯净宁静的，超脱无私，没有欲望或杂念，与佛性完全一致。然而人在尘世中产生了种种业障，才使得清净的本心受到了蒙蔽。只有破除这些业障，使本心清净，才能求得解脱。若要求得本心清净，就必须通过冥想和顿悟。然而人的心灵的清净并不是很容易达到的。人们生活在现实世界中，尘世的种种困扰会对本心提出挑战，只有禅定的沉思冥想，才能把人引进到一种物我交融的境界；而只有进入物我交融的境界，人们才能在下意识里进行大幅度跨越式的非逻辑性思维活动，在某一点上突然受到启发并升华，刹那间超越了一切，才能到达本心清净的最高境界。然而这种顿悟带来的内心体验和解脱感，无法用言语准确描述，只能用心深刻体会。个人感受因人而异，因此顿悟的方式和体验也不一样，"悟"的过程就具有朦胧性，充满了含蓄美。另一方面，正是因为"顿悟"具有只可意会的特点，不能简单地用言语文字进行说明并传达给他人，同时也是因为这种思维一旦用语言与形象固定下来，它的内涵就会变得狭窄。所以，禅宗一开始便立下了"以心传心，兼不立文字"的法则。为了传达玄妙深奥的禅旨和悟得清净自然的本心，禅师们主要采用了两种方式：一是用具有象征譬喻意味的姿势动作来示范，或者使用形象直观的方式启人智慧，令人觉悟，如以棒喝、手势等方式来触发听者的灵感；二是故意运用相互矛盾、冲突的概念和判断，以打破人们对逻辑语言的执念，引导人们重新审视和思考。宋代的禅师们借鉴并改造了佛经诠释学中"遮诠"的方法，也就是在禅词中不直接作解释，不从正面阐述禅理，而是绕路说禅。这一"不道破，不犯正位"的表达方法深深渗透到禅宗诗词的语境中，使得禅词展现出一种意在言外、曲径通幽的深远意蕴。

宋代词僧的禅词和文人的禅词还有一个共同的特点，那就是追求空灵澄澈的词境。无论是融入禅典，还是体现禅趣，词僧们在创作时都追求一种空灵清澈的境界。如则禅师的《满庭芳》牧牛词虽然是化用禅典，但写得并不死板枯燥，而能以意境取胜。如结尾写道："直待心调步稳，青松下、孤笛横吹。当归去,人牛不见,正是月明时。"明月慢慢地爬上天空,青松下,牧童骑在牛背上,吹着悠扬的笛歌,渐渐地消失在皎洁的月光中。整幅图景表现了一种物我两忘、空灵澄静的意境。甚至在颂古一类的禅词中,也体现出这种对空灵意境的自觉追求,如惠洪的《渔父词·药山》中最后一句写道:"孤峰表,一声月下闻清啸。"远处的孤峰在洁白的月光下格外的清冷,一声清啸传来,整个山峰显得更为空寂清寒。而在融禅趣于山水自然的词中,这种特征表现得更为明显。如仲殊的《南徐好》(金山寺化城阁):"南徐好,浮玉旧花宫。琢破琉璃闲世界,化城楼阁在虚空。香雾锁重重。天共水,高下混相通。云外月轮波底见,倚阑人在一光中。此景与谁同。"楼阁在蒙蒙的雾气中若隐若现,仿佛悬在半空中,放眼望去,水天一色,一片混沌。突然,云外一片明月映在波底,一切变得澄澈明净。澄澈的明月正是心灵在禅悟中由混沌变得清静的象征。

这种对空灵澄澈境界的追求是僧人自觉以禅宗心学为指导,进行创作实践的结果。佛禅追求一种心空的境界。《般若心经》曰:"色不异空,空不异色,色即是空,空即是色。"[①]《金刚经》曰:"四维上下虚空。"佛教的核心目标在于引导个体超越生活的苦难,通过洞察世间万物的本质并消除个体对世俗欲望的执着,来获得精神的自由,最终抵达极乐世界。为了摒弃对现世的执着,首要任务是破除"我执"和"法执",即理解主体与客体并非实质的存在,这是其"色空观"的哲学理念。而禅宗在此理念上更进一步,强调凡夫眼中的物象与情感皆属虚幻,唯有纯净无染的内心才是真实且永恒的,人的原始本心与佛性的本质并无二致。一旦瞬间领悟此真谛,就能洗尽尘世纷扰,达到一种"无碍自在"的境地,即任何事物都无法阻碍心灵的清澈。因此,禅词也必然追求表现这种空灵澄澈的境界。

---

① 闻章. 月下花开 [M]. 石家庄:河北教育出版社,2020:156.

（三）表现文人情怀的抒情词

宋代词僧们还创作了一些咏物词、怀古词、羁旅词、应酬词、题画词等，这些词都体现出一些文人情怀。下面试略作分析。

宋僧词中有不少咏物之作，而所咏的对象多为花草树木，有咏梅、咏菊、咏兰、咏芭蕉、咏柿子的作品。仲殊的咏物词特别多，咏梅的有《蓦山溪》（清江平淡）、《鹊踏枝》（斜日平山寒已薄）、《点绛唇》（春遇瑶池）；咏荷花的有《念奴娇》（别岸孤卼一枝）；咏菊的有《蓦山溪》（年芳已远）；咏兰的有《浣溪沙》（楚客才华为发扬）、《醉花阴》（轻红蔓引丝多少）；咏柿子的有《西江月》（味过华林芳蒂）；咏芭蕉的有《玉楼春》（飞香漠漠帘帷暖）；咏杨柳的有《蓦山溪》（黄金线软）。此外，惠洪还有一首很有哲理的咏灯蛾的《鹧鸪天》。

探寻咏物诗的源头，可以追溯到《诗经》。到唐宋以后，咏物诗空前发展，凡花草树木、风云雪月，都可以在咏物诗中见到。咏物词在唐五代词产生初期就有，到北宋中期，咏物词才发展繁盛起来。唐五代的咏物词大多停留在表面的形似。词在唐五代主要是花间樽前的流行歌曲，多写女子闺情，咏物词也不例外，咏花草的词多以花的形态来比喻女子的美丽，艳情化色彩比较浓。咏物词在北宋中后期趋于成熟，特别是经过苏轼、贺铸、周邦彦的开拓后，咏物词将咏物与抒情结合起来，或融入作者坎坷不平的人生遭遇，或喻之以高洁的品质，达到寄托深远、风神幽雅的艺术境界。仲殊的咏物词比较多，从他的咏物词可以看到唐五代和北宋两种咏物方式的结合。他的咏物词多继承唐五代"花间词"的咏物词风，以花来比喻女子，风格比较艳丽，但并不是停留在表面的形似，而能得物之神韵，且都有所寄托。

士大夫文人特别喜爱登高怀古，因为他们有着兼济天下的历史使命和独善其身的人格理想，故而面对沉积着丰富的历史文化信息的名胜古迹很容易起兴感怀，表现出对现状的思考和对生命的反思，这是士大夫文人忧患意识的体现。游历名山大川，是僧人生活的一部分，而他们在游览名胜古迹时的创作，多缘事而发，通过描写登临之景，寄予对历史的感慨和对生命的思考。如仲殊的《金蕉叶》(丛宵逸韵祥烟渺)、《诉衷情·春情》、《诉衷情·建康》等作，是作者在游历作为六朝古都的金陵城时的有感之作；他的一组十首《忆江南·南徐好》，其中的"翁城""花山李卫公园亭""陈丞相宅西楼"，是作者游览镇江的名胜古迹和贵人园宅时写下的。其他如惠洪、止禅师等，也都有登临怀古之作。这些怀古词大多写得苍凉超旷，寄予了对历史的感慨。

羁旅行役也是宋代士大夫文人词中常见的一种表现题材。古代的大部分文人或因为游学，或因为仕途，经常漂泊在外，不免触景伤情，产生漂泊异地的孤独感和对家乡深深的思念，有时也抒写贬谪异地的悲恸与忧愁，表达对命运无常仕途多舛的感叹。对于僧人们来说，这些感触原本是不应该有的。佛教认为"人间世俗"是"苦海"，其中最好的解脱办法就是远离尘世，摒弃尘俗情感的困扰。但僧人们毕竟生活在世俗社会中，对这类世俗的情感不可能做到完全超然于心外。僧词中有对春去秋来、岁月易逝的感慨，如如晦的《卜算子·送春》。

两宋僧人词中还有少量的表现送别、应酬、祝寿、题画等内容题材的作品，也一定程度地带有士大夫文人的情感因素和文化意蕴，兹不一一赘述。

宋代僧词中之所以会表现出某些士大夫文人的情结与心绪，主要根源于宋代佛教的儒学化和词僧自身的士大夫化。

佛教在中国的发展一直受到儒学的影响，到了宋代，其儒学化程度极高。宋朝推动儒学复兴的时期，一方面，儒学开始从佛学中吸取"心性之学"，用以补充儒家学说；另一方面，为了获得生存的条件，禅门高僧也力倡以禅融儒。契嵩在禅宗儒学化的进程中，起到了重要的作用。他明确主张儒、道、释三教合一，特别声明"儒佛者，圣人之教也，其所出虽不同，而同归于治"。他的《孝论》以"孝道"为主题，将佛之"五戒"通于儒之"五常"，使儒、释两家的伦理道德在以儒家传统文化为本位的前提下，尽量一致起来。其《原教》论曰:"儒者圣人之治世,佛者圣人之出世者也。"在教义方面使佛学儒学化。这种在理论上的融通也促使士大夫文人与禅僧佛子的交往沟通更加密切。另外,士大夫文人们也向往并赞赏禅宗文化所独有的嬉笑怒骂之宗风、曲折求悟之精神历练,以及简易直接的修行方法和随缘自适的心性修为。尤其是在民族危急时刻,禅宗坚定捍卫本教派与热爱国家的表现,更是令士大夫文人们深感敬仰。大批的文人也因此而走向了禅宗;而禅师佛徒们也在与士大夫文人的交往过程中,声名大振,提高了自身的影响力。

在这种双向的生活交往和文化交流过程中,接受和影响自然也是双向的。就宋代词僧而言,仲殊、惠洪、祖可等人都与苏轼和苏门文人交往密切,那么他们受到作为儒家士大夫文人的苏轼及苏门文人的影响,也就是很自然的事情了。换句话说,作为儒家知识分子的苏轼及苏门文人,对这些与他们交情深厚的词僧在思想和创作上加以渗透和影响,使他们也体现出士大夫文人的某些情志心怀来。他们在交往过程中,除了切磋禅道之外,还常常以诗词相互酬唱。据惠洪《冷斋夜话》记载:"衡州花光仁老以墨为梅,鲁直观之,叹曰:'如嫩寒春晚晓,行孤山篱落间,但欠香耳。'余因为赋长短句曰:'碧瓦笼晴烟雾绕。水殿西偏,小立闻啼鸟。风度女墙吹语笑。南枝破腊应开了。道骨不凡江瘴晓。春色通灵,医得花重少。爆暖酿寒空杳杳。江城画角催残照。'又曰:'日暮江空船自流。谁家院落近沧洲。一枝闲暇出墙头。数朵幽香和月暗,十分归意为春留。风撩片片是闲愁。'"① 这两首词第一首为《凤栖梧》(一名《蝶恋花》),一首为《浣溪沙》,内容皆咏梅,风格雅致,意境空灵,属上乘之作。而据惠洪记载,这两首词乃是他在与黄庭坚的交游中所写,是在观赏衡州花光仁老的墨梅图后所作。交游的既非凡俗之人,欣赏的又是雅意之图,他的题咏自然也不会是低俗之品了。这样的创作情形在惠洪的创作生涯中并非偶一有之,而是经常的事情。他在

---

① 邱少华. 江西诗派选集 [M]. 北京:北京师范学院出版社,1993:153.

《冷斋夜话》中又记载云："余至琼州，刘蒙叟方饮于张守之席，三鼓矣，遣急足来觅长短句。问欲叙何事，蒙叟视烛有蛾扑之不去，曰：'为赋此。'急足反走持纸，曰：'急为之，不然获谴也。'余口授吏书之曰：'蜜烛花光清夜阑。粉衣香翅绕团团。人犹认假为真实，蛾岂将灯作火看。方叹息，为遮拦。也知爱处实难拚。忽然性命随烟焰，始觉从前被眼瞒。'蒙叟醉笑首肯之。既北渡，夜发海津，又赠行，为之词曰：'一段文章种性。更谪仙风韵。画戟丛中，清香凝宴寝。落日清寒勒花信。愁似海，洗光词锦。后夜归舟，云涛喧醉枕。'"这里所记的两首词，一首为《鹧鸪天》，一首为《清商怨》，也是惠洪在与士大夫文人的交游中应酬唱和之作，也带有较浓郁的士大夫文人的生活情调和文化意蕴，尤其是《鹧鸪天》咏飞蛾扑焰，于日常生活中阐发哲理，堪称佳作。

在宋代，一些禅僧之所以表现出较明显的士大夫文人化的倾向，也与他们较复杂坎坷的身世经历有关。有些禅僧在出家之前本来就是文人士子，有的还出生于士大夫之家；有的禅僧虽然是童贞出家，但后来又有着削籍还俗的经历。正因为他们有着士大夫文人的出身、教养、生活和经历，所以在他们身上有着一种抹不去的士大夫文人的文化情结。他们喜欢和文人应酬唱和，喜欢登高怀古，也容易触景伤情，甚至难以忘怀男女情爱。在思想观念和行为方式等方面，他们都有着和士大夫文人一样的表现和特征。如仲殊一生坎坷，早年是风流倜傥的士子，因风流不羁，为妻所毒而未死，遂遁入空门。被妻子所毒，无疑对他的人生造成了沉重的打击，在他心灵留下了不可磨灭的阴影，因此他虽然出家做了释子，却仍无法摆脱思归怀亲、孤独悲凉一类的人生感怀。如他经常有"古今一梦莫思量，故里无家归去懒，伤远"的孤独感和"又是凄凉时候、在天涯"的漂泊感。又如惠洪生于士大夫之家，他的族叔彭几，因编写了《乐律》一书献给宋神宗，官至协律郎。其堂兄彭乘，饱读诗书，官至翰林学士。其他几个堂兄弟如彭国晦、彭超然（僧）、彭恩禹等，都是名噪一时的文士或进士。在彭氏家族传统的深远影响和父母的严加管教之下，惠洪年幼时便发奋读书写诗。他 13 岁时写的《秋千》一诗，使人读了以后，如入其境，如见其形，如闻其声，被南宋文学家、龙图阁学士刘克庄选入《千家诗》内。宋神宗元丰七年（1084），在一个月内惠洪父母双亡，14 岁的他失去依靠，便到县城北郊三峰山宝云寺做了童子。19 岁时，他离开宝云寺跟随临济宗黄龙派名僧克文，在洞山、宝峰、九峰、归宗诸寺学习禅法，试经于汴京天王寺。此后，流连京城，奔走于公卿之门。惠洪在京城结交的朋友就有黄庭坚。黄庭坚对惠洪的人品和诗品十分赞赏，给予了高度评价。同时惠洪又凭着他的高超医术，结识了尚书右仆射张商英和节度使郭天信，这两人又保举他参见了哲宗皇帝，在参见问答之中，哲宗大喜，当即赐他"宝镜圆明法师"称号。由于惠洪"博通儒书，尤精于诗"，加上公卿高官的捧场，一时间成为"名重京华"、人人皆知的著名人物。29 岁时，惠洪离开京城云游四方，先后到庐山、衡山及江南一带，创作了大量歌咏自然山水的诗篇。惠洪近 40 岁时，与其过从甚密的张商英，被专权的蔡京列入"元祐党籍"，落职出朝。政和元年（1111），惠洪受张商英一案牵连，被捕下狱，后又流放到朱崖（今海南省），三年后才得到赦免。惠洪少年得志，不仅与当时著名文人黄庭坚、朝廷重臣张商英交好，还得到了皇帝的赞赏。而中年以后却颇多坎坷，甚至被流放海南。前后对比之鲜明，难怪他能写下《青玉案》那样悲凉的词篇。像仲殊、惠洪这样身世坎坷、经历丰富的词僧，在创作中表现士大夫文人的情志心怀，带有某些士大夫文人的世俗化特征，实在是很自然的事情。这种创作现象和文化特征，既与宋代禅宗的发展演变有关，也是宋代文化的特殊产物。

第四章 唐宋文化的细节
——饮食、风俗文化

本章为唐宋文化的细节——饮食、风俗文化，依次介绍了唐宋饮食观念与饮食心理、唐宋饮食习俗、唐宋饮食养生与治疗、唐宋风俗与服饰文化四个方面的内容。

第一节 唐宋饮食观念与饮食心理

食物在人类社会中扮演着至关重要的角色。人们对饮食的探索与实践孕育出丰富的理念和内心体验，即饮食观念与饮食心理。

唐宋时期是我国封建社会的繁荣时期，经济发展，人口增加，物质愈加丰富，烹饪技艺日臻完善，特别是城乡饮食市场更趋兴旺，这给当时的饮食文化生活带来了新的活力。社会存在决定社会意识，在饮食观与饮食心理上，也逐渐出现了一些变化，呈现出一些新的特点。当然，人们的阶级地位不同，饮食文化结构与层次也不同，在饮食观念与饮食心理上自然存在差异。一般说来，中国古代封建社会的饮食文化结构大致可划分为五个层次。

（1）果腹层主要由大量农民组成，他们属于社会的底层人群。

（2）小康层主要由城市普通市民、中小地主、下等胥吏以及政治、经济地位相当的其他民众所组成。

（3）富家层主要由中等官吏、富商和其他富裕家庭组成。

（4）贵族层，由贵胄达官及家资丰饶的累世望族所构成。

（5）宫廷层，主要由皇帝、后宫及皇亲国戚所构成。

在上述五个层次的成员中，其饮食观念与饮食心理对于传统饮食文化影响最大，最具意义的为小康层、富家层与贵族层，特别是富家层。果腹层劳动大众的生活重心，往往在于满足基本的温饱需求，抵御严寒与饥饿，他们的饮食追求更多地聚焦于生存基础。而宫廷层，封建时代大多数帝王生活，基本内容便是"食"与"色"，无限制、无止境地追求豪奢华贵、新奇珍异的膳食，以极纵其口腹之欲为特征，他们的饮食观念与饮食心理，在内涵上较为空洞，不足取。而富家层的饮食观念与饮食心理最有代表性，对当时与后人的影响也最大。唐宋时期，不少以"食客"之名闻世的人物以及许多美食、膳养之家大多产生或附庸于富家层。他们当中的一些饮食名家，对于饮食生活常从理论上加以总结，给后人留下了许多不朽的饮食之论。唐宋时期的城市商业饮食市场，基本上以富家层与小康层及贵族层的部分成员为主要对象。他们对饮食生活的追求而产生的心理活动，也最为丰富充实。所以，讨论唐宋饮食观念与饮食心理，当以富家层为主，兼及小康层与贵族层。事实上也难于求全，只能择其要点，大略言之，拟从一个方面反映唐宋饮食文化的发展水平。

一、饮食观念的特征

唐宋时期，生活和生产资料的丰富促进了饮食观念的更新与发展，出现了一些新的追求与风尚。

（一）讲究火候

人类饮食生活，大致有两种状态，一种是自然饮食状态，另一种是调制饮食状态。人类的饮食史，经历了一个从自然饮食到调制饮食的发展过程。火的利用，是人类历史上的一次重要变革。它推动了人类饮食习惯由原本的生食逐渐转变为熟食，这一转变不仅改善了人类的生存条件，更象征着人类饮食文化进入了新的发展阶段，人类自此迈入了食物加工的时代。在这以后，烹饪技艺的进步在很大程度上取决于火的应用能力。火候调控这一核心要素，始终贯穿于烹饪技艺的演变过程中。对火候操控的理解与实践，无疑是饮食文化发展水平的重要标志。

唐宋时期，对火候的重要性已有较为充分的认识，讲究火候，是当时最重要的饮食观念之一，主要包括两个方面。一方面是火候与调味的辩证关系。唐人有谓："物无不堪吃，唯在火候，善均五味。"①就是说不同的食物原料，只要火候掌握适度，都能在炊器的帮助下，调制出各式各样的美味佳肴。品茶也是如此。唐人苏虞《十六汤品》中云："火绩已储，水性乃尽，盖一而不偏杂者也，天得一而以清，汤得一可建汤勋。"只要火候得当，就能使被炊食物平衡，泡煮出合味茶汤。正所谓"活水还需活火烹。"所以，掌握好火候，就把握了烹饪的基本而又关键的技巧。"谁能视火候，小灶当自养。"如何掌握火候呢？最起码要认识慢火与旺火、弱火与强火之别。唐诗有云："山谣纵高下，火候还文武。"有了"文武"之火的认识与区别，掌握火候就有了一个基本的准则。在烹饪过程中，火候不到，是不可能烹调出美味佳肴的。反之，也不能过火，"九蒸暴而日燥"，也会破坏食肴之美味。限于历史条件，当时对火候还不可能形成更为科学的认识。然而这并不影响对火候之理论认识。唐人冯贽《云仙杂记》曾载"黄昇日烹鹿肉三斤，自晨煮至日影

---

① 赵荣光. 中华食学［M］. 北京：中国轻工业出版社，2022：134.

下门西，则喜曰：'火候足矣'"①。苏东坡被贬黄州后，曾自创了一种烧猪肉，这就是当时颇负盛名的"东坡肉"，在其《食猪肉》诗中谈及："慢着火，少着水，火候足时它自美。"宗旨还是要掌握好火候。另一方面，火候是烹饪活动的中心环节，而燃料则是形成火候的主要条件，所以燃料的优劣直接影响火候掌握。《隋书·王劭传》曾载"劭上表曰：今温酒及炙肉用石炭、柴火、竹火、草火、麻菱火，气味不同。如此推之，新火、旧火理应有异"②。这说明当时已经认识到燃料不同，对成菜的风味有着影响。如煮茶，"水忌停，薪忌熏。"又"烧肉忌桑柴火。"说明已经认识到原料、燃料、火候之间的关系。为了保证烹饪的顺利进行，已经开始对燃料进行预处理。"伏中收松柴斫碎，以黄泥水中浸，皮脱晒干，冬月烧之无烟，竹青亦可。"③这样有助于火候的控制与掌握。

（二）本味为上

所谓本味，首见于《吕代春秋·本味篇》，是指食物原料经烹制后，仍然能最大限度地保持其原有的自然风味。唐宋时期，随着烹饪技艺的发展，菜肴的制作方法以及调味配料五花八门，风味特色各异。然以本味为上，仍是当时不少有识之美食家们所提倡的。金元四大家之一朱丹溪在他的《茹淡论》中曾指出："味有出天赋者，有成于人为者。天之所赋者，谷蔬菜果，自然冲和之味，有食之补阴之功。此《内经》所谓味也。人之所为者，皆烹饪调和的偏颇之味，有致疾伐命之毒，此吾子所疑之味也。"其中"自然冲和之味"，实际上就是提倡饮食之本味。《清异录》记载："段成式驰猎饥甚，叩村家主人。老姥出虀臛，五味不具。成式食之，有余五鼎。曰：'老姥初

---

① 王赛时. 唐代饮食［M］. 济南：齐鲁书社，2003：66.

② 罗筠筠. 审美应用学［M］. 北京：社会科学文献出版社，1995：261.

③（宋）苏轼；李之亮笺注. 苏轼文集编年笺注 诗词附 12［M］. 成都：巴蜀书社，2011：519.

不加意，而殊美如此。'常令庖人具此品，因呼'无心炙。'"①五味，一般是指甜、酸、苦、辣、咸。不具五味，能较大程度上保留猪肉羹的自然之味，被誉为"余五鼎"，宋人苏东坡也宣扬"煮蔓菁、芦菔、苦荠而食之，其法不用醯酱，而有自然之味"。此外，品茶也流行享受自然的风味。时谓："茶有真香，而入贡者微以龙脑和膏，欲助其香。建安民间试茶皆不入香，恐夺其真。若烹点之际，又杂珍果香草，其夺益甚，正当不用。"②反映了唐宋时期追求本味、本味为上观念之普遍盛行。

本味为上，主要是受古代养生之道的影响。老子《道德经》曾云："五味令人口爽。"反对饮食味多厚重，恐乱口伤胃。宋代一些养生大家也谓："爽口物多，终作疾。"所以时人提倡"饮食不贵异味。"特别是一些山林隐士，更以此为饮食之准则。如宋代林洪《山家清供》所载"黄金鸡"一菜。"其法炯鸟洗净，用麻油、盐水煮，入葱椒，候熟擘钉以元汁别供。或荐以酒，则白酒初熟黄鸡正肥之乐得矣。有如新法川炒等非山家不屑为，恐非真味也。"其烹制之法乃以原味为重。同书还有不少类似的烹制方法与风格。当然，提倡本味为上，并非完全放弃调味，只是人们在饮食生活实践中越发意识到，许多食材都本身带有独特美味，如果添加过多调味料，会破坏食物的自然美味。适量的食物原料搭配与适量的调味品调配，非但不会影响本味，而且还能使五味调和。即使类似《山家清供》一类的饮食要籍，其原料之丰，其配料之多，也并没有因提倡本味为上而受影响。如"拨霞供"，以兔肉为原料，尽管烹制简单，原汁原味，然也"用薄批、酒、酱、椒料沃之。以风炉安座上，用水少半铫，候汤响一杯后，各分以箸，令自夹入汤摆熟啖之。乃随意各以汁供。"可见适当的调配料并不影响本味之追求，关键在于适而止，适料而配，适味而合。

---

① 张泽峰. 寻味一水间 大运河饮食笔记 2 浙东运河隋唐大运河卷［M］. 北京：中国言实出版社，2022：43.

② 周巨根，朱永兴. 茶学概论［M］. 北京：中国中医药出版社，2013：91.

（三）追求蔬食

蔬食，是构成中国素菜的重要部分，有着悠久的历史。唐宋时期，虽然北方游牧民族的肉食文化习惯随着人口南迁和社会经济发展逐渐影响到南方，然而，在深受封建士大夫阶层影响的饮食文化中，崇尚素食的饮食潮流依然占据主导地位。宋代见证了素食食谱的兴起，如赞宁的《笋谱》、陈达叟的《本心斋蔬食谱》和林洪的《山家清供》等著作，堪称这一时期蔬食技艺的结晶。特别是《本心斋蔬食谱》记录的 20 种精巧菜品和《山家清供》所列的逾百种菜式，并非源自寻常农家或乡野市集，而是由当时的中上层士大夫及城市餐饮业者精心创制而流传开来。这些作品展示了唐宋时期蔬食文化的高度发展。唐诗有云："不种千株橘，唯资五色瓜。"又谓："莳蔬利于鬻，才青摘已无。"虽然是从商品生产的角度言之，但生产的发展与消费的增长密切相关，也反映了当时蔬食之盛行。知识分子也留下了许多流传至今的赞美蔬食的佳句。羹菜，"先圣齐如，菜羹瓜祭，移以奉宾，乃敬之至"。枸杞，"丹实累累，绿苗菁菁，饵之羹之，心开目明"。将蔬食视为礼待宾客和自我享受的一种高雅体验。宋人陆游自谓"平生饭蔬食"，认为"青菘绿韭古嘉蔬，莼丝菰白名三吴，台心短黄奉天厨，熊蹯驼峰美不如"。宋代"老饕"苏东坡也自命"愿随蔬果得自用，勿使山林空老死"。展现了他们对蔬食的喜爱和显而易见的饮食偏好。

在唐宋时期，人们偏爱蔬食与当时的社会背景有关。一方面，那个时候佛教和道教影响力很大，追求宁静和无为，提倡内心的宁静简朴，不与世俗争斗，拒绝随意地伤害其他生物。这些思想深刻影响了那些曾经在官场上历经波折的中级官员以及大量的城市居民。如"唐崔侍中安潜，崇奉释氏，……唯多蔬食"或"北俗遇月三、七日不食酒肉，盖重道教之故"。苏东坡也曾云："予少不喜杀生，时未能断也。近年始能不杀猪羊，然性嗜蟹蛤，故不免杀。自去年得罪下狱，始意不免。既而得脱，逐自此不复杀一物。有见饷饷蟹蛤者，皆放之江中。虽知蛤在江中无活理，然犹庶几万，便使之活，尚愈于煎烹也。非有所求觊，但以亲经患难，不异鸡鸭之在庖厨。不复以口腹之故，使有生之类受无量怖苦尔。"[1] 可以看出，官场不得志的封建官员往往将食素和不杀生当作一种精神支柱，在追求解脱与宁静的宗教式苦行俭朴生活中寻找安慰。另一方面，选择蔬食也是为了健康的需要。宋人谓："醉浓饱鲜，昏人神志。若蔬食菜羹，则肠胃清虚，无滓无秽，是可以养神也。"比如陆游认为吃肉不利于养生，认为"肉食从来意自疑，斋盂况与病相宜"，对荤食始终保持怀疑态度。除了以上两方面，还有一点原因，就是在唐宋时期，我国的本草医学比较发达，而历代本草学均对蔬菜的价值给予了高度认可，这也在一定程度上影响了当时人们偏好蔬食的饮食习惯。

（四）饮食有节

现代医学理论认为：脾胃是人体消化吸收营养的重要器官，食物是营养的主要来源。所以，在日常的饮食生活中，人们需要调控饮食，保养脾胃。如果饥饱失常，饮食不节，就会影响身体功能的正常运行。饮食有节，不仅是饮食生活的重要观念之一，也是营养养生学的一个重要内容。我国古代历来很重视养生之道，其中注重饮食起居，就是最基本的经验之谈。唐宋时期，人们把饮食生活与古代医学的优秀传统紧密结合，形成了具有养生特色的饮食观念。

其一，在饮食生活中一定要注意食量适中。唐代著名医学家孙思邈《千金要方·道林养性》曾指出："是以善养性者，先饥而食，先渴而饮，食欲数而少，不欲顿而多，则难消也。常欲令如饱中饥，饥中饱耳，盖饱则伤肺，饥则伤气。"进一步从医学的角度指出饮食有节的重要性。具体说来，就是"有饥即食，食勿令饱，此所谓调中也"。或谓："治心养性，先防三过：美

---

① 马克昌. 马克昌文集 2012 版［M］. 武汉：武汉大学出版社，2012：1009.

食则贪，恶食则嗔，终日食而不知食之所以来则痴。君子食无求饱，离此过也。"①所以，食量适中，通俗言之乃是在饮食过程中防止过饱，避免加重肠胃负担，影响消化吸收。怎样才能做到这一点呢？宋人苏东坡在《东坡志林》自有一论。那就是"已饥方食，未饱先止，散步逍遥，务令腹空"。主张控制食量，食后散步。饮食有节，食量适中的饮食观念具有十分重要的意义，既节俭，更重要的还养生，所谓"口腹之欲，何穷之有，每加节俭，亦是惜福延寿之道。"

其二，除了食量适中，还要注意饮食的温度，不要吃得太冷或太烫；要食用清淡多样的食物，反对偏食和高盐的饮食习惯。有谓："人欲先饥而后食，先渴而后饮。不欲强食强饮，又不欲先进热食而随餐冷物，必冷热相攻而为患。凡食，先热食，次温食，方可少餐冷食也。凡食太热则伤胃，太冷则伤筋，虽热不得灼唇，虽冷不可冻齿。凡食，温胜冷，少胜多，熟胜生，淡胜咸。……"②"凡所好之物不可偏耽，耽则伤身生疾；所恶之味不可全弃，弃则脏气不均。"这样"饮食合度，寒暑得宜，则诸疾不生，遐龄自永矣"。这一系列饮食有节的理论，即使在今天仍具有很高的科学性与实用性。

综上所述，唐宋时期饮食观念是烹饪、饮食、养生三者有机结合的产物，说明当时的饮食目的已经从单纯的果腹升华到养生益寿的高度，标志着古代饮食观念已经进入到一个新的历史阶段。

二、饮食心理中的美感

心理是人脑的机能。人们的一切心理现象都是人脑对客观事物的反映，这种反映是通过人的感觉来实现的。所以，饮食心理主要是通过外部感觉来实现对饮食生活的反映。古代饮食心理，当然不可能像现代饮食生活表现得那么全面与充分，但也并非无迹可寻。因为人类的饮食活动，除了充

---

① （宋）黄庭坚；白石校注. 山谷题跋［M］. 杭州：浙江人民美术出版社，2022：124.
② 温信子. 饮膳本草经 民间膳食养生本草速查手册［M］. 北京：军事医学科学出版社，2006：297.

饥解渴，满足生理上的需求外，一旦人有了更好的物质条件，就会更进一步希望通过美食佳肴来寻求更多的饮食享受。从满足一般生理方面的快感发展到较高级的心理上的美感。这就是饮食文化艺术在人的心理上的反映，古代也不例外。

唐宋时期，饮食心理最明显地表现为对饮食美感的追求与享受，这构成了唐宋饮食心理的美学特色。饮食美感主要包括三方面。一是食物的自然美，许多食物原料在烹饪之前，已经给人以自然形态的美感。如鲜鱼新鲜活跳，往往会使人们产生一种急于品味尝鲜的感觉。二是艺术美，食物经过烹饪加工变成精美的食品菜肴，兼备色、香、味、形，使人们从美味佳肴中得到美的感受与享受。三是意境美，主要是指美好的饮食环境，包括进食的时、空、人、事等因素。自然美与艺术美是可以直接观察与感受的实体美，而意境美则主要是通过意会。这里主要是围绕当时饮食心理活动过程，对艺术美与意境美的有关内容略作探析。

唐宋饮食艺术美，首先表现在食肴的色彩和谐鲜明。这里包括两方面的内容。一是食物与食器之间和谐协调，对食与器的结合颇为讲究。唐杜甫《丽人行》诗谓："紫驼之峰出翠釜，水精之盘行素鳞，犀箸厌饫久未下，鸾刀缕切空纷纶。"[1]红色驼羹与翠白碗盘所形成的强烈鲜明对比，给人以味道鲜洁浓厚、质雅软嫩之感，令人吃之浓而不腻。南唐顾闳中《韩熙载夜宴图》，画面上两张食案，每案均是四盘四碗，菜肴皆按一红一白摆设，红白相间，对比夺目。二是食肴烹制中有意识增加色彩。"吴越有一种玲珑牡丹鲊，以鱼叶斗成牡丹状，既熟，出盎中，微红如初开牡丹。"[2]又如"雪霞羹"，"采芙蓉花，去心蒂，汤焯之，同豆腐煮，红白交错，恍如雪霁之霞"，菜肴整体布局，充满诗情画意，令人回味无穷。

其次，食肴的形状布设对饮食心理也会产生重要的影响，这就是所谓饮

---

① 洪丕谟. 不薄今人爱古人［M］. 上海：上海人民美术出版社，2019：83.

② 夔宁，夏明顺. 吴地饮食文化［M］. 北京：中央编译出版社，1996：3.

第四章 唐宋文化的细节——饮食、风俗文化

159

食中的造型美感。唐代韦巨源《食谱》中就有一道点心，名"生进二十四气馄饨"，"花形馅料各异，凡廿四种"，就是利用造型上的花式形状，以使食者悦目欢心，增进食欲。唐宋时期象形食肴的制作具有相当水平，或以花状造型取意，五代时，"郭进家能作莲花饼馅，有十五隔者，每隔有一折枝莲花，作十五色"①。荷花形状的饼馅能作出 15 种花色品种，可知其技艺高超。又"梅花汤饼"，"初浸白梅、檀香末水，和面作馄饨皮，每一叠用五分，铁凿如梅花样者，凿取之，候煮熟乃过于鸡清汁内，每客止二百余花"。或通过刀工技术，雕制食肴的造型。这就是我国古代著名的食雕艺术。唐代岭南，"枸橼子，形如瓜，皮似橙而金色，故人重之，爱其香气。京辇豪贵家钉盘筵，怜其远方异果，肉甚厚，白如萝卜。南中女工竞取其肉雕镂花鸟，浸之蜂蜜，点以胭脂，擅其妙巧，亦不让湘中人镂木瓜也"②。宋代东京七月七夕之时，"又以瓜雕成花样，谓之'花瓜'，又以油面糖蜜造为笑靥儿，谓之'果食花样'"。对食肴形状的艺术加工，使菜肴增加美的感染力，使人们进一步享受到饮食生活的美感与食趣。这是唐宋时期饮食心理对于艺术美感追求的反映。

唐宋饮食心理还表现了对意境美的强烈追求与感受。意境美主要指饮食环境的风雅情调，即所谓良辰美景、可人乐事，均可以增进饮食情趣，令人意犹未尽。唐宋时期的商业饮食市场，一方面在食肴制作上讲究精益求精，烹调出不同风格的名菜美食；另一方面，在饮食环境上也别具创意，力求创造出一个高贵瑰丽、典雅的进食佳处。尤以北宋东京与南宋临安饮食市场为代表。

北宋东京，"凡京师酒店，门首皆缚彩楼欢门，唯任店入其门，一直主廊约百余步，南北天井两廊皆小阁子，向晚灯烛荧煌，上下相照"③。东京

---

① 邱庞同. 知味难 中国饮食之魅［M］. 青岛：青岛出版社，2015：211.

② 严仲铠，丁立起. 中华食疗本草［M］. 北京：中国中医药出版社，2018：204.

③ 吴钩. 好一个宋朝 吴钩说宋朝［M］. 北京：北京联合出版公司，2022：229.

著名的酒店白矾楼，"后改为丰乐楼，宣和间，更修三层相高，五楼相向，各有飞桥栏槛，明暗相通，珠帘绣额，灯烛晃耀"①。十分注重酒楼食店门面的气派装饰，灯红酒绿，以显示其富丽堂皇、高贵豪华。南宋临安也是如此，大酒楼食店，"店门有彩画欢门，设红绿杈子，绯绿帘幕，贴金红纱栀子灯。装饰厅院廊庑，花木森茂，酒座潇洒"。而且为了满足封建士大夫高谈阔论、吟诗助兴之风，还经常在厅堂摆放一些名人的书画作品和花草景观，营造出典雅的气氛。"汴京熟食店，张挂名画，所以勾引观者，留连食客。今杭城茶肆亦如之，插四时花，挂名人画"，"列花架，安顿奇松异桧等物于其上，装饰店面"。连南宋皇帝也为之驻足。淳熙年间，皇帝游幸西湖，"御舟经断桥，桥旁有小酒肆，颇雅洁，中饰素屏，书《风人松》一词于上，光尧驻目称赏久之，宣问何人所作，乃太学生俞国宝醉笔也"②。反映了当时饮食环境布置之优雅。

饮食环境风雅舒适，其中还包括食具质料与雅洁。这对顾客的饮食心理影响颇大。唐宋时期，封建经济文化不断发展，民间饮食市场开始大量使用贵金属饮食器具，而且唐宋陶瓷业发达，瓷制食具、茶具更是风靡一时。当时的饮食器具已具有质料上乘、精巧雅洁的特点，以满足人们对饮食器具的讲究心理。北宋东京，"凡百所卖饮食之人，装鲜净盘合器皿"。"其正酒店户，见脚店三两次打酒，便敢借与三五百两银器。以至贫下人家，就店呼酒，亦用银器供送。有连夜饮者，次日取之。诸妓馆就店呼酒而已，银器供送，亦复如是。"③即使宋朝南渡之后，重视饮食器具质料和精致雅洁程度的风气仍然很流行。有谓："杭城风俗，凡百货卖饮食之人，多是装饰车盖担儿，盘合器皿新洁精巧。以炫耀人耳目，盖效学汴京气象。"④而且对饮食器具的

① （日）佐伯富. 宋之新文化［M］. 成都：四川人民出版社，2021：162.

② 沙灵娜. 宋词三百首全译［M］. 贵阳：贵州人民出版社，2021：561.

③ 中共浙江省委宣传部. 开卷有益-宋韵文化之百姓生活［M］. 杭州：浙江人民出版社，2021：27.

④ 刘海永. 大宋饕客指南［M］. 郑州：河南文艺出版社，2022：185.

色彩也十分注重。如茶具，"邢瓷白而茶色丹，越瓷青而茶色绿，邢不如越"。饮食器具质量优劣，对于食欲食兴影响很大。有云："陈良器，好施食。"宋人笔记《撼青杂说》曾载"京师樊楼畔有一小茶肆，甚潇洒清洁，皆一品器皿，椅桌，皆济楚，故卖茶极盛"，显示了饮食器具和饮食心理之间存在紧密的关系。

意境美还包括饮食行业服务人员的服务态度与手段。

唐宋时期，饮食市场竞争激烈，饮食行业提供优质服务有助于饮食生意的兴旺发展。从饮食心理角度言之，待客热情，令食客宾至如归，自然能使食客心情舒畅，雅兴勃发，更加陶醉于美食美境之中。唐宋时期饮食业顾客至上的原则与表现，正是为了满足人们这种追求意境美的饮食心理。北宋东京饮食店，"每店都有厅院东西廊称呼坐次"。待客的语言、态度，以及叫菜、端菜、送菜的时间、姿态、技巧都有规定。南宋临安饮食店，"凡下酒羹汤，任意索唤，虽十客各欲一味，亦自不妨。过卖、铛头，记忆数十百品，不劳再四传唱。如流便即制造供应，不许少有违误。酒未至，则先设看菜数碟，及举杯则又换细菜。如此屡易，愈出愈奇，极意奉承，或少忤客意，及食次少迟，则主人随逐去之"。由于顾客至上，热情周到，故"歌管欢笑之声，每夕达旦，往往与朝天车马相接。虽风雨暑雪，不少减也""虽饮宴至达旦，亦无厌怠也。"

唐宋时期，社会经济不断发展，特别是南宋偏安江南，统治阶级上层人物、富商大贾及封建士大夫，及时行乐，追求奢侈豪华的享乐生活。唐宋商业饮食市场为了迎合他们，常借助歌舞及妓女作为经营手段。唐代秦淮酒家，就有"商女不知亡国恨，隔江犹唱后庭花"。北宋东京，"诸酒店必有厅院，廊庑帘掩映，排列小阁子，吊窗花竹，各垂帘幕，命妓歌笑，各得稳便"。南宋临安那些所谓"花茶坊"，"楼上专安著妓女"。或有"庵酒店"，"谓有娼妓在内，可以就欢"。在一些规模大的酒楼，更是以花阵酒池为荣为美。"浓妆妓女数十，聚于主廊槏面上，以待酒客呼唤，望之宛如神仙"，"以待风流才子买笑追欢耳"。实际上也是为了满足当时统治阶级或富有市民阶层追求饮食意境美的一种经营方式。

所以，唐宋时期饮食心理所追求的美感，不仅包括了食物的自然美与食物烹饪加工的艺术美，而且对饮食环境的意境美也有较高的要求。这反映了唐宋饮食心理的全面性和整体性，表现了唐宋时期饮食生活的多姿多彩。

第二节　唐宋饮食习俗

一、三餐制的普及

餐制即单位时间内进餐的次数，它是人类在生产活动中经过长时间的实践而形成的一种以满足大众生理需求为基点的制度。饮食制度深受人类的生产行为、食材资源和烹饪技术的影响。特定的餐饮模式彰显了人类饮食文化的成熟度。

作为饮食文化成熟的标志，餐次的设定承载着历史变迁的痕迹。据有关学者研究，在先秦时代，大部分中国人倾向于每日两餐，直到汉代之后，一日三餐的模式才渐次普及。到了唐宋时期，在北方中原地带，一日三餐已经蔚然成风，其用餐时间与现代相比，虽有细微差别，但大致的日程和餐饮内容已接近我们今天的生活模式。值得注意的是，唐宋时代的早餐时间较现今稍显提前，往往在曙光初现之际，这与古人遵循自然节律，以及早起劳作的传统习惯紧密相关。如唐代白居易《昼寝》云："坐整白单衣，起穿黄草履。朝餐盥漱毕，徐下阶前步。暑风微变候，昼刻渐加数。院静地阴阴，鸟鸣新叶树。独行还独卧，夏景殊未暮。不作午时眠，日长安可度。"[①]从诗中可以

---

① 周振甫. 唐诗宋词元曲全集 全唐诗 第 8 册［M］. 合肥：黄山书社，1999：3122.

看出，作者早上一起床后就吃早餐了。在唐宋时期，市场通常在天尚未亮的时候就开始售卖早餐。如《河东记》载，唐代汴州西有板桥店，店主三娘子在半夜时分，"即取面作烧饼数枚。有顷鸡鸣，诸客欲发，三娘子先起点灯，置新作烧饼于食床上，与客点心"。孟元老《东京梦华录》卷3《天晓诸人入市》载，北宋东京"酒店多点灯烛沽卖，每分不过二十文，并粥饭点心"。大部分唐宋时期的人把羹、馎饦、粥等这些易消化的流食作为早餐，如唐代陆龟蒙《食鱼》云："且作吴羹助早餐，饱卧晴檐曝寒背。"敦煌文书载："鞍匠张儿儿等拾壹人，早上馎饦，午时各胡饼两枚，供两日食断。"宋代张耒《粥记赠邠老》云："张安定每晨起，食粥一大碗。"

与现代人用餐时间相仿，唐宋人的中餐也通常在正午时分进行，这一点在众多历史文献中均有所体现和记载。如《旧唐书·杨国忠传》载：安史之乱时，唐玄宗逃离国都长安，"辰时，至咸阳望贤驿，官吏骇窜，无复贵贱，坐宫门大树下。亭午，上犹未食，有老父献麦，帝令具饭，始得食"[①]。司马光《资治通鉴》卷218载："日向中，上犹未食，杨国忠自市胡饼以献。"中餐在当时被视为人们日常生活中最为关键的一餐。在食物的选择上，他们倾向于选择饼、饭等耐饥抗饿的干食作为中餐的主食。这些食物能够给人饱腹感，满足人们日常活动的能量需求。此外，为了丰富口感和增加营养价值，他们还会准备相应的菜肴以搭配主食。

唐宋时代的餐饮习俗呈现出显著的时代特色，晚餐的时间通常比现在早，这是因为当时社会大部分平民百姓的夜间活动较少，他们多遵循日出而作、日落而息的生活规律。晚餐的食品因社会阶层的差异也有所区别。达官贵人阶层有着丰富的夜生活，因此他们的晚餐与午餐饮食规格相近，某些豪门望族的晚宴讲究奢华，甚至超过了日常午餐的规格。这是为了满足这些社会上层人士晚饭后长时间的活动对能量的需求。相比之下，平民百姓的晚餐

---

① （后晋）刘昫；陈焕良，文华点校. 旧唐书 第3册［M］. 长沙：岳麓书社，1997：2027.

与早餐类似，以简单易消化的粥类为主，这样的饮食安排主要是为了适应他们早睡的生活节奏，同时，也是出于节俭的考虑。对寻常人家来说，晚餐食稀不仅符合生活实际，还有助于节省粮食。

尽管在唐宋时期，三餐制已经广泛普及，但两餐制在社会中还没有完全消失，这在唐诗中有所体现，如元结《舂陵行》云："朝餐是草根，暮食仍木皮。"朝餐和暮食体现的就是两餐制。宋人也写过类似的诗句，如洪迈《夷坚丁志》卷17《三鸦镇》中有一首打油诗云："二年憔悴在三鸦，无米无钱怎养家？每日两餐唯是藕，看看口里出莲花。"在唐宋时期，两餐制主要盛行于穷苦百姓之中。这些民众因生活所迫，终年辛勤劳作却难以果腹，因此被迫采取一日两餐的饮食制度。而在农闲之际，为了节约粮食，许多普通民众也会主动选择一日两餐的生活方式，以适应当时的经济条件。

与唐代相比，宋代的三餐制实行范围更广，两餐制已经很少见，具体表现在两方面。第一，宋代文献中出现的"飧饔"两个字，不再是对应早餐和晚餐，而是泛指人们的日常饮食。如李觏《盱江集》卷 6《国用第一》云："故关市之赋以待王之膳服，诸侯来朝，卿大夫来聘，致之则有积，飧饔接之则有饩食燕。"卫宗武《山行乡友遗五言》云："且勤远致馈，与客叨飧饔。"第二，在宋代文献中，"一日三餐""三餐"等字词频繁出现，如姚勉《雪坡集》卷 46《建净土院疏》载："不妨旧店新开，一日三餐要使饥人饱去，请挥椽笔速注宝衔。"谢邁《与诸友汲同乐泉烹黄檗新芽》云："寻山拟三餐，放箸欣一饱。"邵浩《坡门酬唱集》卷 16 苏轼《栾城和》云："身世俱一梦，往来适三餐。"

二、从分食制到合食制的转变

在唐代之前，人们进食过程中倾向于采用席地跪坐方式，每人身前置有一具矮小的食几，各自享用放在上面的膳食，这种独立享用的分餐模式被称为分食制。然而，到了唐代中后期，这种传统的分餐形式逐渐演变，转向了一种集体围坐共享的餐饮方式，即会食或合食制。尤为有趣的是，唐代的会食方式与现今西餐的分餐制颇有异曲同工之妙，其基本特征为："主要的菜肴和食物由厨师或仆人'按需分配'，只有如饼类干食或粥、羹、臛、汤类食物，才'共器'，放在食床上或食床旁（传统饮食图中汤羹类食物往往放置在食床前），由进食者或仆人、厨师添加。"[①]而合食制的基本特征则是共器共餐，"津液交流"。

唐代是会食制度流行的时期。在唐代的文献中已经出现了"会食"这个名称。王说《唐语林》卷 3《方正》载："李忠公之为相也，政事堂有会食之床。吏人相传，移之则宰臣当罢，不迁者五十年。"不过，唐代文献关于当时的人们如何进行会食制的记载并不多。但唐代的许多绘画和壁画栩栩如生地展示了那个时代的会食习俗。例如，在敦煌莫高窟多个洞窟的宴会场景中，每个用餐者面前的筷子、碗碟都清晰可见，揭示了会食的模式。又如榆林窟第 25 窟的婚庆宴饮场景中，可见一个大型餐具，内盛高高的蒸饼，旁边是一个三足鼓腹细颈罐，配有一把勺子，暗示了其中可能是汤类或酒。还有在陕西长安南里王村发现的唐代韦氏家族墓室壁画中的宴饮图，中心是一张宽阔的长案，四周排列着三条长凳，每条凳子各有三位男子就座。案上食物繁多，包括馒头、蒸饼、胡麻饼、色彩斑斓的糕点、猪肘以及美酒等，案前还放置了一只如荷叶般的汤碗和勺子，供参与者共享。以上这些生动的饮食画面一致证实，唐代社会盛行的是一种大家围坐一堂。各自享用美食的会餐制度。这种会食制在五代时期仍可见到，在南唐画家顾闳中的传世名作《韩熙载夜宴图》（图 4-2-1）中，韩熙载盘膝坐在床上，几位士大夫分坐在旁边的靠背大椅上，他们的面前分别摆着几个长方形的几案，每个几案上陈列着一模一样的美食，八碟精致的果品与佳肴摆置其中。碗旁的每一套餐具，从餐匙到筷子，都井然有序地排列，保持着严格的区分。这种唐代盛行的会食制

---

① 刘朴兵. 餐桌上的中国［M］. 济南：山东齐鲁书社出版有限公司，2022：299.

聚餐方式，兼顾了集体用餐的热闹氛围，又因几乎不共享餐具，成功规避了因共用餐具可能导致的卫生隐患。在当今强调食品安全的现代，这种饮食习俗得到了众多人的推崇和认可。

图 4-2-1 《韩熙载夜宴图》（局部）

许多研究者将唐朝的会食制餐饮模式视为分食制向合食制演变的关键阶段。唐初之前，在分食制用餐模式下，人们按照东、西、南、北四个方向各自摆放食案，每个人独占一席，就座于餐桌的一边。然而，唐代的分餐形式出现了变化，常见的是人们相对坐在长方形食床的两旁，食床两侧各容纳四人，形成了每桌八人的基本宴会格局。不过，也有只在食床一侧就座的情况。例如，莫高窟第 61 窟西壁上的壁画描绘了太子接见耶输陀罗的宴请场景，画面所示就是一长形方食床的一边坐着四人，一端有一穿着侍者服饰的人物在料理。这种仅在一侧就座的方式明显保留了分食制的特征。此外，唐代也出现了更为开放的餐饮模式，部分场合中，还有三侧坐人的现象。在韦氏家族墓室壁画和周昉的《宫乐图》中，我们看到三面各有三人就座的场景，这种布局与后世围坐共享的合食制已经非常接近。值得注意的是，这种三面坐人的食床较两侧坐席的更为宽敞，显示出由会食制中长方形食床逐渐演化为合食制中常见的正方形餐桌的趋势。唐代会食制在座次上也与后世合食制相异，当时普遍奉行左为上、西为尊的尊卑观念，以席口的位置最为尊贵。之所以如此，有学者认为原因有二：一方面，席口的位置是观赏歌舞表演的最佳位置。当时的坐具长而宽，席口处的观众能够轻松转换视角欣赏，相比之下，其他人则因空间限制，视线易被遮挡，转体亦不便。另一方面，这一位置还与食物的分发模式紧密相连。在当时围坐会食的餐饮模式下，食物分配一般从食床两端或客人的后方进行。尽管用餐者同坐一席，但多数食物仍然需要厨师或专人逐一分配，粥、羹等则集中装在容器中。这样的食物分配模式意味着坐在席口处的人能最早享用到食物。

唐代盛行的会食制，虽风靡一时，但由于无法充分满足人们在单次宴饮中享受多样美食的愿望，所以并未成为中国饮食模式的最终形态。随着社会经济的发展和烹饪技艺的提升，人们创造的菜肴种类日益繁多。据统计，唐代的一场盛宴中，宾客们可以品味到的佳肴种类可达数十种，韦巨源的烧尾宴中就有超过五十种菜肴被记录传承。原有的小型食案显然难以容纳如此海量的美食，因此大型的餐桌或食床应运而生，它们取代了小型食案，在唐代成为承载食物的首要家具。然而，一次性准备如此众多的菜肴，若仍坚持每人一份的传统分配方式，无论是对宴席的组织者还是宾客来说，都是一种挑战：前者难以做到，后者也无法尽数品尝，这将是一个多么大的浪费啊！即使宴席承办者富可敌国，不怕浪费，仅仅一份食物也将摆满整个大案。每人独占一张大桌，无疑回归了往昔分食制的模式。这会使得众人之间的互动距离骤然拉大，从而削弱了集体聚餐的热闹氛围。为了满足宾客们在一场宴会中享用多元美食的需求，单纯的会食制度显得力有不逮。然而，唐代的会食制度并非一成不变，其宴席上某些元素，如各类糕点、粥品、羹汤以及臛菜，并非一人一份，而是共享同一器皿，这正是向合食形式转变的微妙体现。若将这一共享习惯推广至所有菜品，那么分餐制与合餐制之间的差异将仅在于是否采取"共餐"这一形式了。

合食制产生的原因很多，除了烹饪技术的进步和人们对一次性尝试多种菜式的需求，还有其他因素。正如有些学者所言："由分食制发展为合食制是一个漫长的过程，高桌大椅的普遍使用使人们围坐一起进食成为可能，餐具的改进、烹饪方式的变化、食物结构的调整等饮食本身的原因，以及高居饮食之上并影响饮食的文化传统、家庭伦理、社会心理等原因，使同盘而食的合食制成为饮食史上的必然结果。"①

宋代时，共器共餐的合食制最终确立，并逐渐普及开来，成为影响中国一千余年的主流饮食方式。这种合食制的饮食模式，非但顺应了人们追求多元化美食体验的需求，同时也为食材搭配与菜品革新提供了无尽的创意空间。同一餐桌上，各类佳肴得以完好呈现，这在无形中推动了中华烹饪技艺的发展，也丰富了饮食艺术的内涵，使色、香、味、形、器之间的和谐统一更具深度。在合食制蔚然成风的时代背景下，宋代社会甚至孕育出了一种新的职业角色——"白席人"，他们专司宴席的策划与服务，为餐饮文化增添了独特的内容。孟元老《东京梦华录》卷4《筵会假赁》载："以至托盘、下请书、安排座次、尊前执事、歌说劝酒，谓之白席人。"王仁湘先生认为："白席人就是会食制的产物，他的主要职责是统一食客行动、掌握宴饮速度、维持宴会秩序。"②在座次安排上，宋人和唐人一样多在桌子的两边对坐，这可以从张择端《清明上河图》所绘饮食店肆内的桌凳摆放情景看出。在桌子的三面围坐也很常见，施耐庵《水浒传》中亦有多处这样的描写，如第二十三回《横海郡柴进留宾 景阳冈武松打虎》中，宋江、武松、宋清三人在酒店里吃酒，"宋江上首坐了，武松倚了梢棒，下席坐了，宋清横头坐定"。第二十四回《王婆贪贿说风情 郓哥不忿闹茶肆》中，武大宴请武松，"武大叫妇人坐了主位，武松对席，武大打横"。这是宋代三人宴饮的座次，主人一般打横。三人以上宴饮，座次仍是如此，如第二十六回《偷骨殖何九叔送丧 供人头武二郎设祭》中，武松宴请嫂子潘金莲和开茶坊的王婆、开银铺的姚

<hr />

① 徐海荣. 中国饮食史 卷3 [M]. 北京：华夏出版社，1999：442.
② 王仁湘. 饮食与中国文化 [M]. 青岛：青岛出版社，2012：278.

第四章 唐宋文化的细节——饮食、风俗文化

二郎姚文卿、开纸马铺的赵四郎赵仲铭、卖馉饳儿的张公等四邻，6人的座次为：潘金莲坐主位，其下为姚文卿、张公；王婆坐对席，其下为赵仲铭；主人武松坐在横头。四面围坐合食的情景在宋代也已经出现了，如在宋徽宗赵佶《文会图轴》中，在宽大的方桌四周都安放有圆凳。在三面或四面围坐合食的情况下，最尊的上座由席口转向最里边。当今社会，合食制是中国的主要饮食模式，四面围坐、共器共餐成为中国普遍的饮食习惯。然而，在强调个人健康与餐饮卫生的新观念影响下，"津液交流"的合食模式逐渐遭到了质疑，许多学者对此表示担忧。目前，如何在保留合食的温馨氛围的同时，消除"津液交流"的问题，成为改进合食制的关键。

第三节　唐宋饮食养生与治疗

一、唐宋的饮食养生学

在中国古代，早在先秦时期，人们就已经开始关注养生的重要性。通过适当的饮食优化人体功能，实现防病强身、健康长寿的养生之道，自古以来备受重视。特别是在唐朝与宋朝，这两个历史阶段见证了医学知识的飞跃性发展和公众对养生理念的广泛关注，饮食养生的理论研究和实际均取得了显著的进步。然而，唐代与宋代在这一领域的实践却显现出显著的不同之处。

（一）唐代的饮食养生学

唐代时期，医学专家们普遍认为饮食在促进健康和保健中扮演着至关重要的角色。大医学家孙思邈称："安身之本，必资于食。……不知食宜者。

不足以存生也。"①唐代医学家们对先人传承下来的饮食养生方法进行了系统概括，进一步完善了古代中国的饮食养生方法。在孙思邈的《千金要方》、孟诜和、张鼎的《食疗本草》等唐代医书中包含丰富的关于饮食养生的内容，主要包括以下几点：

第一，合理膳食。为了保持身体健康，摄取多元化的营养至关重要。早在汉代的《内经》中，就已阐述了"五谷为养，五果为助，五畜为益，五菜为充"这一理想的饮食搭配原则，对合理膳食的理念进行了初步探讨。著名医家孙思邈在其巨著《千金食治》的开篇中不仅引用了这一理念，更进一步地阐述了这一思想，他将食物划分为四个主要类别：果实、蔬菜、谷物、鸟兽，详尽剖析了当时 156 种日常食材的特性和营养价值，以及它们对人体健康的独特作用。这反映出孙思邈对于构建合理均衡的膳食结构的深刻重视，他提倡的是食物搭配的科学性与营养的全面性。

第二，平衡食味。孙思邈《千金食治·序论》云："五味入于口也，各有所走，各有所病。"具体而言，"酸走筋，多食酸令人癃""咸走血，多食咸令人渴""辛走气，多食辛令人洞心""苦走骨，多食苦令人变呕""甘走肉，多食甘令人悗心"。所以，人们在日常饮食中应该注意五味调和，不可偏食。还需要根据个体身体状况和季节变化调节五味，以达到平衡状态。具体而言，"肝苦急，急食甘以缓之。肝欲散，急食辛以散之，用酸泻之，禁当风；心苦缓，急食酸以收之。心欲软，急食咸以软之，用甘泻之，禁温食厚衣；脾苦湿，急食苦以燥之。脾欲缓，急食甘以缓之，用苦泻之，禁温食饱食、湿地濡衣；肺苦、气上逆息者，急食苦以泄之。肺欲收，急食酸以收之，用辛泻之，禁无寒饮食寒衣；肾苦燥，急食辛以润之，开腠理，致津液通气也。肾欲坚，急食苦以坚之，用咸泻之。无犯烨埃，无热衣温食"。"春七十二日，省酸增甘以养脾气；夏七十二日，省苦增辛以养肺气；秋七十二日，省辛增酸以养肝气；冬七十二日，省咸增苦以养心气。季月各十八日，省甘增咸以养肾气。"

第三，明察食性。根据中医药的理论，每种食材都有独特的性质，可能表现为寒、热、温、凉、平，甚至有毒或无毒等特征。这些食性不仅决定了食物的味道和口感，更重要的是，对人体的健康产生着深远的影响，且不同性质的食物对人体健康的影响各有差异。在蔬果中，小苋菜味甘、大寒、滑、无毒，具有益气力、除热的功效，适宜长期食用；而越瓜味甘、平、无毒，却不宜长期食用。樱桃味甘、平、涩，可调中益气，可多食，有助于改善气色、怡养性情，适合经常食用；而梨味甘、微酸、寒、涩、有毒，过量食用可能导致身体受寒，因此不宜过量食用。在五谷杂粮中，大米味甘性平无毒，主要功效在于益气、和中、除热、止烦渴、止泻以及利小便。黄豆，味甘性平无毒，能够宽中下气、利大肠、消水胀以及治疗肿毒。因此，在选择食物时，应根据个人体质和健康状况，科学合理地搭配食用，以达到养生的目的。同时，我们也应注意食物的食用方法和食用量，避免对身体造成不良影响。

第四，饮食有节。合理的膳食安排至关重要。饮食并不仅仅是为了满足生理需求和维系生命，更是为了体验美食的乐趣。在古代社会，特别是那些财富积累丰厚的阶层，往往过度饮食、暴饮暴食，这在当时已是一种根深蒂固的不良习惯。所以，古人尤为重视通过适度饮食来维护健康，这是他们养生观念的核心部分。早在唐朝之前，人们就已经深刻认识到无节制的饮食会对身体健康产生负面影响。如嵇康《养生论》言："滋味煎其府藏，醴醪鬻其肠胃……其自用甚者，饮食不节，以生百病。"葛洪《抱朴子内篇·极言》云："是以养生之方……不欲饥而食，食不过饱。不欲极渴而饮，饮不过多。凡食过则结积聚，饮过则成痰癖。"[①]唐代医者孙思邈在饮食有节方面的论述更加细致深入，提醒大家在饮食方面要注意适量，避免过度进食，不要过分

---

① 徐海荣. 中国饮食史 卷 3 [M]. 北京：华夏出版社，1999：202.

追求口味享受："是以善养性者，先饥而食，先渴而饮，食欲数而少，不欲顿而多，则难消也。常欲令如饱中饥，饥中饱耳。盖饱则伤肺，饥则伤气。""又食啖鲑肴，务令简少，鱼肉、果实，取益人者而食之。凡常饮食，每令节俭，若贪味多餐，临盘大饱，食讫觉腹中彭亨短气，或致暴疾，仍为霍乱。"提醒大家享用珍馐美食要适度，饮食不宜过量，即使食用健康食物，也应避免一次吃得过多，"乳酪酥等常食之，令人有筋力、胆干、肌体润泽。卒多食之，亦令胪胀、泄利，渐渐自已"。

第五，因人而膳。个体间的体质、体格和性格特征存在着显著差异，这同样影响着他们的饮食偏好。甚至同一个人，在生命的不同阶段，其体质和气血的动态变化也是不可忽视的。因此，在饮食养生时，务必考虑个体间的差异，如体质、性别、年龄的不同，实行因人而膳的原则，真正做到"食为天，人各异"。如"小儿五岁已下饮乳未断者，勿食鸡肉"。孕妇需要遵循一些饮食准则，以保障自身和未来子女的健康，如"妊娠食羊肝，令子多厄；妊娠食山羊肉，令子多病；妊娠食驴马肉，令子延月；妊娠食骡肉，产难；妊娠食兔肉、犬肉，令子无音声并缺唇；妊娠食鸡子及干鲤鱼，令子多疮；妊娠食鸡肉、糯米，令子多寸白虫；妊娠食椹并鸭子，令子倒出、心寒；妊娠食雀肉并豆酱，令子满面黯黑子；妊娠食雀肉、饮酒，令子心淫情乱，不畏羞耻；妊娠食鳖，令子项短；妊娠食冰浆，绝胎"。在唐代，许多医书提及各种食物时，通常会注明适合或不适合的人群。如：菠菜，"冷，微毒。利五脏，通肠胃热，解酒毒。服丹石人食之佳"。白苣，"味苦寒（一云平）。主补筋骨，利五脏，开胸膈壅气，通经脉，止脾气。令人齿白，聪明，少睡。可常食之"，但"患冷气人食，即腹冷，不至苦损人。产后不可食，令人寒中，小肠痛"。青羊肉，"味苦甘，大热，无毒。主暖中止痛，字乳余疾，及头脑中大风，汗自出，虚劳寒冷。能补中益气力，安心止惊。利产妇，不利时患人"。

第六，因时而膳。因时而膳的膳食理念蕴含了双重智慧：首先，从人体健康角度看，四季更迭带来的温度起伏——春天的温暖、夏天的炎热、秋天的干燥以及冬天的寒冷，会显著地影响人体的生理状态。所以，在饮食养生时，至关重要的一点是要与季节气候的变化保持同步，灵活调整饮食结构。忽视这一点不仅无法达到养生目标，反而可能引发健康问题。故孙思邈称："人生禀命以五脏为主。夫五脏者，即是五行，内为五行，外为五味。五行、五味更宜扶抑，所以春夏秋冬，逆理之食啖不可过度。凡饮食于五脏相克者，为病相生无他。经曰：春无食辛，夏无食咸，季夏无食酸，秋无食苦，冬无食甘。此不必全不食，但慎其太甚耳。谚曰：百病从口生，盖不虚也。四时昏食，不得太饱，皆生病耳。从夏至秋分，忌食肥浓，然热月人自好冷食，更与肥浓，兼食果菜无节，极遂逐冷眠卧，冷水洗浴，五味更相克贼，虽欲无病，不可得也。"[1]其二，许多食物在特定的季节食用效果最佳，如"二月三月宜食韭，大益人心"；"豹肉，味酸，温，无毒。宜肾，安五脏，补绝伤，轻身益气。久食利人"。不按时令进食不利于保持健康，以肉类为例，孙思邈《千金食治·鸟兽》称：正月食虎豹狸肉，二月食兔肉，二月庚寅日食鱼，三月三日食鸟兽五脏，四月食鸡肉、蛇肉、鳝鱼，五月食马肉、獐肉，六月食羊肉、雁肉、鹜肉，八月食鸡肉、雉肉、猪肺，九月食犬肉，十月食猪肉，十一月食鼠肉、雁肉、螺蛳、螃蟹，十一月、十二月食虾蚌着甲之物，十二月食牛肉、蟹鳖，均会伤人神气或致病。

第七，因地而膳。我国地域广阔，不同地方的自然环境各异，人们的生活习惯也因此不同。即使吃同样的食物在不同地区的人身上也可能产生不同的影响，例如菠菜，"北人食肉面则平，南人食鱼鳖水米即冷。不可多食，冷大小肠。久食令人脚弱不能行"。人们食用来自不同地方生产的食物时，会产生不同的养生效果，如羊的食用就有南北之别，"南方羊都不与盐食之，多在山中吃野草，或食毒草。若北羊，一二年间亦不可食，食必病生尔。为

---

① （唐）孙思邈. 备急千金要方［M］. 太原：山西科学技术出版社，2010：598.

其来南地食毒草故也。若南地人食之，即不忧也。今将北羊于南地养三年之后，犹亦不中食，何况于南羊能堪食乎？盖土地各然也"①。所以，在人们选择饮食时，应该考虑到不同地方生产的食物可能会产生不同的养生效果，以实现因地而膳。

第八，讲究饮食卫生。孙思邈在《千金要方·养性》中说："食当熟嚼，使米脂入腹，勿使酒脂入肠。人之当食，须去烦恼，如食五味必不得暴嗔，多令人神惊，夜梦飞扬。每食不用重肉，喜生百病。常须少食肉，多食饭，及少菹菜，并勿食生菜、生米、小豆、陈臭物，勿饮浊酒。……食毕当漱口数过，令人牙齿不败，口香。"②"茅屋漏水堕诸脯肉上，食之成瘕结。凡暴肉作脯不肯干者，害人。……饮食上蜂行住，食之必有毒，害人。""一切马汗气及毛，不可入食中，害人。""一切诸肉煮不熟、生不敛者，食之成瘕。"以上这些观点着重于对饮食卫生和精神卫生的双重考量，蕴含了深刻的科学见解。充分咀嚼熟食有助于缓解胃肠道的压力，同时刺激消化酶的生成，提升食物的消化效率。然而，在情绪困扰时进餐，会干扰消化液的分泌平衡，干扰肠胃的正常运作，从而影响食物的吸收利用。过度饱腹或偏爱肉类，对胃部消化构成挑战，对胃肠健康构成潜在威胁。摄入未经妥善处理或腐败的食物，不仅可能导致疾病，严重时甚至危及生命。

第九，不可过度饮酒。在唐代，酒文化十分盛行，许多人嗜酒成瘾。过度、长期饮酒对健康有害无益，唐代孙思邈告诫人们："饮酒不欲使多，多则速吐之为佳。勿令至醉。即终身百病不除。久饮酒者，腐烂肠胃，渍髓蒸筋，伤神损寿。""凡积久饮酒，未有不成消渴。"孙思邈还详细阐述了饮酒导致疾病的主要成因："然则大寒凝海，而酒不冻，明其酒性酷热，物无以加。脯炙盐咸，此味酒客耽嗜不离其口，三觞之后制不由己，饮啖无度，咀嚼鲊酱，不择酸咸，积年长夜醑兴不解，遂使三焦猛热，五脏干燥，木石犹

① 陈企望. 神农本草经注 下［M］. 北京：中医古籍出版社，2018：1165.

② （唐）孙思邈；魏启亮，郭瑞华点校. 备急千金要方［M］. 北京：中医古籍出版社，1999：836.

且焦枯，在人何能不渴。"孙思邈提醒人们："醉不可以当风，向阳令人发强。又不可当风卧，不可令人扇之，皆即得病也。醉不可露卧及卧黍穰中，发癞疮。醉不可强食，或发痈疽，或发暗，或生疮。醉饱不可以走车马及跳踯，醉不可以接房。醉饱交接，小者面黯咳嗽，大者伤绝脏脉损命。"[①]

（二）宋代的饮食养生学

在宋代，医学家们更加明晰地了解到饮食在养生中的重要性，如北宋陈直《养老奉亲书》言："主身者神，养气者精，益精者气，资气者食。食者，生民之天，活人之本也。故饮食进则谷气充，谷气充则气血胜，气血胜则筋力强。"南宋周守忠《养生类纂·论饮食门》称："饮食者，所以资养人之血气。血则荣华形体，气则卫护四肢。精华者，为髓、为精；其次为肌为肉。"[②]宋代医学家在探讨饮食养生方面比起唐代更加详尽和有深度，这体现在宋代关于老年人等一些"弱势"群体的饮食调理方面。

陈直的《养老奉亲书》就十分详细地论述了老年人的膳食调理。他认为，人上了年纪，身体已逐渐衰弱，不再像年轻的时候那么强壮，因此要格外重视老人的饮食。"若少年之人真元气壮，或失于饥饱，食于生冷，以根本强盛未易为患。其高年之人真气耗竭，五脏衰弱，全仰饮食以资气血，若生冷无节，饥饱失宜，调停无度，动成疾患。"陈直认为，老人的饮食调养平时要做到，"凡百饮食，必在人子躬亲调治，无纵婢使慢其所食。老人之食大抵宜其温热熟软，忌其粘硬生冷。每日晨朝宜以醇酒先进平补下元药一服，女人则平补血海药一服，无燥热者良，寻以猪羊肾粟米粥一杯压之，五味、葱、薤、鹑臇等粥皆可。至辰时服人参平胃散一服，然后次第以顺，四时软熟饮食进之，食后引行一二百步，令运动消散，临卧时进化痰利膈人参半夏丸一服，尊年之人不可顿饱，但频频与食，使脾胃易化谷气长存，若顿令饱

---

①（唐）孙思邈；李景荣等校释. 备急千金要方校释［M］. 北京：人民卫生出版社，1998：578.

② 杨国安. 道教与健康 创造康乐的奇境［M］. 哈尔滨：黑龙江科学技术出版社，1995：52.

食，则多伤满。缘衰老人肠胃虚薄，不能消纳，故成疾患。为人子者，深宜体悉。此养老人之大要也。日止可进前药三服，不可多饵，如无疾患亦不须服药，但只调停饮食自然无恙矣。"①"不可令食粘硬毒物……劳暮夜之食不同令饱。"

老年人体弱多病，容易因气候变化产生健康问题，所以老年人的饮食调整应随着季节气候的变化作出相应调整。"当春之时，其饮食之味，宜减酸益甘，以养脾气。……惟酒不可过饮，春时人家多造冷馔米食等，不令下与。如水团、兼粽，粘冷肥僻之物，多伤脾胃，难得消化，大不益老人。"②"其饮食之味，当夏之时，宜减苦、增辛，以养肺气……饮食温软，不令太饱，畏日长永，但时复进之。渴宜饮粟米温饮、豆蔻熟水，生冷肥腻，尤宜减之。……若须要食瓜果之类，量虚实少为进之。缘老人思食之物，若有违阻，意便不乐。但随意与之，才食之际，以方便之言解之。往往知味便休，不逆其意，自无所损。……细汤名茶，时为进之，晚凉方归"；"当秋之时，其饮食之味，宜减辛增酸，以养肝气。……其新登五谷，不宜与食，易动人宿疾"；"当冬之时，其饮食之味，宜减咸而增苦，以养心气。……大寒之日，山药酒、肉酒，时进一杯，以扶衰弱，以御寒气。……冬燥，煎炉之物，尤宜少食。……如冬月阳气在内，虚阳上攻。若食炙火煿燥热之物，故多有壅噎、痰嗽、眼目之疾……晨朝宜饮少醇酒，然后进粥"。

陈直在老年人的膳食护理上展现出独特的见解，他强调的不仅仅是基本的饮食养生，而是将家庭关怀融入其中。例如，当长辈渴望享用可能对健康不利的食物时，子女不应直接拒绝对方，而是采取策略，适度限制并以温情的话语引导，实际上，这种举措将膳食调养与维护长辈的心理满足紧密相连。这种充满亲情的互动方式与饮食调养相得益彰，对提升老人的整体养生效果有益。

---

① （宋）周守忠. 养生类纂［M］. 北京：中国中医药出版社，2018：61.

② 孙中堂. 中医必读百部名著 养生卷［M］. 北京：华夏出版社，2008：23.

二、唐宋的饮食治疗学

中国独特的医疗实践中，食疗的传统深深植根于其丰富的饮食文化中。饮食疗法的历史渊源可追溯至远古先秦时代，进入唐朝和宋朝，这一领域迎来了知识的繁荣期，理论体系不断深化，食疗在医疗实践中扮演了核心角色，日益发展成中医学体系中一个独立且成熟的分支学科。唐宋时期的文献记录丰富，充分展示了饮食疗法在疾病防治中的不可或缺。

（一）唐代的饮食治疗学

在唐代，涌现出了许多专门探讨饮食疗法的著作，如孙思邈《千金要方·食治》《千金翼方·养老食疗》，孟诜、张鼎《食疗本草》，昝殷《食医心鉴》等。这些书籍详细阐述了利用饮食来治疗疾病的通用原则和基本实践，是奠定中国食疗学的基石。

1. 食疗为先原则的确立

孙思邈在其著作《千金要方·食治》中首次提出食疗为先的原则，他认为："夫为医者，当须先洞晓病源，知其所犯，以食治之，食疗不愈，然后命药。"强调饮食疗法是首选，如果饮食疗法无效，才考虑使用药物治疗。这是由于"药性刚烈，犹若御兵，兵之猛暴，岂容妄发。发用乖宜，损伤处众，药之投疾，殃滥亦然"；"药势偏有所助，令人脏气不平，易受外患"。孙思邈明确了药物性有偏颇，应当仅限于急救情况下使用。在肯定"救疾之速，必凭于药"的同时，告诫人们"人体平和，惟须好将养，勿妄服药"。与药性偏颇不同，食性平和，"是故食能排邪而安脏腑，悦神爽志，以资血气。若能用食平痾、释情、遣疾者，可谓良工"[1]。食疗为先的原则在中国

---

[1] 徐海荣. 中国饮食史 卷 3 [M]. 北京：华夏出版社，1999：461.

食疗学的发展历程中扮演了关键的角色。这一原则肯定了食疗的独特价值，但它并不是单一的、绝对的替代药物疗法的方法。食疗为先的实质在于，倡导预防优于治疗，鼓励人们通过膳食调整来提升整体健康水平，增强抵御疾病的能力；同时，它提倡及时干预，巧妙融合饮食疗法与药物疗法，尽早消除疾病的潜在风险。这个原则的提出，标志着对传统"药食同源""药食同用"观念的超越，纠正了过去仅仅视食疗为医疗的辅助手段的认识误区，清晰界定了食疗与药物疗法的地位关系，从而为古中医食疗学科的系统构建提供了坚实的科学理论基石。

2. 食疗食物的增多

在唐代以前，可用于疾病治疗的食材有限，限制了饮食疗法的进一步发展。在唐朝时期，临床治疗中使用的食物种类逐渐增多，饮食疗法显著地超过了以往的水平。许多研究者都发现了这一点，如陈伟明先生称："不少食物，唐以前不见于食疗及本草书籍记载。仅从唐代《食疗本草》中所见，就有诸如蕹菜、落苏、白豆、大豆、荞麦、荔枝、杨梅、橄榄、鹑、比目鱼、青鱼、石首鱼等一大批具有一定疗效的食品是首次见载，且有较详尽之记载。"黎虎先生称："该书还首次记载了不少当时的药学文献未曾记载的食物，例如鱼类中的鳜鱼（桂鱼）、鲈鱼、石首鱼（黄花鱼）等；菜类的蕹菜（空心菜）、菠薐（菠菜）、白苣（莴苣）、胡荽等；米谷类的绿豆、白豆、荞麦等。"①有的学者称："藻菌类食品的治疗作用也得到广泛运用，除了昆布、海藻、紫菜、茭白、菌子、木耳之外，该书首次记载了船底苔、干苔等藻类植物的食用和药用价值。"唐代食疗食材丰富化的根源很可能与该时期的饮食文化交流密切相关。这一时期引入的食疗食材种类繁多，其中包括源自西域并在隋唐之际才流入中原的蕹菜、菠菜、莴苣和胡荽等蔬菜等。同时，唐

---

① 黎虎. 汉唐饮食文化史［M］. 北京：北京师范大学出版社，1998：361.

第四章 唐宋文化的细节——饮食、风俗文化

179

代，来自南方的丰富海鲜和藻类品种首次进入中原。面对这些新食材，唐代的医学专家们逐渐积累了对它们特性和疗效的深入认识，从而将它们纳入了食疗实践之中，开启了新的饮食疗法篇章。

3. 食疗形式的多样化

在唐代之前，食疗形式相对单一，而在唐代时期，食疗形式开始变得更加丰富多样。就具体做法方面来说，唐代的饮食治疗已经相当完善，由最初的汤酒等简单形式，逐步拓展至浆、乳、饮、羹、饼、点心、菜肴等丰富多样的食品系列。如咎殷《食医心鉴》载，黄雌鸡，"主脾胃气虚，肠滑下痢，以炙鸡散黄雌鸡一只，治如食法，以炭炙之，槌了以盐醋刷之。又炙令极熬熟干燥，空腹食之；又云主赤白痢食不下，肥雌鸡一只，治如常法，细研为臛，作面、馄饨空心食之；又云主消渴，伤中，小便数，黄雌鸡一只，治如常，煮令熟，去鸡停冷，渴即饮之，肉亦可食；若和米及盐豉作粥，及以五味作羹，并得；又云主小便数虚冷，鸡肠一具，治如常，炒作臛，暖酒和饮之"。这里涉及的饮食品种有炙肉、面、馄饨、汤、煮肉、粥、羹、臛等。又如，陈廪米，"除烦热，下气，调胃，止泻痢，作饭食之"，这是饭；粟米，"主脾胃气弱，食不消化，呕逆反胃，汤饮不下，粟米半升，杵如粉，水和丸如梧子，煮令熟，点少盐，空腹和汁吞下"，这是圆子；白鸭，"主水气胀满浮肿小便涩少，白鸭一，食去毛肠，汤洗，馈饭半升，以饭、姜、椒酿鸭腹中，缝定如法，蒸候熟食之"，这是蒸菜；猪肉，"又主上气咳嗽，胸膈妨满，气喘。猪肉细切作鎚子，于猪脂中煎食之"，这是炒菜；猪胰，"又治一切肺病，咳嗽，脓血不止，猪胰一具，削薄竹筒盛于糖火中，炮令极熟，食上吃之"，这是炮菜；鳗鲫鱼，"主五痔瘘疮杀虫方，鳗鲡鱼一头，治如食法，切作片炙，着椒盐酱，调和食之"，这是烤菜。

在丰富的食疗膳食选择中，流质的羹、粥和汤占据主导地位，这主要得益于其独特的性质。这些食品易被人体高效消化和接纳，有助于减轻对食疗患者肠胃的压力，并能大量补充水分。此外，非流质的食疗膳食也通常经过精细烹饪，口味清淡，同样有利于患者的消化吸收。在享用食疗膳食时，一般空腹并趁热食用，这种做法的初衷同样是考虑到消化吸收效率，以便最大程度地发挥食物的疗效。与药物疗法类似，饮食疗法也有其特定的禁忌，如冷饮、油腻食物等，需要在实施过程中加以遵循，以确保治疗效果的最大化。

在唐代的食疗中，许多人会食用带有药物成分的"药膳"。如"云母粉半大两，研作粉，煮白粥调，空腹食之"，以治小儿赤白痢及水痢；"生地黄汁三合，煮白粥，临熟入地黄汁，搅令匀，空心食之"，以治"劳瘦骨蒸，日晚寒热，咳嗽唾血"。"药膳"是一种同时具有药物和食物功效的疗法，能够在进食的同时为患者提供治疗效果。此外，唐代还有许多利用药酒治疗疾病的方法。因为"药膳"和药酒中添加了药物成分，所以它们的疗效相对更快，如《独异志》载："（唐）太宗苦气痢，诸治不效，即下诏问殿庭左右有能治者，重赏之。宝藏曾困其疾，即具疏以乳煎荜拨方，上服之立瘥。……其方每服用牛乳半升、荜拨三钱匕，同煎减半，空腹顿服。"①在进食药膳、药酒时，应当注意遵守禁忌，以免因为饮食与药物之间的相互作用而减弱疗效，甚至导致中毒并加重疾病，从而危及生命。

（二）宋代的饮食治疗学

1. 食疗为先思想的广泛传播

到了宋代，食疗为先的观念进一步普及，尤其在医学领域，食物疗法为先的治疗原则得到了广泛传承和发展。成于宋太宗淳化三年（992 年）的王怀隐《太平圣惠方》载："安人之本，必资于食；救疾之道，乃凭于药，故

---

① 王汝涛. 太平广记选 下［M］. 济南：齐鲁书社，1981：481.

摄生者先须洞晓病源，知其所犯，以食治之，食疗不愈，然后命药。"陈直《养老奉亲书·饮食调治》称："若有疾患，且先详食医之法，审其症状以食疗之，食疗未愈，然后命药，贵不伤其脏腑也。""其水陆之物为饮食者，不啻千品，其五色、五味、冷热、补泻之性，亦皆禀于阴阳五行，与药无殊……人若能知其食性调而用之，则倍胜于药也。缘老人之性，皆厌于药而喜于食，以食治疾，胜于用药。况是老人之疾，慎于吐痢，尤宜食以治之。凡老人有患，宜先以食治，食治未愈，然后命药，此养老人之大法也。是以善治病者，不如善慎疾；善治药者，不如善治食。"除了强调食疗为先之外，宋代的医学专家们也普遍认为饮食在治疗过程中具有重要的辅助作用。如王怀隐《太平圣惠方》卷 96《食治》称："（产后）若饮食失节，冷热乖理，血气虚损，因此成疾。药饵不和，更增诸病。今宜以饮食调治，庶为良矣。"

不只在医学界，宋代普通的文人士大夫也十分认同食疗的重要性。黄庭坚《士大夫食时五观》云："五谷五蔬以养人，鱼肉以养老。形苦者，饥渴为主病，四百四病为客病，故须食为医药，以自扶持。是故，知足者举箸常如服药。"黄庭坚的观点揭示了宋代文人阶层对于食疗的独特见解，这在当时颇具代表性。食疗为先的理念，在唐朝或许仅限于医学专家的圈子，但到了宋代，这一观念已十分普通，尤其在文人士大夫之间广泛传播，并通过他们的影响力得以广泛渗透至社会各个角落。这种理念的普及度与接受度不断提升，使得食疗成为各阶层普遍接纳的生活理念，而非仅仅用于医学实践。因此，宋代在食疗的实际应用和推广上，明显超越了前朝。文献资料显示，无论是皇室贵族还是普通民众，都普遍采用饮食疗法作为保健手段。如赵溍《养疴漫笔》载："孝宗尝患痢，众医不效，德寿忧之，过宫偶见小药肆，遣中使询之，曰：'汝能治痢否？'对曰：'专科。'遂宣之。至请，问得病之由。语以食湖蟹多，故致此疾。遂令诊脉，曰：'此冷痢也。其法用新采藕节细研，以热酒调服。'如其法，杵细酒调，数服即愈。德寿大喜，就以杵药金杵臼赐之。"这是宋代皇帝食疗的例子。彭乘《墨客挥犀》卷 8 载："王文正太尉气羸多病，真宗面赐药酒一瓶，令空腹饮之，可以和气血、辟外邪。文正饮之，大觉安健。因对称谢，上曰：'此苏合香酒也。每一斗酒以苏合香丸一两同煮，极能调五脏、却腹中诸疾。每冒寒，夙兴则饮一杯。'因各出数榼赐近臣，自此臣庶之家皆效为之。"这是宋代王公大臣食疗的例子。赵葵《行营杂录》载："松阳县民有被殴，经县验伤。翊日引验，了无瘢痕。宰怪而诘之，乃仇家使人要归，饮以熟麻油酒，卧之，火烧地上，觉而疼肿尽消。"[①]这是宋代普通百姓食疗的例子。

2. 食疗方法的继承和发展

宋代食疗方法在继承传统的同时，也得到了进一步的完善和发展。在宋代的许多医学著作中，都有食疗方面的内容。如王怀隐《太平圣惠方·食治论》中记载了 28 种疾病的治疗方法，如糖尿病患者宜饮牛乳、水肿病患者要吃鲤鱼粥等；宋徽宗赵佶《圣济总录·食治门》中记载有 30 种治疗各种疾病的食治方法。北宋陈直《养老奉亲书》对老人的食疗提出了许多重要的、富有创新意义的见解，在"食治老人诸疾方"中，陈直共收录眼目、耳聋耳鸣、五劳七伤、虚损羸瘦、脾胃气弱、泻痢、渴热、水气、喘嗽、脚气、腰脚疼痛、诸淋、噎塞、冷气、诸痔、诸风等 17 种老年病症的食疗方剂 162 个。

宋代的食疗食材类别与唐代相比，差异不大，主要原因是宋朝时期新引入的农作物品种不多，因此在食疗中所使用的食材种类与唐代基本保持一致。宋代食疗的特点在于它倾向于利用日常食物的天然医疗功效，尽量减少或避免使用药物，真正实现了以食为药的治疗理念，这在之前的饮食治疗实践中是难以做到的。如"治胸腹虚冷，下痢赤白"的鲫鱼粥，以"鲫鱼四两切作鲙，粳米三合，右以米和鲙作粥，入盐椒葱白，随性食之"。"治小便多

---

① （清）王孟英. 名医类案正续编［M］. 太原：山西科学技术出版社，2013：218.

数，瘦损无力，宜食羊肺羹方。羊肺一具细切，右入酱醋五味，作羹食之。"柳叶韭，"韭菜嫩者，用姜丝、酱油、滴醋拌食，能利小水，治淋病"。

宋代的食疗方法比唐代更加多样化，如林洪《山家清供》一书所列的食疗方剂，"就有诸如饭、粥、面、淘、索饼、馎饦、馄饨、糕、饼、脯、煎、菜、羹、酒、茶等多种食疗的形式与方法"。陈直《养老奉亲书·食治老人诸疾方》中的食疗饮食品种有：粥（45+4）、索饼（6）、馎饦（6）、馄饨（2）、饭（1）、饼子（1）、煎饼（1）、煮菜（17）、炙菜（5+2）、蒸菜（3）、煨果（1）、熟脍（2）、生脍（3）、羹（11+2）、膔（6）、乳（4）、煎（12）、饮（13）、汤（8+1）、汁（1）、茶（2）、酒（9）、散（1）等。其中包括各类主食、多种菜肴，以及茶、酒、乳制品和各式汤品，几乎囊括了那个时代人们日常生活的所有饮食选择。通过分析各类食品和饮料的提及频率，我们可以看出宋代的食疗疗法主要倾向于粥、羹和汤饮，这一倾向与唐代相似，反映出食疗方式的延续性。宋代的食疗烹饪手法也效仿唐朝，依然以炖煮为主，且注重食物的软烂程度，旨在最大程度地照顾病患的消化和吸收需求。这些细节揭示了宋代对唐代食疗传统的深度承袭和实践。

宋朝也延续了根据个人特点、地域和季节特点调配食谱的食疗传统。以陈直所著的专门论述老年人食疗方法的《养老奉新书》为例，书中详细列举的食疗方剂，就充分考虑了地域特色、季节变化等多元因素对食疗效果产生的潜在影响。"食治老人膈上风热、头目赤痛、目赤眽眽竹叶粥方。竹叶（五十片洗净），石膏（三两），砂糖（一两），浙粳米（三合），右以水三大盏，煎石膏等二味，取二盏去滓，澄清，用煮粥熟，入沙塘食之。""食治老人上气急喘息不得、坐卧不安猪颐酒方。猪颐（三具细切）、青州枣（三十枚），右以酒三升浸之，若秋冬三五日，春夏一二日。密封头，以布绞去滓，空心温任性渐服之，极验。切忌咸热。"上述两则食疗方案，把"浙粳米"与"青州枣"作为食疗食材，这一选择充分考量了不同地域食材在质地和性味上的差异。特别是"浙粳米"，其性温特质与北方粳米的性凉特点形成了鲜明对比，凸显了地域因素对食材特性的影响。此外，食疗方案中的"秋冬三五日，春夏一二日"这一表述，也明确指出了季节因素对食疗效果的重要影响。

总结起来，唐宋时期的饮食疗法发展到了新的高度，确立了以饮食疗法为先的治疗理念。这一时期的饮食疗法特色鲜明：首先，丰富的食材被广泛应用于食疗，特别是那些源自各类动物的"杂碎"，成为独特亮点；其次，食疗方法形式多样，从日常饮食中汲取灵感，以粥、羹、汤、饮料等形式呈现，易消化是其显著特征；再次，食疗不再局限于单一用途，而是作为主要疗法或药物治疗的辅助手段；最后，治疗过程中注重个体差异，对病情的诊断和处理精细入微，强调因人、因地、因时的个性化膳食调配。相较于唐代，宋代时期饮食疗法的普及程度明显提升，食疗优先的理念深入社会各个层面，成为广大民众普遍接受的生活哲学。在配膳方式和服用形式上，宋代更显创新与丰富，展现出时代的进步和健康理念的发展。

第四节　唐宋风俗与服饰文化

一、唐宋风俗

（一）唐代风俗

1. 婚嫁习俗

在唐代社会中，大多数平民家庭遵循的是一夫一妻的婚姻模式。不过，在那些富有和有权势的家族中多为一夫多妾模式。根据唐朝的规定，五品及以上的官员，以及亲王，有权拥有 3～10 名正式的媵妾。除这些正式媵妾外，他们还可以有无数的妾室。对于一般庶民，法律同样允许他们拥有众多姬妾。

唐代妇女一般在 15 岁左右出嫁，早则 13 岁，晚则 17 岁。唐朝初年，由于人口减少，官府鼓励早婚多育，还会强令不婚者出嫁，不仅不限制年轻寡妇改嫁，还曾出于增加人口的目的予以鼓励。

唐代婚嫁习俗基本与前代相同。婚嫁双方须严格遵"父母之命，媒妁之言"，父母允许女儿自择佳偶只是个别事例。受士族崇尚门第的影响，唐代社会上层择婚时极重门当户对。旧士族以门第自高，互相结为婚姻，太宗曾经禁止他们通婚，称为"禁婚家"，门第低的人家，往往要付出很高的"陪门财"。但是魏征、李绩等当朝新贵仍争相同这些政治上衰落的旧族高门结亲，即使在武则天时期，娶太原王氏、赵郡李氏这些士族人家的女儿，也是来俊臣等酷吏所孜孜追求的，尽管当时社会舆论和朝廷大臣指责他们娶士族的女儿是"辱国"。一直到晚唐，士族子弟仍然是皇室驸马的上选。一般人家的婚姻缔结，当然也讲究门当户对。

从缔结婚姻的程序来看，首先是议婚。依古之礼，以男方为主，须经纳彩、问名、纳吉、纳征、请期、亲迎 6 项。准备议婚时，男方托媒人向女方提亲，女方同意，男方须备礼去正式求婚，为纳彩。唐代纳彩有合欢、嘉禾、阿胶、九子蒲、朱苇、双石、棉絮、长命缕、干漆九事。胶漆取其固，棉絮取其调柔，蒲苇取其可屈可伸，嘉禾为福，双石义坚。之后，男方请媒人问女方生辰八字，卜问吉凶，为问名。最后，送聘定礼于女方家为纳征。商定迎娶日期为请期。至期，新郎须亲迎新妇，为亲迎。

亲迎之时，新郎骑马，新妇坐车。车的颜色因新郎社会地位不同而不同。迎亲之礼"以粟三升填臼，席一枚以覆井，枲（麻）三斤以塞窗，箭三只置户上。妇上车，婿骑而环车三匝。女将上车，以蔽膝覆面"。新妇入门时，公婆和家人从便门出去，然后跟在新妇后面从正门进来，意思是踏去新妇足迹，让她不再回去，表达的是新妇从一而终，与丈夫白头偕老的愿望。新妇入门后拜祖宗、公婆，之后还要拜猪栏、灶炕，以求生活富庶。唐代以前婚礼在日暮黄昏时举行，唐代则在拂晓白天举行。

唐代婚俗与前代相比,显得更为隆重而热烈,虽然仍把结婚当成结两"姓"之好,是家庭之事,却也不像以前那样拘谨,比较开放了。相应地婚礼中有讲究排场和奢侈之风气,如当时偏僻荒凉的永州,婚礼中"出财会宾客,号破酒。昼夜集多至数百人,贫者犹数十。力不足,则不迎,至淫奔者"①。由于唐朝人的贞节观念比较淡漠,女子在婚前失去贞节并不会成为结婚的障碍,而且离婚后重嫁也不会遇到歧视。

2. 丧葬习俗

唐朝时期丧葬习俗多承前代。皇帝及文武百官丧葬之礼皆有严格的等级定制,必须以礼而行。庶民百姓之丧葬则多依风俗习惯。

人之将死,必须将危重病人移至正房,谓之"寿终正寝"。人死之后,直系亲属须给尸体擦洗,以示洁身而来,洁身而去,然后换上葬服,入棺,将面衣覆盖在死者脸部,停灵柩于堂屋,为"殡"。

出殡选吉日吉时,时辰未到不能上路。唐人沿袭一棺一椁的古制,灵车前有引魂幡,挽士高唱挽歌,孝子贤孙高举铭旌。铭旌三品以上长 9 尺,五品以上长 8 尺,六品以下 7 尺,并书写"官封姓名"于其上。普通庶民则无官封之名。灵车之后,则为着各类孝服的送葬队伍。归葬时沿途设有"路祭":每半里一祭,于路旁设帐幕,其中有祭盘,置假花果和粉人粉帐之类。唐初帐幕不过方丈,后来愈益奢侈,帐幕高达几十尺,祭品也穷极工巧,甚至有刻木为古戏以为路祭物的。灵车过时,送葬者手拉布幕观赏热闹,失去了路祭寄托哀思的本意。

死者棺内有时需放入"买券",外棺上则放着写有死者姓氏、门阀、仕履、生平的墓志铭。墓穴中放入陪葬品。唐中期开始,厚葬成俗,禁而不止。死者墓前树华表,并在墓前、墓道上设立群雕,以标志死者身份和等级。唐

---

① 刘斌. 中华传统文化知识 26 讲 [M]. 北京:中国政法大学出版社,2021:90.

代盛行以四神做明器，两只镇墓兽左右对置于墓室入口处，两只镇墓俑分别放在镇墓兽后面，做天王状。开元以后，以十二生肖俑陪葬的风俗也逐渐流行。一般墓地建有寝殿，以供祭祀洒扫。周围植柏、杨等树。唐人常结庐于墓侧，手植松柏以表现孝道，寄托哀思。

官僚权贵之家为丧葬耗去巨资而不惜，穷苦人家则有身死而无以供葬者，甚至裹尸田野而不得入土，故唐政府规定无力供葬者，准许出卖永业田。中唐以后，均田制破坏，贫人已无立锥之地，更无力供葬，一般百姓的丧葬只能简而又简。

客死他乡者，一般移葬本籍，"人死于外，以棺柩还城者勿禁"；甚至"先经流贬罪人，不幸殁于贬所，有情非逆恶，任经刑部陈牒，许令归葬"。但也有不愿归葬本籍者，如京洛达官贵人死后，纷纷葬于北邙山上，致使"北邙山头少闲土，尽是洛阳人旧墓"。但严格地讲，客死异乡不归葬既不合礼，也是违法的。后周时就规定，选举士人时，如果有祖父母、父母死在异乡而未曾归葬乡里者，则不能参加科举，也不能以任何途径入仕。

与丧葬有关的习俗礼法还有，子孙亲属为死者服丧，仍按亲疏远近分为斩缞、齐缞、大功、小功和缌麻五种丧服，称"五服"；服丧期间不能婚嫁，不能宴乐；为官之人应辞官服丧，称"丁忧"，期满再复职。选墓地要看风水望地气。信佛之家还要请僧人念经超度亡灵，并且按照自己的财力情况，做七七、小祥、大祥等各种法事。

3. 时令节日习俗

唐五代时期的时令节日很多，自正月至腊月，有元日节（又称元旦，即今之春节）、立春节、人日节、上元节、耗磨节、晦日节、中和节、社日节、寒食节、清明节、上巳节、端午节、乞巧节、中秋节、重阳节、冬至节、腊日节、除夕节等等。在这些节日中，唐代上自君王嫔妃，下至贩夫走卒，都要举行不同形式的风俗活动。祭祀宴享、走亲访友、聚会歌舞，饮食和穿戴各种具有象征意义的用物，活动内容十分丰富多彩。人们通过这些活动，顺应季节变化，休闲娱乐，同时还借以表达自己的心愿情感：或追念先贤故人，或驱邪除祟，或祈求身体健康、生活富足，或对亲友表示美好的祝愿。

除夕和元日，是一年中最重要的节日，节日气氛也最为热烈。在除夕，全家团聚，欢宴痛饮，围坐守岁，等待子时，迎接新的一年到来。元日，晚辈向长辈拜年，相互祝福。在京任职的官员一大早便要集体到宫中向皇帝后妃恭贺新禧；民间则在家中吃团圆饭，饮屠苏酒。为迎接新年，民间还有于庭院之中焚竹（因焚竹时有爆裂之声，故又称爆竹）驱邪的习俗，沿袭到后代，则为燃放烟花爆竹；门上贴春联迎新年的风俗，五代十国时期首先在四川地区出现，我国最早的一副对联据传是由后蜀国主孟昶所作。

寒食节和清明节，在当时也是重要的节日。寒食节在清明节的前一天，相传是为纪念春秋时期晋国的介子推而设立的。因介子推是被火烧死的，故寒食节期间，民间禁止生火做饭而要吃冷食，故名寒食节，唐人在这一天要举行相应的祭祀活动。清明节原为农事节日，到唐代已演变成扫墓、上坟祭拜亡故亲人的特殊日子；人们在祭祖扫墓之后，还要踏青野游。在唐代，寒食节过后，在清明这一天还要换新火；皇帝则取榆柳之火分群臣，以顺阳气。

五月五日端午节，相传是为了纪念伟大诗人屈原。端午节期间，民间吃粽子（又称角黍，有些地方还有筕筒粽即用新竹筒蒸米做成的粽子）、饮雄黄酒、插菖蒲，以顺应时气、驱除疫疫，南方地区还有赛龙舟的活动。

七月七日是乞巧节，在唐代这是唯一一个以妇女为主要角色而开展活动的节日，它也可以说是我国古代的妇女节。相传七月七日夜晚，是牛郎与织女鹊桥相会的时候，自汉魏时期开始，各地妇女都要在此日举行多种纪念活动，至隋唐五代，包括皇宫嫔妃在内的广大妇女都在此夜摆设几案瓜果于庭院之中，供奉织女星，并焚香祷告，祈求针线女红之巧，祈盼爱情与和美的夫妻生活。

八月中秋、九月重阳等，也都是流传很广的民俗节日。中秋之夜，皓月当空，民间阖家团坐赏月，有的地方还有"拜月"风俗，并设案供奉；而在九月九日重阳节，人们则插茱萸和饮茱萸酒，与亲友相携登高望远。

唐五代的时令节日，大体上是前代流传下来的，但形式和内容都有不少发展，文化内涵更加丰富了。比如，这一时期已出现了钟馗、秦叔宝、尉迟敬德的门神形象，形成了清明扫墓的风俗，过年时在门上贴对联的习俗也是从这一时期开始的。由于佛教文化的发展，这一时期出现了一些佛教节日，如佛诞日、浴佛节、盂兰盆节等。对于当时丰富多彩的时令节日风俗，文人墨客留下了大量的诗文，其中有不少佳句名篇脍炙人口，千古传颂。

（二）宋代风俗

1. 婚嫁与丧葬习俗

在宋代，由于门阀世族的消亡和商品经济的发展，在婚嫁上有两个重大变化：一是宋代"婚姻不问阀阅"；二是嫁娶论财。在通婚书中，除了写上男女名字和生辰，还要详细写明随嫁的田舍、资产及奁具数目。这种"娶妻不顾门第，直求资财"的风气，使买卖婚更加表面化，公开化。

宋代把"孝"作为维护三纲五常的重要手段。从北宋初年起，就重视丧礼，特别是重视人子的三年之丧。一般官员若无特殊情况，都得弃官守丧。在《宋史》中记载了很多守丧尽孝的孝子，一般读书知礼的士大夫大都能严守孝道。丧礼在士大夫贵族之家，仪礼甚盛。民间也有用僧道诵经设斋，称为"资冥福"。

宋代一般民间的葬礼有两种：一是土葬，一是火葬，主要是土葬。土葬很重视葬术。宋代是我国历史上火葬大量出现的时期，贫苦人民由于生活所迫，虽至亲之丧，悉皆焚弃。宋廷对火葬虽然屡有禁令，但仍流行于河东、两浙地区。

2. 岁时节日习俗

在民间，腊日最初是定在腊月初八。其实腊日与腊八节是有区别的。腊八节的习俗为食用以八种食物做成的粥，其中掺杂着佛教传说。据说佛祖释迦牟尼在此日成佛，每逢这一天佛寺要诵经、浴佛及用果实煮粥供佛。佛教传入以后，民间也效法佛寺作"腊八粥"。尽管如此，腊八食粥的习俗却揭开了新年的序幕，腊八节后人们便开始为新年的到来而忙碌。而腊日是在腊月廿四日，主要的活动是祭灶。灶王被看作是上帝派往民间的监护神，可上天向上帝言人的善恶。宋代祭灶的风俗比较隆重，家家户户打扫房舍，表示除旧迎新之意，江南一带又称祭灶为过小年。一年最后一天为除夕，这天各家各户迎灶王、贴春联、换桃符，表示除旧迎新，全家聚在一起，吃团圆饭，称为"送岁"。除夕"守岁"的习俗，一般认为起于唐代，到了宋代已成为普遍的习俗。

农历正月初一，是古代官方法定的岁首，称为元旦或元日，意指新的一年的开始，它是一年各节中最隆重的民俗节日。有关元旦的习俗，王安石在其《元旦》诗中有生动的描述："爆竹声中一岁除，春风送暖入屠苏。千门万户曈曈日，总把新桃换旧符。"诗中道出了元旦燃放爆竹，换桃符、饮屠苏酒等习俗。

正月十五为元宵节，又称灯节，道家称为上元节。宋代元宵节张灯的习俗最为普遍，自京师至地方州县民间，无不有张灯的习俗。在城市中灯节持续时间由三夜增加到五夜。北宋东京的元宵节从头一年的冬至就开始筹备，正月十五日当天，各种社火队伍出动，是时万人空巷，集于禁城左近，热闹非凡。皇帝在正月十六日夜亲临宣德楼，或赦免罪人，以宣扬自己的威德。

在地方州、郡，一般自正月十三日上灯，有的地方谓之"放火"，至十六日落灯。

冬至后105日为清明，清明前二日（一说一日）为寒食节。清明与寒食节本来是不相干的。清明是二十四节气之一，在古代民间就有清明扫墓和郊外踏青的习俗。只是由于两个节日的日期非常接近，从唐代起便把寒食节与清明节联系起来，清明节逐渐代替寒食节，到宋代成为以祭祖扫墓和郊野踏青为主的全国性节日。宋代拜扫亲人坟墓，一般新坟均在清明日祭扫，旧坟则在大寒之日（寒食第一日）。清明节郊游时，人们普遍地采回花草插于门上，尤以插柳枝为多。插柳活动有祈年求雨的含义。

农历五月初五，为仲夏第一个午日，故名端午。从南朝梁宗懔《荆楚岁时记》起，端午节的来历与屈原之死附会在一起，说屈原遭谗言被楚怀王流放江南，于五月五日投汨罗江而死。人们为了纪念他，便在这一天竞渡龙舟来拯救他。其实端午节来源于夏至节，与屈原本无关系。端午的一些习俗，如竞渡龙舟、系红色线、吃粽子等，都是原夏至节的习俗。

农历七月七日夜谓之"七夕"。七夕又称女儿节、乞巧节，乞巧习俗以及有关牛郎织女的传说是节日的主要内容。魏晋以后，乞巧习俗日益普及。每当七月七日夜晚，妇女们陈酒脯瓜果于庭前，用五色线，对月穿七孔针，过者为巧，谓之乞巧。宋代七夕已成为相当隆重的民间节日，《东京梦华录》卷8、《梦粱录》卷4和《武林旧事》卷3都有详细的记述。

《东京梦华录》记载了北宋首都汴京中秋节的盛况："中秋夜，贵家结饰台榭，民间争占酒楼玩月，丝篁鼎沸。近内庭居民，夜深遥闻笙竽之声，宛若云外，闾里儿童，连宵嬉戏。夜市骈阗，至于通晓。"这时节吃的糕饼也做成圆形的，叫作月饼。月饼一名始见于《武林旧事》一书。

农历九月九日为重阳节。古人以九为阳数，月、日都逢九，故名重阳。"重阳"一词最早见于楚辞《远游》中的一句诗："集重阳入帝宫兮。"汉代末期才成为九月九日这个节日的别称。晋《风土记》记载了重阳登高、饮菊花酒、插带茱萸的风俗。在宋代，据《梦粱录》记载，"今世人以菊花、茱萸浮于酒饮之，盖茱萸名'辟邪翁'，菊花为'延寿客'"，故假此物服之，园苑、寺院、市店、民宅，都摆满菊花，以供赏玩。食品上，唐有菊花糕，宋代的重阳糕则放枣、栗、石榴、银杏、松子肉等，名目甚多。

二、唐宋服饰文化

（一）唐代服饰文化

唐代时期的服饰有官服、民服、男衣和女装之分。

官服是政治地位的标志，等级森严。武德四年（621）定制，皇帝之服有大裘冕等 14 种，太子之服有衮冕等 6 种，皇后之服有袆衣等 3 种，皇太子妃之服有褕翟等 3 种。百官之服依其品级各有差：一品为衮冕，二品为鷩冕，三品为毳冕，四品为絺冕，五品为玄冕，六品以下到九品为爵弁。

官服的颜色也有定制，皇帝用赤、黄，禁止臣民用。高宗以后，以三品以上之服为紫，四品之服为深绯，五品之服为浅绯，六品之服为深绿，七品之服为浅绿，八品之服为深青，九品之服为浅青。"凡王公以下及妇人服饰等级，上得兼下，下不得僭上"，不然就是犯罪。

平民百姓之服多为白衣，有时着黄，其服饰较单调，一般为袍服、短衣。短上衣称襦。衣与裳合而为一者为深衣，下面垂至踝部，此为有身份之人的常服，亦为庶民之礼服。

男式头饰有两种。乌纱帽是硬帽，用绸纱做成，有乌色，也有白色或其他颜色。幞头是北朝时流行的一种包头软巾，也是用绸纱制成的，有四条带子，两条软带反系在头顶上，两条硬带垂在脑后。隋朝时以桐木放在幞头里面做支垫，使顶子高耸。唐代一般官员和平民戴的幞头两条硬带自然下垂，皇帝的幞头则直伸上翘。到五代时期平民的幞头两条带子不再下垂而平伸了。

女装，无论贵贱大体都由衫、裙、帔三大件构成。上面衫子的下摆系在裙腰中，裙子多半肥大，裙长拖地。肩上披帛，称为"帔服"，飘垂在腰间，有时还常在衫子外加穿"半臂"，即短袖上衣。

唐代妇女受胡风影响较大，流行健壮活泼的审美观，与前后各代相比，自由度高而拘束少。她们多爱穿胡服、戴胡帽，出门骑马时穿戴"幂䍦襦"，将全身罩住，瘦袖翻领。胡帽也称舞帽，样式为卷檐尖顶，上缀圆珠或金铃。唐代300年间，女性服饰几经变化，各时期均有流行的"时世妆"，唐初衫裙窄小，盛唐变得宽松肥大，中唐以后愈加肥宽。

（二）宋代服饰文化

宋代服饰总的说来可分为官服与民服两大类。

官服基本上继承唐制，皇帝服为黄袍，在制作和佩饰上有许多规定，任何人不得仿制。百官的服饰，除朝服外，又有公服，也称常服。宋制规定，公服分不同颜色，以区别官品高低。公服的样式为曲领（圆领）大袖，下裾加一横襕，其作用相当于以前的下裳。腰间束以标示官职高下的革带，头上戴的是幞头，脚上穿的是乌皮靴。袋上用金、银饰为鱼形而佩在公服上，系挂在革带间而垂之于后，用来分别贵贱。亲王有赐玉鱼者。凡是赐金、银鱼袋的服饰又称为"章服"。在宋代，赐金紫或银绯，是人们颇引以为荣的一件事。除公服外，又有时服，是每岁按节令赐给诸臣的衣装，开始只赐给将相、学士、禁军大校。建隆三年（962），乃遍赐百官，每年端午、十月一日两次赐服。这种时服，大多是以各式有鸟兽纹样的锦纹衣料做成的袍、袄、衫等，皆甚华贵。

宋初定制，庶民百姓只许服白色。到太平兴国七年（982），允许流外官及贡举人、庶人服皂（黑色）。因此，宋代一般庶人只许穿着普通的黑、白二色，不许穿紫色或绿色。至于商贾行人，也各有本行特定服饰。所以在宋社会生活中，衣着除表现出封建等级制的特征外，还表现出城市诸行百户的行业特征。

　　妇女的衣饰，也有限制。宋代一般妇女装束，上为衣衫、下为裙裳，头梳高髻。北宋末年，妇女突然流行一种短窄的衣服，裹贴在身上，有胡风，宋廷下诏禁止。妇女缠脚于北宋末开始盛行，主要是在贵族妇女中。

第五章　唐宋文化的窗口——对外传播

本章为唐宋文化的窗口——对外传播，分为五部分内容，依次是唐宋文化对外传播所蕴含的文化精神、唐宋文化对外传播中的文化符号、唐宋文化对外传播中的文化产品、唐宋文化对外传播途径与管理、唐宋文化对外传播中的文化制度。

第一节　唐宋文化对外传播所蕴含的文化精神

一、"尚公"精神

（一）文化内涵

中国古代的"尚公"精神，是中华民族传统文化的重要组成部分，具有深厚的文化内涵和历史价值，在中国几千年的历史长河中具有举足轻重的地位。这一精神最早源自古代的礼仪文化和官僚治理体系，渗透于社会的各个层面，对于促进社会的和谐、增强国家的凝聚力和推动文明的发展起到了不可估量的作用。

"尚公"精神本质上是一种超越个人私利，注重公共利益，强调公正、廉洁和奉献的价值观。在古代中国，这种精神体现在各个方面，无论是在治国理政，还是在日常的人际交往中，都能找到它的影子。官员治理国家时，强调的是"为官以公"，即官员在处理国家大事时要摒弃私心杂念，以国家和人民的利益为重。这不仅仅是对官员个人品德的要求，更是对整个治理体系公正性的追求。

在中国封建社会中，"尚公"精神也是君子之德的重要体现。孔子曾言，"君子喻于义，小人喻于利"。这反映了古代社会对于公与私、义与利关系的深刻理解和价值取向。尚公，就是要求人们在行事时，先考虑社会的利益，而非个人的私利。这种价值观念深深影响了中国人的道德观和行为准则，是中国传统文化中的一个重要方面。

具体而论，一方面，"尚公"精神可理解为："尚"，崇尚与推崇；"公"，整体与公利。"崇尚整体与公利"的思想体现在中国古代社会的各个层面，尤其是在政治治理和社会伦理中占据了核心地位。这一理念认为，国家和社会的利益高于一切，个人利益必须服从于整体利益。从儒家的"大同世界"理念，到法家的"重法轻私"，皆强调以国家和社会的整体利益为先。例如，在孟子所主张的"舍生取义"价值观中，"义"象征着整体与公利，"生"则代表着个体最高价值的利益诉求，而舍"生"取"义"也相应地成了"尚公"精神的终极要求，其文化内涵正在于"重公而轻私，先公而后私，就公而屈私，维公而舍私"[①]。在政治实践中，"尚公"的体现尤为明显。古代君王与官员在行政决策时，往往将国家稳定和民族团结作为首要考量，力图实现最大范围内的公共利益。例如，西汉时期的"文景之治"，就是通过减轻赋税、鼓励农业生产等举措，来追求社会整体的经济福祉和稳定，实现"以和为贵"的治国理念。此外，儒家经典在强调"仁爱"和"礼"的同时，也倡导"公"

---

① 王文兵. 变革中转型［M］. 长春：吉林文史出版社，2019：106.

字当头，即个人应该将社会公共利益置于个人私利之上。这种价值观念在古代社会具有广泛的影响力，是人们日常行为的重要指导原则。

另一方面，"尚公"精神中的"公"又可理解为"地位与身份"，这一特征体现了古代中国特有的社会结构和政治体制，即中央集权的官僚制度对社会生活的全面领导。在这样的体制下，官员不仅是执行国家政策的工具，更是维护社会秩序、推动社会发展的关键力量。崇尚"官本位"的表现之一是官员在社会中享有极高的地位和威望。官员被视为社会的楷模，其言行举止不仅关乎个人道德修养，更被视为影响社会风气和民众行为的重要因素。因此，古代官员在履职过程中，不仅要注重法律法规的执行，更要注重道德操守，以身作则，弘扬"尚公"的精神。在政策制定和执行过程中，"官本位"亦体现为政策导向的"公"先原则，即在处理国家大事和民间纠纷时，官员需摒弃私情，公正无私地裁断，以保证政策和法律的公正执行，维护社会公平正义。

（二）"尚公"精神对唐宋文化传播的作用

1. 提高了唐宋文化的竞争力

"尚公"精神在唐宋时期不仅是一种道德观念，更是一种社会行为的指导，对提高中国的文化竞争力、传播力有着不可忽视的贡献。从社会角度来看，"尚公"精神促进了社会的和谐与团结：在唐宋时代，社会分工日益精细，经济和文化都有了长足的发展，集体合作的重要性愈发凸显。强调集体的利益高于个人，鼓励人们放弃个人的狭隘利益，有助于减少社会矛盾，增强社会的凝聚力和稳定性，从而为文化的繁荣创造和谐的社会环境。从国家层面来看，对于"官本位"的崇尚，不仅提高了政府官员的素质，也促进了社会的流动。更重要的是，科举体系的建立和完善，使得文化知识成为提升社会地位的重要手段，激发了人们对文化学习的热情，从而促进了文化的发展和创新。在"官本位"的影响下，文人学者成为社会的精英，他们的文化创作和思想交流极大地丰富了唐宋时期的文化景观，提高了中国文化的竞争力。"尚公"精神还体现在对法制和制度的重视上。唐宋时期，随着社会经济的发展和变革，对于有效的社会管理和治理制度的需求增加。统治阶级通过制定和完善一系列法律法规，加强对社会的管理，不仅维护了社会秩序，也促进了经济和文化的健康发展。在"尚公"精神的指导下，法制不仅是维护国家和社会秩序的工具，更是保障文化繁荣和发展的基石。

2. 增强了唐宋文化的凝聚力

公私关系的合理处理是"尚公"精神发挥作用的基础。在唐宋时期，社会治理模式强调"尚公"原则，即在处理国家与个人、社会与家庭间的关系时，注重公共利益优先。这种思想不仅深植于官员的治国理念，也影响了普通民众的价值观。唐宋社会在很大程度上通过公共利益优先实现了利益的均衡分配，减少了社会冲突，有助于社会稳定和经济发展，从而为文化发展提供了肥沃的土壤。这种公私合理安排的社会文化环境，促使了文化价值观的统一与凝聚，为唐宋文化的繁荣打下了基础。

唐宋时期，受"尚公"精神的影响，诗歌、书法、绘画等文化形式得到了极大的发展，文人学士在创作中注重表达对公共利益的关注和对社会责任的担当，因而创造了高度的文化成就，不仅展现了唐宋时代的文化自信，也构建了强大的文化吸引力。这种吸引力使唐宋文化不仅在国内得到广泛传播，也吸引了周边国家和地区的关注，通过文化交流加深了其对中华文化的理解和认同，增强了文化的凝聚力和扩散力。公共利益高于一切的"尚公"精神不仅体现在政治领域，更深入文化艺术领域，形成了独特的文化。唐宋文学作品中充满了对国家、社会的忧患意识和责任感，书法和绘画作品则透露出深沉的公共情怀和广阔的胸怀与视野。这些文化产物以其独特的魅力和深远的意义感染了一代又一代人，激发了人们的公共意识和社会责任感，促进了社会的和谐与进步。正是这种强大的文化感染力，使"尚公"精神深入人心，成为维系唐宋乃至更长时间内中华文化凝聚力的重要力量。

二、"重礼"精神

（一）文化内涵

"礼"，作为一种根植于传统与习俗的行为指南，自古以来便在中国社会中占据核心地位。早在先秦时期，它便已经成了对个人行为的重要指导，引领人们学习和理解礼仪，通过实践礼仪来提高个人的文化素养和精神层次，进化为真正的"君子"。孔子作为重礼理念的杰出推广者，强调了维系"礼"的重要性，并主张"礼"不仅是"仁"的具体表现形式，而且是维护文化和社会秩序的关键。具体来说，"重礼"文化涵盖了四个主要方面：首先，对亲人的真挚与友好；其次，对国家领袖和家族长辈的最高敬意；再次，基于礼节规范与同年龄段的亲朋好友相处；最后，在处理男女社交关系时严格遵守界限，避免不适当行为。由此可见，"重礼"文化不仅强调了对社会层级和身份秩序的尊重，而且与"尚公"理念共鸣，促进了不同社会阶层和集体之间的和谐相处，这正是"重礼"与"尚公"理念相辅相成的显著体现。

（二）"重礼"精神对唐宋文化传播的作用

1. 强化了唐宋文化的协调性

唐宋时代的文化中深植着对"礼"的重视，这里的"礼"不仅是指当时社会广泛认同的礼节和规范，还包括那个时期的各种礼法和制度。在唐宋文化中，塑造和完善"礼"的过程，实际上是一个调和社会各方利益的过程。"礼"的精神不仅为唐宋文化的外溢提供了一套规范的礼仪体系，还强化了社会的等级差异和文化特征，使人们不知不觉中培养出了强烈的道德自律。

因此，在社会稳定期间，唐宋时期的人民普遍能依照礼仪行动，不同民族间也倾向于按照礼仪来互相交往，这不仅巩固了唐宋文化的基础，还增强了其文化外溢效应和谐性。

经济活动中，"重礼"文化主要在体现商业交易的诚信原则、行会组织的规范管理以及对农业经济的重视。在唐宋时期，经济开始迅速发展，市场经济趋于成熟，这样的背景下，"礼"文化为经济活动提供了必要的社会伦理基础。在商业交易中，"重礼"文化强调的诚信和守约精神，促进了商业往来和资金流动。商贾在交易过程中遵循诚信为本的原则，减少了交易成本和风险，增进了彼此之间的信任，这对于扩大商业规模、提高交易效率具有重要作用。同时，商品贸易的繁荣促进了货币流通和金融业的发展，银行、钱庄等金融机构应运而生，为经济的进一步发展提供了资金支持。

农业作为唐宋经济的基础，同样深受"重礼"文化的影响。唐宋时期，儒家经典中的"重农抑商"思想深入人心。政府采取了一系列措施鼓励农业发展，如减免农税、开垦荒地和开展农田水利建设等。这些政策的实施，得益于"重礼"文化中对农业的重视，对提高农业生产力和保障粮食安全起到了积极作用。

"重礼"文化对经济发展产生了间接影响。诸如教育的普及、科举制度的完善等，均促进了文化的繁荣和技术的进步，间接地推动了经济的发展。科举制度选拔官员的过程中强调"礼"的学习，使得整个社会对于知识和教育的重视程度提高，知识分子的增加为经济发展提供了人才支撑。

2. 增强了唐宋文化的稳定性

在唐宋时代，"重礼"的风气极大地增强了文化的内在稳定性，这种对"礼"的崇敬体现在对"礼"的多维度理解和实践之中。在国家治理的维度，体现为对"礼法"和"礼制"的遵循；在社会生活的维度，展现为对"礼仪"和"礼节"的重视；在个人发展的维度，表现为对"礼数"和"礼貌"的培养；在人际交流的维度，反映为"礼让"和"礼尚往来"的实践。这种多维度的对"礼"的重视和践行，使"重礼"精神成为唐宋文化的核心，进一步巩固了唐宋时期的社会风俗和文化的稳定性。

具体来说，一方面，在唐宋盛世，遵守礼制不仅是社会各界的共识，而且产生了前所未有的广泛而长久的影响。"重礼"的理念已经在这一时期深深扎根于人们的思维和习性之中，随着唐宋文化的繁荣和向外界的扩展，礼制逐渐演化为一个完整的制度体系。所以在唐宋时代，礼不单是对个人行为的规范，更升华为类似法律的存在，拥有不可小觑的约束力和权威性。挑战或不敬礼法的行为，是对整个社会秩序的冒犯，会引起广泛的社会非议。正是这种对礼的重视，将人们紧密地联结在了唐宋的文化规范之下，为当时的文化稳定性提供了一种内在的支撑。另一方面，在唐宋时代，中外之间的文化往来同样建立在相互认可的外交礼仪之上。这种相互尊重的文化交流模式确保了交流的成功。唐宋时期的重礼精神不仅塑造了中国作为礼仪之邦的积极形象，还鼓励国民在与外国朋友互动时主动遵守礼仪标准，逐步将之融入个人的文化素养。因此，在这种文化导向下，唐宋的居民为外国来宾树立了积极的礼仪文化范例，展示了中国传统文化中礼仪精神的实质，并在中外文化的交流中有效增强了唐宋文化的外向稳定性。

三、"贵和"精神

（一）文化内涵

"贵和"的理念蕴含着深厚的文化意义，其核心在于追求各个方面的协调一致。其首要之义在于促进人与自然之间的和睦相处，这不仅是一种生态平衡的理念，也是对人类与自然界相互依存关系的认知。我们既是自然界的一部分，又受制于它的规律，因此，我们应尊重自然而和谐发展。其次，该理念提倡在人与社会的相互作用中达到和谐，这涉及个人在社会中的位置和责任，旨在通过积极参与社会活动，促进个人与社会的互利共荣。此外，它还强调在人际关系中寻求平衡，尤其是在核心的利益关系上寻求妥协，通过互相尊重和合作，缓解社会矛盾。最后，该理念倡导个人在提升道德修养的同时，适度追求个人利益，以实现内心的平静与满足。这一精神在唐宋时期成为国民文化的核心，融入了先贤们的哲学思维和实践经验，体现了中国传统文化的深刻智慧，是先辈们留给我们的宝贵精神遗产。

（二）"贵和"精神对唐宋文化传播的作用

1. 赋予了唐宋文化的开放性

"贵和"是唐宋时期对外文化交流中的核心原则，它增强了文化的开放性与多样性。在这一时期，统治者不只是致力于内政和谐，更在国际文化交往中展现了对异域文化的高度尊重和接纳。简而言之，国内的和谐稳定是文化输出的重要前提；对外界文化的欣赏和尊重则是唐宋文化能够繁荣发展并成功传播的关键因素。

从内在与外延两个维度来解读，"贵和"精神不仅仅在于追求国内的政治清明、家庭和睦和民心安顺，它还在唐宋时代的对外文化交流中扮演了"协和万邦"的传播使者，强调在国际文化交往中既要和谐相处，也要清楚地认识和执行本国的文化传播职责和目标。

2. 塑造了唐宋文化的包容性

唐宋时期的"贵和"精神不仅促进了文化包容性的提升，还在中外文化交流中发挥了重要作用。这一精神使唐宋文化能够在与其他文化的互动中展现出独特的魅力和广阔的胸怀。在国内，它推动了不同民族和地区文化的交流与融合，强调在保持文化多样性的同时促进文化一体化。在国际层面，唐宋文化通过"贵和"精神在保持本土文化特色的同时，接纳外来文化的精髓，实现了"和而不同"的文化融合。这不仅加深了国内外的文化理解,也增强了唐宋文化的传播力和影响力。

第二节 唐宋文化对外传播中的文化符号

一、唐代的"艺术"文化符号

(一)唐代诗歌

唐诗是中国文学史中的瑰宝,是中华文化史上的辉煌成就。它的形式多样,内容丰富,语言精练,情感真挚,思想深刻,艺术手法多变。唐诗题材、内容丰富,既有描写自然风光的山水诗,如王维的山水田园诗;又有直抒胸臆的抒情诗,如李白的豪放诗和杜甫的忧国忧民之作;还有咏史怀古诗,如杜甫的《八阵图》;边塞诗,如岑参的《白雪歌送武判官归京》;以及宴游诗、婉约诗等。唐诗不仅反映了大自然的美好,也深刻揭示了社会的现实,表达了诗人们对当时社会生活的感受和对理想的追求。在语言上,唐诗追求精炼凝练,意象生动。唐诗在用词上讲究精当和新颖,力避烦琐,追求意境的深远和语言的简洁。如李白的《静夜思》以"床前明月光,疑是地上霜"两句,就创造了一个静谧的月夜景象。唐代诗人擅长使用比喻、拟人等修辞手法,使得诗歌意象更加生动形象,增强诗歌的表达力。

唐诗以真情实感著称,无论是对大自然的热爱、对友人的惜别、对家国的忧愁,还是对生命的感悟,唐诗都能真实而深切地表达出来。情感真挚是唐诗的鲜明特征,诗人们常将自己的情感与自然景物融为一体,通过景来抒情,如王之涣的《登鹳雀楼》中的"欲穷千里目,更上一层楼"就展现了诗人高远的志向。

唐代诗歌文化之所以能够达到空前的繁荣状态，根源于多方面因素的相互作用和影响。唐代，随着农业改革的推进和丝绸之路的兴盛，经济发展迎来了新的高峰。农业生产的恢复和发展以及商业的繁荣，提升了社会的整体富裕度，人们有了更多的余暇时间和经济基础去进行文化艺术活动，包括诗歌创作和赏析。唐朝科举考试中增加了诗赋的考核，使文学创作能力成为进入仕途的重要能力之一。这促使更多的学子投入诗歌的学习和创作中，以期通过科举考试获得做官的机会。因此，诗歌成为显示才学和文采的重要手段。唐代社会风气的开放和文化的多元融合，也为诗歌文化的繁荣提供了肥沃的土壤。唐朝是一个开放的朝代，不仅国内各族文化融合，还广泛吸纳外来文化。这种文化的多元性极大地丰富了唐代诗歌的主题和形式，从山水田园到边塞征战，从宫廷雅集到民间风情，诗歌内容呈现出多样化的特点。

唐朝统治者重视文化的发展，对文学艺术的创作给予了较高的重视和支持。同时，文学批评兴起，尤其是在中晚唐期间，文学评论家如司空图、白居易等人对诗歌的性质、功能及其审美价值进行了深入探讨，这些批评和讨论进一步推动了诗歌艺术的发展。

唐诗体现了唐代社会的文化成就与精神风貌，展现了诗人们对生命、自然、社会的深刻感悟和独到见解。无论是咏史抒情，还是写景讽刺，诗人们都能以精练的语言、独特的视角、丰富的想象力，表现千姿百态的生活场景和深邃的思想内容。这不仅反映了唐代社会的经济繁荣和文化盛况，也表现了诗人们对人生、自然、社会的广泛关注和深刻思考。唐诗在艺术表现手法上的创新和多样性也令人钦佩，从五言到七言，从绝句到律诗，唐代诗人不断探索和革新诗歌的形式，丰富了诗歌的表现力和审美价值，他们在言辞上追求简洁明快，意象上注重新颖独到，情感表达上力求真挚深刻，使每一首唐诗都犹如一幅精美的画卷，给人以美的享受和心灵的震撼。诗人精于运用各种修辞手法和表现技巧，使诗歌的语言既凝练又富有音乐美，既直观又充满想象力。这种语言上的精致和美感，使唐诗不仅在当时受到人们的热爱，而且经久不衰，成为后世学习和赏析的典范。此外，唐诗在传承和创新中华传统文化方面的作用不可忽视。唐诗深受先秦两汉以及魏晋南北朝诗歌传统的影响，同时也吸收了佛教、道教等宗教文化的精髓，融合多元文化，创造了别具一格的诗歌艺术。这不仅促进了中国文学的发展，也为中华文化的传承和发展提供了丰富的素材和灵感。

（二）唐代书法

唐代是中国书法艺术史上的一个黄金时期，其书法艺术风格多样，具有重要的历史地位和艺术价值。在这一时期，书法艺术不仅得到了广泛的社会认可和重视，而且在技法、风格、理念等方面都有了显著的发展和创新，出现了一系列代表性人物和经典作品，对后世产生了深远的影响。

技法方面来看，唐代书法的笔法丰富多变，笔力遒劲有力。行书和草书尤为重视笔势的连绵不断和变化无穷，能够自如地表达书写者的情感和意志。怀素的《自叙帖》就是以其狂放不羁的草书著称，笔法自由奔放，充满了强烈的个人色彩；颜真卿的《多宝塔碑》则以其刚健有力、笔势雄浑的楷书见长，展现了唐代书法的另一种风格面貌。唐代书法注重书写的整体美感，追求结构的严谨、和谐。无论是楷书、行书，还是草书，都强调字与字之间、行与行之间的布局和谐、密度适中，力求达到一种视觉上的平衡和美感。例如，柳公权的《玄秘塔碑》就是以结构严谨、布局合理而闻名，体现了唐代书法对于整体美的追求。从理念层面来看，唐代书法强调"书法即人品"，认为书法不仅是文字的书写，更是书写者性格、修养、情感的直接体现。因此，唐代书法家在创作中注重内在修养的培养，以及书法与诗、画等其他艺术形式的相互影响和融合。这种艺术理念极大地丰富了书法的内涵和表现力，使之不仅限于文字，而是成为一种独立的艺术形式，具有深邃的文化内涵和艺术魅力。

唐代书法艺术的兴盛，除了受经济发展、社会繁荣的影响外，还有多方面的深层次原因。唐朝实行科举制度，书写能力是选拔官员的一项重要标准，因此书法成为学者必须精通的技能之一，考试中的"策论"和"封事"等项目，要求考生必须具备一定的书法技巧，这无疑提升了书法艺术的社会地位。唐代社会开放包容，吸纳了西域及其他民族的文化元素，书法在这一过程中不断融合各种风格，形成了更为多元和丰富的艺术表现形式。如褚遂良的《玄秘塔碑》中就有对北朝碑文笔法的吸收，以及从隶书向楷书转变的创新尝试。唐代文人阶层的壮大和个性化追求也助推了书法艺术的繁荣。唐代文人注重个性表达和文化自觉，他们在书法创作上不满足于传统的模仿和复制，而是追求个性化的风格和创新。例如，张旭的草书、怀素的狂草等，都是文人个性化追求的表现，极大地推动了书法艺术的发展。此外，唐太宗、唐高宗等皇帝都是书法爱好者，他们不仅亲自习字，还提拔书法家，对书法艺术给予了极高的评价和极大的支持。宫廷内对书法艺术的推崇，使得书法成为展示文化素养和身份地位的标志。

唐代涌现出了众多著名书法家，他们的作品可谓举世闻名：虞世南是唐代初期的书法名家，以精湛的楷书著称。他的书法作品以规整、沉着、恢宏为特点，《勤礼碑》是其代表作之一，展现了他笔法稳健、用笔严谨的风格。欧阳询擅长多种书体，尤以楷书最为著名。他的楷书笔法工整、结构严谨，在学习王羲之的基础上融入了自己的创新，形成独特的"欧体"，字形端正、笔画圆润、极具韵味。他的代表作之一《九成宫醴泉铭》至今仍被视为楷书的典范。颜真卿是书法界的巨匠，他的书法风格刚健有力，遒劲潇洒，尤其擅长楷书和行书。颜真卿的楷书对后世影响深远，他的行书则以笔力遒劲、气势磅礴著称，被誉为"颜体"。《祭侄稿》和《多宝塔碑》都是极具代表性的作品，展示了他的书法艺术成就和风格特点。柳公权也以楷书见长，被后世尊称为"小柳"。他在颜真卿的基础上，进一步完善了楷书的技法，创造了一种笔法婉转流畅、结体秀丽的书法风格。柳公权的书法作品，如《柳体九成宫碑》，对后来的书法家有着深远的影响。

唐代书法艺术不仅是文人骚客表达个性和情感的重要手段，更是唐代文化开放包容性的重要体现。唐代是中国历史上对外联系最密切的时期之一，通过丝绸之路与西域乃至欧亚各国进行了广泛的经济和文化交流。这种开放的态度促使唐代社会吸收了许多外来的文化元素，书法艺术也因此受到了异域文化的影响，表现出更加丰富多样的风貌。唐代书法艺术的多样性和包容性也体现在其对不同书法流派的接纳和融合上，如颜真卿的"颜体"、柳公权的"柳体"等。这些书法家各自发展了自己独特的书法风格，而唐代社会对这些不同风格的书法都持接纳和欣赏的态度，体现了唐代文化的包容性。更重要的是，这些不同的书法流派之间并非孤立存在，而是相互影响、相互融合，共同推动了唐代书法艺术的发展。在唐代，书法艺术不仅包括传统的楷书、行书等书体，还出现了一些创新的书法形式，如草书。这些创新不仅体现了书法家们对传统书法规范的突破，也体现了唐代社会对新事物的接受和鼓励。这种对创新的开放态度和鼓励，是唐代文化包容性的具体体现。唐代书法艺术中还融入了丰富的文化内涵和深厚的哲学思想，这同样体现了唐代文化的开放性和包容性。唐代书法家不仅追求书法技巧的精进，更注重书法作品中文化内涵的表达。他们的作品往往蕴含了儒家、道家甚至是佛教的哲学思想，通过书法艺术传递了唐代社会的价值观念和精神追求。这种在艺术创作中对不同哲学思想的吸收和融合，反映了唐代文化的广博和深邃，也体现了其开放包容的特性。

（三）唐代绘画

唐代绘画，作为中国艺术史上一个辉煌的篇章，具有丰富的文化内涵和独特的艺术风格。它既是继承前代特别是隋朝艺术基础上的一次巨大飞跃，也为后世留下了宝贵的艺术遗产。唐代绘画的题材内容丰富，形式多样。这一时期的画作不仅包括传统的山水、人物、花鸟、走兽等题材，还出现了佛教绘画和道教绘画等具有宗教性质的作品。宫廷绘画多为描绘帝王将相的生活和重大历史事件，佛教和道教绘画则表现宗教故事和神话传说，且往往规模宏大，色彩富丽。

唐代绘画在继承传统的基础上进行了创新，尤其是在人物画方面。唐代人物画的线条更加流畅自然，人物造型饱满，神态生动，衣纹线条处理得更加精细，更加注重人物的神情与气质的表现，从而体现出人物的内在情感和社会地位。阎立本的《步辇图》和吴道子的作品便是最佳范例。唐代绘画在表现技法上有很大的进步，艺术家们注重对光影、空间的处理，使画作具有更强的立体感和深远的空间感。在山水画方面，出现了"气势磅礴"的用笔手法，山川的形态更富有变化，兼具雄浑之美和细腻之感。此外，唐代画家还擅长使用浓墨重彩，使得颜色层次分明，充满力度，如《簪花仕女图》便以精妙的色彩运用著称。此外，唐代绘画的色彩运用大胆丰富，色彩明快而富有变化，既有大面积的块状色彩，也有细致入微的渲染，体现出唐代绘画家善于捕捉自然界色彩的能力，以及运用色彩表现画面意境的高超技艺。唐朝是中国历史上国力强盛、经济繁荣、文化开放的一个时期，绘画艺术得到了社会各阶层的广泛重视和支持，尤其是皇室的大力倡导和赞助，使绘画艺术达到了无与伦比的高度。这种繁荣的社会背景，使唐代绘画风格宏伟、豪放，充分体现了当时社会的气派和艺术家的个性。

吴道子，被誉为"画圣"，是唐代最具代表性的画家之一。他革新了传统国画，注重线条的运用，形成了所谓的"吴带当风"的独特风格。吴道子擅长画佛教故事，尤其是壁画，他在长安荐福寺绘制的壁画被当时的人称为"神品"，可惜随着时间的流逝，这些杰作已不复存在。他精于笔法，能在一张纸、一壁墙上运笔自如，勾勒出流动的线条和生动的人物形象，堪称动态美的杰出代表。吴道子的作品传达了唐代人物画的精神风貌，对后代影响深远。

阎立本也是一位对唐代绘画艺术作出巨大贡献的画家。他以精细的人物线描闻名于世。最著名的作品是《步辇图》，这幅画详细记录了唐太宗李世民的风采及当时的朝廷仪仗，展现了唐代的宫廷生活和政治场面。阎立本在人物造型上注重细节刻画，通过精确的线条和明快的色彩，体现了唐代绘画艺术的独特韵味。

李思训的绘画风格继承了阎立本的线描技法，同时又开创了新的绘画风格。他擅长以水墨描绘风景，是山水画的先驱之一。他的山水画形神兼备，突出了山石的雄奇和水流的灵动，对后世山水画的发展产生了深远的影响。

周昉是宫廷画家，以画仕女闻名。他的作品《簪花仕女图》传世，展现了唐代仕女的风采和服饰之美。周昉的仕女画造型精致、线条流畅，注重表现仕女服饰的细节和质感，通过服饰的丰富层次和人物的细微表情，展现了唐代女性的生活态度和审美风貌。

此外，还有很多杰出画家如韩干擅长画马，他画的马栩栩如生，躯体雄健，肌肉线条流畅，因此他被后人誉为"马郎"。张萱则以画宫中宴乐和生活情景而著名，其作品反映了唐代社会的繁荣和文化的多样性。

唐代绘画的风格及技巧对周边国家产生了深远的影响，尤其是对朝鲜、日本、越南等亚州国家。唐与新罗、高丽等国家有频繁的交往，唐代的文化和艺术对它们造成了巨大影响。高丽时期朝鲜的壁画和佛画在技术和风格上，都可见到唐代绘画的痕迹，主要表现在人物的衣着、面部表情、线条处理等方面。高丽时期朝鲜的佛教壁画中的人物形象，常常采用唐代典型的圆脸、大眼、丰唇的造型，同时在用色上也偏好唐代绘画中常见的明快且富有层次的色彩。唐代绘画对日本的影响始于飞鸟时代，并在奈良、平安时期达到高峰。当时，日本派遣遣唐使到中国学习文化，许多画家也跟随他们入唐学习绘画艺术。这一时期，唐代的绘画风格、题材以及表现技法大量地被日本画家采用并融入自己的艺术创作中，尤其是在宗教绘画以及壁画中尤为明显。比如，奈良的东大寺和法隆寺的壁画，就体现了唐代绘画的风格。日本的山水画也深受唐代绘画的影响，唐代以写意见长的山水画，启发了日本山水画风格的转变。除此之外，唐代绘画对中亚以及更远地区的影响也不容忽视。通过丝绸之路，唐代绘画的元素传播到了西域，继而影响到波斯以及其他伊斯兰王朝的艺术。这种影响不仅表现在绘画题材和风格的传播，也包括绘画技术和材料的交流。

二、唐宋"科技"文化符号

（一）火药

火药的发明，不仅仅是一个的化学品的诞生，更是人类对自然界探索与利用能力的一个重大标志，对军事科技乃至整个社会的发展都产生了巨大影响。火药的原料相对简单，其主要由硝石、硫黄和木炭按一定比例混合而成。硝石的采集在唐代已有相对成熟的技术，而硫黄和木炭也不难获取。古人在长期实践中不断调整这三种原料的混合比例、磨细程度以及混合方法等，终于制成了早期的火药。

在唐代，火药初期主要应用于军事领域，如用于制作简单的火箭、火矢、燃烧器等，这些早期的火器在战场上的使用，虽然并不能直接决定战争的胜负，但其心理效果不容小觑。火药的爆炸和燃烧，能使敌人产生巨大的恐慌，提高军队的攻击能力和士气；同时，火药的使用也促进了其他军事技术的发展，如炮术、爆破技术等。

除了军事，火药也逐渐被用于多种民间活动。如在民间节庆活动中，火药被用来制作烟火，增添节日的气氛。此外，火药在采矿、修建等方面也展现了巨大的潜力，通过使用火药进行爆破，能够大幅提高工作效率，降低劳动强度。

火药的传播是一个跨文化、跨时代的复杂过程，其传播路径并不是一条清晰的线路，而是一个由多个因素相互作用的网络。唐代，中国已建立起广泛的贸易网络，尤其是丝绸之路，这条跨越亚洲的商路连接了东西方的文明，是技术和商品交流的重要通道。许多商人和旅行家在陆上和海上的贸易往来中，将火药的制作技术带到了中亚和阿拉伯地区。中亚的一些地区，如撒马尔罕和布哈拉，因地理位置的优势成为火药传播的关键节点。这些地区的学者和技术专家通过与中国商人的交流，逐渐掌握了火药的制造方法，并对其进行了改进。在传入阿拉伯地区的过程中，火药的使用方法和配方得到了进一步的研究和记录。阿拉伯的学者们在文献中对火药的成分和制备过程进行了详细的描述。随后，火药的知识通过阿拉伯语文献传播到了更广泛的地区。

随着蒙古帝国的扩张，火药技术得到了又一次广泛的传播。13世纪，蒙古帝国建立了一个横跨欧亚大陆的庞大帝国，其军事行动促进了技术和知识的广泛传播。在蒙古人的带动下，火药技术不仅传入了中亚的各个角落，还进一步向西扩散至东欧和俄罗斯地区。

此外，海上丝绸之路同样发挥了重要作用。随着唐代末年和宋代海上贸易的发展，中国与印度尼西亚群岛、印度、波斯湾，甚至东非的联系日渐频繁。这条海上贸易路线也成为火药传播的一个重要渠道。随着十字军东征和贸易关系的加强，欧洲人逐渐了解到了火药的存在。

从唐代到宋代，火药的应用和制作技术得到了进一步的发展和完善。这一时期，人们不仅掌握了制作更加稳定和强力的火药的方法，而且开始尝试将火药应用于生活中的其他方面，如用于庆典活动中的爆竹和烟花。这一发展的背后，是对火药爆炸时产生的声响和光芒的深入观察和充分利用。宋代，人们将少量的火药包裹在纸中，并将之点燃制造爆炸声来驱邪避凶。据说这种做法起源于一种古老的习俗，即用燃烧的竹筒产生的爆裂声来驱散恶灵和不祥之气。随着火药制作技术的发展，爆竹的爆炸力和声响也随之增强，成为节庆活动中不可或缺的元素之一。

烟花则是在爆竹的基础上进一步发展而来的。人们发现，通过调整火药配方中各成分的比例，并加入各种金属粉末作为着色剂，可以在爆炸时产生不同颜色的火光，从而创造出五彩缤纷的视觉效果。这种技术在宋代末年到元代初年间得到了快速的发展，并逐渐演变成为今天我们所熟悉的烟花表演。烟花的发展并非一蹴而就，而是经过了长时间的实验和改良。早期的烟花由于技术限制，颜色单一、形式简单。但随着化学知识的积累和烟花制作技艺的传承与创新，烟花的种类和表现形式日益丰富，从最初的简单火球发展到如今的各种造型和效果，包括彩炮、旋转烟花、连发烟花、组合花样等。

火药从唐代的偶然发现到后来的军事应用，再到宋代及以后爆竹和烟花的普及与发展，经历了一个由军用到民用，从单一应用到多样化创新的过程。这一过程不仅展示了人类对火药这一危险物掌控和应用能力的增强，也反映了人类对美的追求和创造力的不断发挥。至今，爆竹和烟花已成为全球多种文化和庆典活动中不可或缺的元素，为人们带来了欢乐和美的享受。

（二）印刷术

作为中国古代四大发明之一，印刷术对于唐宋时期的文化传播起到了关键作用，是那个时代科技文化的典型代表。在印刷术发明之前，书籍的生产几乎完全依赖于烦琐且昂贵的手抄方式，这严重限制了文化的传播和交流。但唐宋时期经济与文化高度繁荣，社会普遍重视文化教育，人们对书籍的需求急剧上升，这促使印刷术出现和发展，使之成为唐宋文化对外传播的重要渠道。印刷技术主要包括雕版印刷和活字印刷两种。

雕版印刷术，又称木版印刷，是利用手工雕刻技术在木板上制作文字和图像，然后涂上墨汁，最后将纸张压印上去以复制文本的一种技术。据史料记载，早在 7 世纪中叶，中国就已开始使用雕版印刷技术。这一时期的印刷品多为佛经及佛像，因为当时佛教在中国相当盛行，印刷佛经为佛教的传播提供了便利。《大藏经》便是唐代印刷品的代表作之一。通过雕版印刷技术，佛经的制作效率大幅提高，极大地促进了佛教文化的传播。

宋代，雕版印刷术得到了更为广泛的应用和更快的发展。政府对印刷事业的支持、科技的进步，以及市场需求的增长，使雕版印刷术在这一时期达到了前所未有的高度。北宋时期，范钦和徐铉主持编印的《太平御览》，以及沈括编校的《太平广记》，都是利用雕版印刷技术完成，体现了雕版印刷术在当时的成熟水平。宋代印刷业的商业化程度也明显提高，私人印书开始兴起，出现了专门的印书坊。有资料显示，当时的东京（今开封）一带就有数百家印书坊。印刷业的发展促进了文化的普及和传播，书籍更多地走入了寻常百姓家。技术方面，宋代的雕版印刷技术更为精细，出现了"活页印刷"技术。这种技术是将木版刻成单个字符，用时拼排成页，不用时可以拆开重排。这种技术的出现，大幅提高了印刷的灵活性和便捷性。此外，宋代还创造了加工木材的新技术，选择更为坚硬的木材作为雕刻材料，提升了木版的耐用度。除此之外，纸张和墨水的质量也有所提升。宋代出现了更为耐用、质地细腻的宣纸，墨水的配方也更为科学，这使得印刷出的文字和图案更为清晰、美观。

雕版印刷技术的发展使书籍的生产成本大幅下降，同时使印刷品的质量提高，有力地推动了知识的普及和教育的发展。书籍的普及还促进了文学、历史、哲学等领域知识的传播，对中国古代文化的繁荣产生了极其重要的影响。南宋时期，雕版印刷术已经相当成熟，印刷品种类更加丰富，不仅包括佛经、儒家经典，还有医书、农书、技术书籍、诗集、志书等各类著作。这一时期的印刷术还传至日本、朝鲜半岛和越南等地，对周边国家和地区的文化发展也产生了重要影响。

朝鲜半岛深受唐文化影响，在唐朝时期，半岛上的高丽等国家已经开始接触和学习雕版印刷技术，并逐步在本地进行发展。据历史记载，高丽国在11世纪时就已经可以独立完成大量的佛经版印工作，这表明雕版印刷技术在朝鲜半岛的传播和应用已经相当成熟。日本则通过遣唐使，接受了大量的中国文化和技术，包括雕版印刷术。日本在7世纪末至8世纪初的奈良时期，就已经开始使用雕版印刷技术印制佛经。到了平安时代，雕版印刷技术更是广泛应用于各种文书和书籍的复制上，促进了日本文化的发展。另外，通过海上丝绸之路，雕版印刷技术也间接影响了东南亚地区。虽然东南亚国家采用雕版印刷技术的具体时间尚无确切的历史记载，但考虑到中国与这一地区长期的贸易往来和文化交流，可以推测其影响力的扩散也是逐渐展开的。

宋朝时期，雕版印刷术得到了更进一步的发展和完善，尤其是《宋史·艺文志》中对雕版印刷术的记载，标志着这一技术在中国的正式成熟。同时，宋朝政府大力推广雕版印刷，不仅在国内印制了大量的图书，包括儒家经典、医药书籍、农业技术书籍等，还将这些图书通过外交礼物或商业贸易的方式传向周边国家和地区，进一步加深了雕版印刷术的影响。

活字印刷术是人类历史上的一项重大发明，对信息的传播和文化的发展产生了深远影响。根据历史记载，活字印刷术的发明者是宋代的毕昇。公元1041—1048年，毕昇改进了印刷技术，使用了可重复使用的陶瓷活字。毕昇的创新大大提高了印刷效率，同时降低了成本，因为活字可以根据需要重新排列和组合，避免了传统雕版印刷术中一次性木版的局限。毕昇活字印刷术的发明，是在沈括所著《梦溪笔谈》中首次记载的，但具体的技术细节并未详尽说明。活字印刷技术之后，还发展出了木质、铜质、锡质等多种活字，各种材质的活字印刷术各有千秋。木质活字轻便易制，但不耐用；金属活字耐用但成本较高。不同材质的活字适用于不同性质和规模的印刷活动。

活字印刷术的发展和普及，促进了各类文献的广泛流传，尤其是在宋元时期，活字印刷技术得到了更为广泛的应用。从儒家经典到佛教经文，从历史典籍到农业技术书籍，各类文献都得以大量复制，这不仅促进了知识的传播，也反映了当时社会对于文化和知识的重视。

印刷术的普及使知识的获取不再是社会上层阶级的特权，书籍成了更多普通民众可以接触到的物品，对提升社会整体的文化水平和知识水平起到了积极作用。同时，由于活字印刷术的高效率和低成本，书籍的价格大大降低，促进了文学和科学思想的快速传播。印刷术的发展也促进了文化的多元化和创新，作者们知道自己的作品能够被广泛传播，因此更加积极地进行创作。

活字印刷术随后通过多种渠道传播到周边国家如朝鲜、日本和越南。在这些国家中，朝鲜在技术上的发展尤为显著。在日本，活字印刷术在平安时代后期引入，最早用于印刷佛经和其他宗教文本。越南也采用了中国的印刷技术，但由于语言和文字结构的差异，他们对活字印刷进行了适应性改良。越南人主要利用印刷术来生产儒家经典和历史文献。欧洲人最初通过与亚洲的商人和传教士接触得知了这项技术。尽管欧洲的印刷技术直到 15 世纪，由约翰内斯·古腾堡改进并发明了机械化的活字印刷机才真正兴起，但许多历史学家认为，古腾堡的设计可能受到了早期从东方传入的活字印刷技术的启发。古腾堡的活字印刷机使用的是金属活字和油墨，这使印刷变得更加经济和高效，极大地提高了书籍的生产速度，降低了成本。这一发明是文艺复兴时期最重要的技术成就之一，为欧洲的宗教改革、科学革命和启蒙运动奠定了基础。

活字印刷术的传播对全球历史进程产生了深远的影响。它不仅促进了文字信息的广泛传播，还加速了思想交流，推动了世界各地文化和科学的进步。通过跨文化交流，活字印刷术成为人类文明共同的遗产，为后世无数的创新和发展奠定了基础。

（三）指南针

北宋时期是中国古代历史上的黄金时期，社会经济发展迅速，科技进步显著，尤其是在航海和军事领域的技术发展对后世产生了深远的影响。在这一时期，指南针的发明是技术创新的杰出代表之一，对全球航海技术的进步产生了深远的影响。北宋时期，中国科学家对磁性材料的性质有了深入的研究，并在此基础上创造出了初步的指南针。航海家和商人开始使用这种简易的指南针进行长距离的航海活动，极大地提高了远洋航行的安全性和准确性，使中国的海上丝绸之路贸易活动更加频繁。有记载指出，指南针的使用使中国的船队能够在没有明显地标的海上环境中，准确定位航行方向，这在当时的世界航海史上是一个重大的创新。此外，军事策略家和将领利用指南针来提高夜间行军和海上作战的效率。这种应用不但加强了宋朝的军事力量，而且在战争史上也占有重要的地位。

随着时间的推移，指南针的设计和功能得到了不断的改进。从最初的铁勺式，发展到后来的指针式设计。宋代中后期，出现了磁针悬浮于水面上或悬吊在空中的形式，这种设计更接近于现代的指南针。这一进步不仅提高了指南针的指向精度，而且使得它更加便携，对后来世界航海探险的发展产生了重要影响。

海陆丝绸之路的商业交流为指南针的传播提供了途径，特别是海上丝绸之路，它连接了中国与印度洋沿岸的国家，包括印度、阿拉伯半岛以及东非，使得中国的航海技术和指南针得以传播。除了商贸活动，战争和外交使节的往来也是传播科技的重要途径。北宋与辽、金、西夏等国的互动不仅有军事冲突，还包括文化和技术的交流。因而，许多科技成果，包括指南针，也通过这些国家的使节和商人间接传入了其他地区。

随着时间的推移，指南针的传播范围逐渐向西扩展。12 世纪末至 13 世纪初，随着欧洲的商业革命和探险活动的增加，指南针的重要性被更多的欧洲人所认识。由于阿拉伯贸易商和学者的中介作用，指南针技术被引入地中海地区，随后传入整个欧洲，促进了欧洲大航海时代的来临。

第三节　唐宋文化对外传播中的文化产品

一、茶产品

唐宋时期，是中国茶文化蓬勃发展的重要时期。唐代，茶不仅已经成为日常饮品，而且茶的饮用也开始规范化，陆羽的《茶经》体现了这一时期中国茶文化的成熟和高度发展。

在唐代，茶的种植、生产已经相当普遍，并形成了独特的茶叶加工技术。《茶经》是世界上第一部茶叶专著，详细记载了茶叶的种植、采摘、炒制、烘焙等加工方法，以及品鉴茶叶的艺术。唐代的茶文化，不仅体现在日常生活中，更上升为一种生活艺术，与诗歌、书法、绘画等文化形式结合，产生了丰富的文化内涵和艺术价值。

进入宋代，茶文化的发展达到了更高的水平。宋代开始兴起点茶法，即用茶粉加水点成糊状，这种饮用方式带动了茶具制作业的发展。茶道由此形成，注重饮茶的仪式和环境，使饮茶不仅是品味茶叶，更成为一种品味生活的方式。宋代的茶艺比唐代更加讲究，从茶叶的选择，到煮茶、点茶的手法，每一个细节都追求完美，以至于各种精美的茶具和煮茶、点茶手法在当时广为流传。

茶文化的传播，与唐宋时期的对外交往密切相关。通过陆上丝绸之路和海上丝绸之路，中国的茶叶和茶文化传入了中亚、南亚、日本、朝鲜等地。特别是到了宋代，随着海外贸易的发展和文化交流的增加，中国的茶叶也开始大量出口到外国，使得茶文化对外的影响更加深远。中国的茶道深刻影响了日本的茶道形成和发展。朝鲜半岛也很早就有了饮茶的习惯，当地人从中国学习了许多关于茶的知识。

茶文化不仅是物质文化的传播，更是精神文化的交流。中国古代的茶艺不仅在技艺上追求完美，在精神层面也注重茶与修身、养性的结合。茶被视为一种有助于冥想和修行的媒介，僧侣们通过饮茶来冥想，也用茶来接待来宾，以示友好和礼节。

宋代的"茶马司"是一个专门管理茶叶贸易和马匹交易的官方机构，是宋代重要的经济管理机构之一，其历史可以追溯到北宋初年，当时正值宋王朝统一天下，经济逐步复苏。由于长期战乱，茶叶和马匹对宋王朝具有重要战略意义，因此需要专门的部门来管理。真宗时期（997—1022 年），宋朝正式在京师东都洛阳设置"马政院"，专门管理全国马政事务。到了仁宗时期（1022—1063年），又在建州（今江西吉安）设立"茶铺司"，主管全国茶叶贸易事宜。后来"马政院"和"茶铺司"并为"茶马司"，统一管理马匹和茶叶的官办专卖业务。

茶马司的主要职责有以下几个方面。

（1）垄断茶叶和马匹的经营权，掌控全国性的茶叶和马匹贸易。

（2）向茶马专业户和民间商户征收茶马捐，充作国家税收。

（3）统一规定茶叶和马匹的等级、价格和经营标准。

（4）负责茶马运输、储备和销售，并派官员巡视各产地。

（5）管辖全国数十万名茶马专业户，保障他们的生产和贸易。

（6）茶马司在组织和运作上都颇为完善，设有使院、提点、统制等官员，下辖多个茶场、马场，驻扎于京师和各产地。它不仅是官方垄断茶马专卖权的经济机构，更是管理茶马生产和贸易的专门行政机构。

茶马司的设立为茶叶贸易提供了有力的组织保障。在茶马司设立之前，茶叶贸易主要由民间自发进行，缺乏有效的管理和监督。而茶马司的成立使政府能够对茶叶的生产、流通实施有组织的管控，维护市场秩序。茶马司不仅制定了相关的政策法规，还派遣专员监督执行，从制度层面保证了茶叶贸易的正常进行。

茶叶作为一种大宗商品，需要大量的运输工具和人力。茶马司负责组织马匹和船只的调拨，为茶叶的远距离运输提供了必要的动力保障。同时，茶马司还负责建设茶马驿站，为茶叶运输提供中转点，使得贸易网络更加顺畅高效。为了确保茶叶的品质，茶马司派专人直接进驻产地，监督茶叶的种植、采摘和初步加工环节。同时，茶马司还统一规定了包装标准，防止假冒伪劣产品流入市场。这种严格的质量把控措施，使宋代茶叶在海内外赢得了良好声誉。另外，茶马司还关注茶叶外销事宜。宋代作为当时世界茶叶生产大国，茶叶出口需求旺盛。茶马司专门设立了贸易口岸，方便茶叶的对外运输。同时，茶马司还统一收购茶叶，并按照规定的比例对外销售，维护了国家的垄断地位和利益。

二、丝绸产品

唐宋时期，中国的丝绸达到了前所未有的高度，不仅在国内极受重视，更是国际交流和贸易中的重要商品。这一时期，丝绸产业的发展受益于多种因素，包括技术的创新、政府的支持，以及对外贸易的扩展等，进而在全球范围内广泛传播，影响深远。

唐朝政府对丝绸生产持鼓励态度，对丝绸工匠的技艺传承予以支持，同时还制定了一系列政策以促进贸易，如减免税收、建立市场和提供贸易便利条件等。除了传统的桑蚕丝绸外，还出现了许多新技术和新产品，如缂丝、织金、织银等，使得丝绸品种更加丰富，工艺更加精细。

宋代继承和发扬了唐代的丝绸产业，丝绸工艺和贸易发展得更加成熟和完善。宋代的丝绸生产更加注重质量和技术创新，出现了许多高级的丝绸织品，如宋锦等，其精美的手工艺和独特的设计在国内外享有盛誉。与此同时，宋代的政府对于丝绸贸易的管理更加严格，设置了专门的机构来监管丝绸的生产和销售，确保丝绸质量。

通过丝绸之路，中国的丝绸不仅流向了中亚、西亚，还远达欧洲。唐代的长安、洛阳等都市成为国际贸易中心，吸引了大量的外国商人和使节。这些外来的访客将中国的丝绸带回本国，从而使得中国丝绸声名远播。同时，随着佛教文化的传播，丝绸还作为礼物被赠送给远方的国家，进一步促进了中国丝绸的对外传播。宋代海上丝绸之路的开辟，将中国的丝绸贸易扩展到了东南亚乃至非洲和欧洲。宋代政府还积极与其他国家建立贸易关系，签订了多项贸易协定，为丝绸的对外贸易提供了有利条件。这些对外贸易的活动，进一步巩固了中国丝绸在国际市场上的地位，极大地促进了中国丝绸的向外传播和影响范围的扩大。

丝绸制品的大量出口不仅对中国的经济发展产生了深远的影响，还对全球贸易格局和文化交流产生了重要的影响。丝绸是唐宋时期中国最重要的出口产品之一，其出口为国家带来了丰厚的收益。高额的贸易顺差促进了货币的积累，不仅增强了中央和地方政府的财政实力，而且促进了银行业和票号的发展，提高了货币经济的活力。同时，丝绸贸易的繁荣也带动了农业、手工业和商业的全面发展，尤其是江南地区，丝绸生产成为支撑地方经济的重要产业。

丝绸之路不仅是一个商品贸易路线，也是科技、文化、宗教和思想交流的通道。沿线的中亚、西亚和欧洲国家通过与中国的贸易往来，获得了巨大的经济利益，并且在一定程度上也吸收了中国先进的生产技术和社会制度，推动了本国的社会变革和经济发展。大规模的丝绸对外出口也对中国国内的文化发展产生了影响，贸易的扩张促进了各种文化元素的交流，如与佛教相关的丝绸产品的传播，促进了佛教文化的扩散，也使中国丝绸上的图案和设计受到了外来文化的影响，进而丰富了本土的丝绸艺术。

三、瓷器产品

唐代是中国瓷器制业发展的初期阶段，当时的主要瓷器生产地有河南的黄土高原以及江西的景德镇。唐代的瓷器虽然在造型上仍保留了一些陶器的粗犷风格，但已经开始显现出瓷器的细腻和坚硬。唐代的青瓷是当时的代表产品，以越窑最为著名。越窑的青瓷以玲珑剔透、釉色如玉、釉面光洁而享有盛名。

宋代是中国瓷器产业的鼎盛时期，瓷器制作技术和艺术创作达到了空前的高度。宋代瓷器以简洁的线条、淡雅的色彩和独特的釉面效果闻名于世。宋代五大名窑——汝窑、官窑、哥窑、钧窑、定窑，各有特色，它们的瓷器不仅造型多样，而且釉色丰富，艺术表现力极强。例如，河南的汝窑、定窑、钧窑和磁州窑等，这些瓷窑以精美的工艺和独特的釉色而成为宋代北方瓷器的代表。汝窑的天青釉薄而透明，颜色如天空般深邃；定窑的白瓷质地细腻，釉色温润如脂；钧窑的釉色变化万千，呈现出天然的釉色流淌效果；磁州窑则以黑色或褐色花纹装饰的白底瓷器著称。

到了南宋，由于政治中心南迁，江西的景德镇逐渐发展成全国乃至世界的瓷器生产中心。景德镇的瓷器以精致的工艺和丰富的装饰而受到人们的赞誉，尤其是青花瓷的出现，更是将中国瓷器艺术推向了一个新的高度。宋代的青花瓷以清新淡雅的风格和精湛的绘画技艺而闻名，其装饰图案多为简洁的植物纹饰、山水画等。

宋代陶瓷师傅们掌握了高温下的瓷器烧制技术，使得瓷器的形态更为规范，釉色更加稳定。此外，宋代人对釉色的控制也非常精细，能够制作出玉色、豆青色，以及如天青、梅红、月白等独特的釉色。瓷器的装饰技法也十分丰富，包括雕刻、刻花、贴花、画花等多种方式，使瓷器的视觉效果更加丰富、生动。宋代瓷器在艺术上追求的是一种简约、自然、和谐的美，这种美学追求体现在瓷器的形态、纹饰以及色彩上。

一方面，积极的对外商业往来和文化交流为唐宋时期陶瓷文化的发展注入了新动力，不仅极大地推动了制瓷技术的进步，还提升了瓷器的质量；另一方面，唐宋时期的瓷器文化，在广泛传播的过程中，始终没有自满自足，反而持续展现出一种海纳百川的开放态度，在融合多元文化的同时，不断创新和发展。在唐宋年间，瓷器文化展现出了丰富多彩的面貌，并发展出了独有的文化身份。该时期的瓷器文化不仅自身蓬勃发展，并且在全球传播过程中达到了更高的境界。唐宋瓷器的文化交流对国际艺术领域的发展产生了积极的促进作用，并对世界各地瓷器文化的成长和交融造成了长远的影响。唐宋时代的瓷器不单是家庭用品，还跨越国界，成为世界范围内广泛采纳的文化象征。这些瓷器在经济交易中具有了货币的功能，促进了国际贸易的发展；而作为外交礼仪中的礼品，也助力于加深国际友谊。在输出到海外的同时，唐宋瓷器还在一些国家的日常和宗教活动中发挥作用，显著提升了当地人民的生活质量。总的来说，唐宋瓷器以独特的文化魅力，不仅广泛传播到不同文化环境中，且对世界各地的瓷器发展产生了深刻的影响。

第四节　唐宋文化对外传播途径与管理

一、唐宋文化传播的途径

（一）石刻传播

石碑作为一种传统的记录媒介，通过雕刻方式将知识永久性地记录下来。其中，中国古代以儒家经典的石碑最为著名，也有诸如佛教和道教经文的石碑。这种石碑不仅是古代政府主导的一种"出版形式"，也是儒家思想传播的关键手段之一。

以石碑记录和传播儒家经典的方式可以追溯到东汉时期，并在之后的各个朝代中持续被采用，直到清朝时期仍有使用。因儒家思想在封建社会中占据核心地位，是古代文化的支柱，儒家经典的石碑便完全是由政府负责出版和发行的。继承东汉《熹平石经》的传统，唐朝政府也大力推行政府主导的石碑出版，这些石碑多被安置于高等教育机构内，无偿地提供学生学习，以促进社会文化素养的提升。

唐玄宗时期是书籍石刻的起始点，当时他本人手书了《孝经》，并将之雕刻成碑，意在传播孝的思想。这块孝经石碑一开始被安置在长安的国子监，后转移到了尚书省西边。在唐朝，《开成石经》的刻制是一次史无前例的大型雕刻活动，对儒学典籍的传播起到了重大的推动作用。在太和七年间，唐文宗特别颁布了儒家经典的石刻计划，开成二年石碑刻成，这些石碑被放置于国子监两侧的走廊里，总共记录了十二部核心的儒家著作，这对于当时的士大夫来说是学习的重要资料。石碑旨在提供准确的文本参照，以防学者在抄写过程中出现误差，并确保其内容能够长久地保存下去。汉唐以来的这一传统在两宋期间得以延续，政府继续承担儒家石经的出版工作。北宋，嘉祐六年，《嘉祐石经》在汴梁太学刊行；而南宋高宗时期也有《南宋石经》在临安问世。

（二）印刷传播

在古时，文献传播主要依赖如甲骨文、金文、石刻和手抄书籍等形式，这些方式对文献的复制和广泛传播有明显的限制，导致其发行和传播范围受限。直到唐代，随着印刷技术的发明与发展，开始出现了图书印刷业和出版业，极大地促进了文献的广泛传播和文化的快速发展。唐代的雕版印刷术主要用于制作和传播佛经、佛画及历书等，而非儒家经典。从中晚唐时期起，诗歌和文章的刊印和广泛传播开始变得普遍，如元稹在其作品中提到了白居易及自己作品的广泛流传。进入北宋时期，由于印刷技术的进一步改进和宋朝政府对文化事业的重视，图书出版和印刷业空前的繁荣。

（三）游学传播

在唐宋时期，科举制度的实施极大地激发了人们对知识的渴求，导致学者群体的迅速扩大。为了拓宽知识面和提升自我，在家乡外寻求学问成为文人间的一种流行。这种以游历求学为目的的活动，逐渐演变成了游学这一新颖的教育理念。在那个时代，很多文人都曾有过游学的经历，其中李白的经历尤为突出。他挥剑离乡，告别亲人，开始了长达近 20 年的游历人生，一路欣赏自然美景，情感澎湃地创作出了大量壮丽豪迈的诗歌；同时，他也不断地结交朋友，四处拜访名士，积极传播自己的诗作。在向贺知章展示了《蜀道难》和《乌栖曲》两首诗后，贺知章对他赞赏有加，称他为"谪仙人"，这一称号也极大提升了李白的名望。随着时间的推移，李白的名声越传越广，最终传到了唐玄宗的耳中，唐玄宗便下旨召见李白，并在他初次进入长安时亲自下驾迎接，对他说"卿是布衣，名为朕知，非素蓄道义，焉能致此"[①]。

"题壁"是中国古代独有的文化现象。在唐代，由于文化繁荣，特别是诗词创作达到了空前的艺术高度，许多文人墨客将自己的诗文题写在名胜古迹、寺观庙宇的墙壁之上，以寄托自己的思想感情。据记载，著名诗人白居易在开元寺的题壁就有 72 处之多。这不仅是当时文人雅士交流切磋的一种方式，更是将文人们的文化品位和审美理念展现在大众面前的重要形式。到了宋代，随着社会进一步开放，民间壁画和民间题壁文化也得到了空前的发展，涌现出大量具有艺术价值的壁画和题壁作品。像苏轼题写在黄州窦氏宅院墙壁上的行草七言绝句等，都是当时极为著名的题壁经典佳作。除了散文家、诗人题壁之外，书法家和画家也常在壁上挥毫泼墨，其中如黄庭坚、米芾等人的作品更是驰名中外。而寺院题壁更是形成了独特的题壁文化，其中以嘉祐三年（1058 年）刻于开封钟楼寺的 108 块石刻"钟楼石刻"最为著名。题壁的内容丰富，从名句佳对，到咏物抒怀的诗词歌赋，从百家姓之类的名录，到佛经偈语等，无所不包。题壁的体裁也是多种多样，有小篆、隶书、行书、草书等，还有山水花鸟、人物传神的画作等。这些不同风格的题壁作品汇聚在一起，形成了一种独特的文化现象。

题壁还是当时学子们接受教育的一种重要途径。在寺院、书院等场所题壁能启迪智慧、陶冶性情，潜移默化中为后人树立了学习的典范。同时，题壁作品中的文化内涵也影响了后世文人的审美情趣和价值取向。由此可见，题壁文化对于中国古代文化的传播和发展有着重要意义。

唐宋题壁诗的繁荣与当时游学之风的盛行密不可分。"在师承传授和书本之外，读书人又寻索出一条快捷的吸取知识的渠道，他们既在'游'中接受自然界的陶冶，也在'游'中随处随时留下心得感受，这就形成了一种跨

---

① 侯立文. 太白集注［M］. 兰州：敦煌文艺出版社，2018：1.

第五章 唐宋文化的窗口——对外传播

225

越时空的传播方式——题壁文化。"题壁便于传播，因而成为古代许多诗人公开发表诗歌的一种方式。随着游学之风的盛行，题壁文化在唐宋时代达到了鼎盛。中国台湾学者罗宗涛《唐人题壁诗初探》说："题壁为一种发表的方式，传播的手段……有公开发表、使其流传的意图。"对读者来说，读题壁诗也是一种免费的精神享受。题壁诗的读者层次比一般的书籍还多样。所以，从传播的角度来看，题壁可以说是一种更为大众化的传播方式。诗人题诗于壁，比其他方式更具有公众性、长久的保存性和传播的便捷性；并且通过题壁发表作品既不需要编辑，也不用向任何机构支付版面费，读者也不受限制地免费获得诗人的文学信息；作者与读者之间免费迅速完成信息的传递和交流。这与今天的网络文化有异曲同工之妙。

唐宪宗元和间，白居易、元稹的诗歌盛行一时，题元、白诗歌于壁者到处可见，正如元稹《白氏长庆集序》所云："二十年间，禁省观寺，邮侯墙壁之上，无不书；王公妾妇，牛童马走之口，无不道。"[1]在当时，上至帝王诸侯、世家贵族，下至平民百姓、贩夫走卒，都能随口吟诵白居易的诗歌，可见题壁传播功能之强大。

二、唐宋政府对文化传播的管理

在中国古代，统治者非常重视书籍的作用，认为它们是治理国家、维护社会稳定的关键。因此，书籍的出版和流通受到了相当严格的监管。在唐朝和宋朝时期，尽管雕版印刷技术已经相对普及，但是政府对此类活动实行了严格的控制措施。例如，唐朝政府禁止私人印制日历，并限制民间只能印制一些供普通市民阅读的通俗读物，而不包括儒家的经典文献。这是由于朝廷将经史类书籍视为国家宝藏，必须由官方审定、官方刻石来进行传播，严禁私人擅自抄写或发布。这样的做法一方面确保了文字的准确无误，另一方面

---

① 章思怡. 读李白 [M]. 长春：吉林大学出版社，2017.

也凸显了经典的崇高地位。科举考试的考生通常偏好使用官方认定的版本，它们具有更高的权威性。到了五代和宋代，虽然官家开始印刷儒家经典，但这项权力仅限于国子监所有，民间和个人依然没有印刷这些经典的权力，官府印刷成为印刷行业的领头羊。

在唐宋年间，并非所有著作都能够四处流传。对于那些可能破坏国家稳定的书籍，统治阶级历来采取强有力的禁制手段。尽管人们将唐朝视为一个开明包容、文化多元的时代，似乎与封禁图书无关，但唐朝实际上执行过多轮禁书行动，对待禁书，采取了坚决的封禁和焚毁政策。宋朝的君主也实施了众多禁书令，这在某种程度上与民族斗争和国家安全密切相关，当然其中也不乏加强中央集权的目的。因此，官方所禁止的只是那些被认为对国家构成威胁的负面信息，并没有阻碍文化与教育的兴盛。

第五节　唐宋文化对外传播中的文化制度

一、官学制度促进了唐宋文化发展与传播

在唐宋年间，官方教育体系的发展极大地提高了学校教育的社会价值，促进了中华传统文化的传承和唐宋文化在世界范围内的影响力的提升。

在唐宋时期，官学制度不断完善，培养了大量文化人才，极大地促进了这一时期文化的发展与传播。这一制度以儒家经典为主要教育内容，对于保持和提升中华传统文化的影响力起到了关键作用。通过深入教授和传播儒家经典，这一教育体系不仅培养了一批对本土文化深感自豪和忠诚的学者，还增强了他们对中国传统文化的认同，使他们成为推动唐宋文化发展和国际传播的核心力量。同时，这种文化的传承保证了唐宋时期的中华文化在外来文化冲击下仍能保持其独特性，同时培育了国人的文化自信心，鼓励他们更加

积极地参与国际文化交流。唐宋两朝对国民教育的高度重视和官学制度的完善，为文化的兴盛和传播提供了坚强的制度支持，体现出当时的统治者适应社会变迁并积极推进文化建设的意识。特别是唐朝时期，其官学制度的完善吸引了众多外国留学生前来学习，尤其是来自日本、高丽等国的学生，他们学成返回后，对本国的官学教育体系进行了改进，尤其是日本，通过模仿唐代官学制度，在国内建立了一套较为完整的教育体系，促进了本国学术的发展，并为国家统一和儒家文化的推广奠定了基础。

国学的建立在日本官学制度的建立为儒学在日本贵族与地主阶层中的传播奠定了坚实基础，从而使得儒家思想广泛传播，并深入民众的意识，促进了日本社会和文化的进步。可以看出，官学制度的海外传播，对日本这样的邻国产生了积极且持久的影响。总的来说，唐宋时代的官学制度既有助于选拔有才能、有潜力的学子，为他们提供了入仕的途径；同时，它也有助于为国家治理、社会管理及稳固王朝的统治培养才俊，从而推动了当时唐宋文化的繁荣及其对外传播。显然，在那个时期，官学制度的完善在当时的国际文化交流中扮演了关键角色。

二、科举制度奠定了唐宋文化的人才基础

一般认为科举制度最早由隋文帝创立，唐朝初期继承并完善了这一制度。唐代科举考试初期的考试科目主要是《尚书》等儒家经典。唐太宗李世民时期，科举考试更加正式化，成为选拔官员的主要方式之一。唐代的科举制度分为进士科、明经科等不同科别。进士科尤为重要，它以文学文章为主，主要考查应试者的文学造诣和政治理论水平。经过唐代中期的改革，科举制度进一步发展。唐武宗时期，开创了殿试制度。在科举考试的最后阶段，皇帝亲自主持考试，命题并审阅试卷，选拔状元。这标志着科举制度正式成熟，也让科举制度在唐代达到一个高潮。

到了宋代，科举制度得到了更加广泛的应用和发展。为了解决唐朝时期

科举制度存在的弊端，如门阀世家对考试的影响，宋朝实行了一系列的改革措施。宋太祖赵匡胤确立了"科举为主，察举为辅"的方针，强调科举的重要性。宋代科举考试在内容上强调实务性，考试科目增加了政治策论，即对时事政治的分析和建议，更加注重应试者的实际执政能力。宋代的科举制度中最具创新性的改革莫过于"三元及第"和"状元选送"制度。三元及第指的是同一人在县试、府试、院试中分别取得第一名，而状元选送则是指在最高一级的考试中取得第一名的进士，将被送往翰林院学习，并有机会直接进入朝廷中枢任职。

在宋代，科举考试的另一个显著特点是试题的规范化和试卷的匿名化。为了保证考试的公正性，宋朝实行了严格的试卷匿名审阅制度，考生的试卷上不得透露任何身份信息，考官只能通过考号来识别试卷。这一举措有效地减少了考试中的舞弊行为，提高了科举考试的公信力。

科举制度在唐宋时期的发展，极大地推动了社会流动，使得不同背景的人才有机会通过自己的努力进入官僚体系。同时，科举出身的士人成为中国封建社会的主要文化和政治精英，影响了中国文化发展和政治变革。科举考试对书法、诗词等文化领域也产生了巨大的影响，许多著名的文人墨客都是科举出身，他们的作品至今仍被传颂。

科举考试的科目和内容的确定，在唐宋时期不仅促使官方学校教育系统更加注重服务于科举制度，还进一步提升了社会对教育的整体重视程度。这导致了学校教育在唐宋两朝得到了空前的发展，同时也助推了儒家经典等中国传统文化在士子中的传播。这样一来，唐宋时期的科举制度结束了贵族集团对入仕渠道的独占，为来自不同社会阶层的人们，特别是出身低的士人提供了平等的竞争机会，这一点在很大程度上为唐宋社会的人才梯队建设提供了坚实基础。科举制度强调对考生的文化素质及其对国家政策、社会问题的洞察、思考力的测试，这不仅提高了选拔过程的合理性和有效性，同时也培养了士人群体在实际政务中的能力。通过破除家族背景对于入仕为官的制约，唐宋的科举制促进了社会流动，为更多具备才华但出身平凡的个体开启了进入政治舞台的大门。此外，这一制度对于士子的文化修养和批判性思维的重视，确保了选拔出的官员不仅拥有丰富的文化知识，而且具备解决实际问题的能力。科举制度通过公正的考试机制，取代了早先由特权阶层主导的选拔方式，确立了一种更加民主、开放的人才选拔标准，这对于促进社会整体的文化和政治发展起到了重要作用。同时，将考试重点放在传统文化素质及对时政的理解上，不仅促进了国家治理能力的提升，也为培养具备深厚文化底蕴和社会责任感的政治精英奠定了基础。

科举制度的公正性，显著促进了社会风尚的转变和积极价值观的形成。唐宋朝代还特别为科举考试中的状元和其他高中者举行各种庆贺活动，以此作为对他们的奖励，这不仅为其他考生树立了正面典范，而且显著提高了广大学生的学习热情。此外，唐宋时期对外籍学子参加科举的门槛逐步降低，这不仅反映了唐宋领导层对外来人才的包容政策，也有效吸引了更多外籍人才到中国学习和参加科举，增强了他们对唐宋文化的认同，还提升了唐宋文化的影响力。

三、书院制度塑造了宋代文化的不拘一格

宋代书院制度从确立到健全经历了较长的过程，凭借其"注重学术交流、强调创新、经学与文史并重以及教学与研究相结合的特点"①，极大地促进了宋代学术的繁荣发展，同时也为宋朝培养了众多文化人才，从而塑造了宋代文化的不拘一格并成为世界教育文化制度的典范。

书院制度，作为一套完善的教育文化体系，成功地继承并发展了传统私塾的优秀特质，为学者和学生提供了一个自由而开放的学术环境，使书院成为深入探究知识的"学术圣地"。这一制度与宋代文化的多元和开放性有着

---

① 周菁. 中国历史文化通览［M］. 北京：研究出版社，2010：127.

密切的联系。书院强调通过教育促进个体发展，注重学生个人品德和修养的培养，并在课程设计上突破了传统教育思想的限制，展现出以学生为中心的教学理念，有效地提高了宋代公民的文化素养。此外，书院鼓励学生通过自学发现问题并加以探讨，增强了他们的学术独立性。尤其是各书院间的学术讨论会，让来自不同书院的学生就特定主题进行辩论，这不仅拓宽了他们的思维视野，也有助于他们形成个人独特的学术观点。书院还注重创造和谐的教育环境，选择风景优美之地作为校址，体现了人与自然和谐共存的理念。值得一提的是，书院教育并不将应试为主要目标，而是注重培养学生的文化素质和学术多样性，强调教育思想的多元性和教学方法的创新性。在书院体系中，"山长"不同于传统官学中的官员，使书院的管理更加高效并且简化。书院中师生关系更为平等，有利于建立开放的学术交流氛围，促进学生的学术自信、视野开阔和思想成长，从而体现了宋代文化的创新和多样性。

因此，宋代的书院制度对当时社会的文化影响深远而积极。一方面，它助推了宋代的教育、学术及藏书出版业的发展；另一方面，它在培养民众的风俗习惯、思维方式以及确立伦理观念等方面贡献显著。随着宋代文化的海外传播，书院制度也逐步传播到海外众多国家和地区，在那里扎根并融入当地文化。东亚各国深受其影响，吸收宋代书院制度的精华，形成了各具特色的学院系统。比如，日本的书院侧重于书籍出版，而韩国的书院更注重祭祀活动。总而言之，无论是学术界的争鸣，还是文化的兴盛，都离不开宋代书院制度下各种学术思想的互相尊重和认可的氛围。这种学术氛围不仅促进了学术界的繁荣，也塑造了宋代独特而开放的文化特色。

参考文献

［1］宋大川. 唐代教育体制研究［M］. 太原：山西教育出版社，1998.

［2］司马云杰. 中国精神通史 第3卷［M］. 郑州：河南人民出版社，2021.

［3］毕宝魁. 隋唐社会日常生活［M］. 北京：中国工人出版社，2021.

［4］胡守为，杨廷福. 中国历史大辞典 魏晋南北朝史［M］. 上海：上海辞书出版社，2000.

［5］邓之诚. 宋辽金夏元史［M］. 北京：应急管理出版社，2022.

［6］周谷城. 中国社会史论 甲编403［M］. 长沙：湖南教育出版社，2009.

［7］张希清，毛佩琦，李世愉. 中国科举制度通史 宋代卷 下［M］. 上海：上海人民出版社，2017.

［8］郑天挺，谭其骧. 中国历史大辞典1［M］上海：上海辞书出版社，2010.

［9］顾明远. 中国教育大系 历代教育制度考 1［M］. 武汉：湖北教育出版社，2015.

［10］周谷城. 中国社会史论 甲编403［M］. 长沙：湖南教育出版社，2009.

［11］符继成. 唐宋文化转型与柳词新变的生成及扩散［J］. 湖南师范大学社会科学学报，2022，51（2）：96-105.

［12］程小平. 从清净心到平常心：论唐宋文化转型中的禅宗与文人心态［J］. 中州学刊，2021，（7）：151-157.

［13］余飞. 唐宋茶文化的兴盛原因及其与人之心性修养的研究［J］. 福建茶叶，2018，40（6）：430.

［14］孙倩. 唐宋时期的茶文化探究［J］. 福建茶叶，2016，38(11)：313-314.

［15］向丹，刘新华. 佛教与唐宋文化［J］. 当代教育理论与实践，2014，6（7）：182-183.

［16］刘冉婷. 浅议唐宋文化的比较［J］. 电子世界，2013（18）：237-238.

［17］蒋晓光. 唐文化发展进程与唐宋文化转型的必然性［J］. 兰州学刊，2009，（11）：219-222.

［18］木斋. 论中唐中前期文人词的渐次兴起［J］. 东南大学学报（哲学社会科学版），2009，11（5）：93-100+128.

［19］刘尊明，王兆鹏. 论唐五代宫廷词的发展［J］. 北方论丛，1996（1）：72-78.

［20］王永平. 唐宋时期文化面貌的局部更新［J］. 史学月刊，2005（5）：11-14.

［21］陈征. 唐宋时期射箭历史文化研究［D］. 上海：上海体育学院，2023.

［22］余洋. 唐宋饮食文化专题研究［D］. 天津：天津师范大学，2018.

［23］任海. 唐宋时期福建道教的文化地理学考察［D］. 福州：福建师范大学，2016.

［24］裴成鸣. 唐宋文化对首饰的影响［D］. 北京：中国地质大学（北京），2016.

［25］赵苗. 唐宋时期女性婚嫁服饰比较及其对当代时尚文化的影响［D］武汉：武汉纺织大学，2014.

［26］李娟. 唐宋时期湘江流域交通与民俗文化变迁研究［D］. 广州：暨南大学，2010.

［27］张琳琳. 从感性到理性：胡文化在唐宋内地传播的不同境遇［D］. 西安：陕西师范大学，2010.

参考文献

［28］王勇鹏. 唐宋时期五台山佛寺与文化遗产研究［D］. 太原：山西大学，
　　　2008.

［29］刘朴兵. 唐宋饮食文化比较研究［D］. 武汉：华中师范大学，2007.

［30］付洁. 从歌舞大曲到"杂剧大曲"［D］. 北京：中国艺术研究院，2007.